荒川区自治総合研究所叢書

基礎自治体
マネジメント概論

西川太一郎　藁谷友紀　ホルスト・アルバッハ 編

三省堂

はじめに ── 荒川区が掲げた「ドメイン」

　昭和 22 年に地方自治法が制定されて約 70 年。この間、様々な自治権拡充の議論が重ねられ、法改正が行われてきた。そうして一歩ずつ、地方分権改革は進んできている。そして、私がその成立に大きく関わった、平成 12 年の地方分権一括法の制定は、現在の地方自治の大きな分岐点になっていると言って良い。財源配分の問題は残ったものの、地方公共団体の機関委任事務を廃止して国の機関としての性格を払拭した、地方自治の「制度」としての改革の大きな節目になっているのである。

　地方自治を実効あるものとしていくには、この制度に命を吹き込み、自治のシステムとして活かしていくことが重要であり、そのためには、自治体自身がそれを担いうるだけの能力を備えなければならないと私は考えている。

　区市町村は、もはや中央政府の下請け機関ではなく、ましてや指揮監督下にある出先機関ではない。住民に最も身近な政府としての自治の機関、基礎自治体である。言い換えれば、住民の信託に基づいて、住民の生活の根幹を身近で支える「基幹自治体」といっても良い。

　従って、われわれ基礎自治体は、地域住民の期待に応えるべく、自らの意思を持って行動し、その使命を全うする責任を自覚し、努力と工夫を重ねていかなければならないのである。

　勿論、自治体は民間企業とは異なり、地方自治法など関連法令には縛られる。しかし、自治体も組織であることに変わりはない

のであって、組織として、より機能的になっていくためには、長い時間と多くの経験によって培われてきた、「組織マネジメント」の発想と、その導入が可能であるはずであり、これに様々な工夫を加えて活用していく必要があると考えている。

　私は、平成16（2004）年に荒川区長に就任した際、「区政は区民を幸せにするシステムである」という、荒川区のドメインを掲げた。

　荒川区という自治体を住民のための自立した「自治機関」に育てていくためには、その行動の原点と方向を明確に示すことが、まずは必要だと考えたのである。荒川区役所の組織としての事業領域を明確にし、組織としての在り方、使命、目指すものを、その構成員である職員に対して、そして区民に対して、分かり易く示すのが目的であった。このドメインは、その後の荒川区政の展開の礎として、荒川区役所に根を張り、成長を支え続けている。その後の人事戦略、財務戦略、そして事業戦略と続く荒川区の新たな組織マネジメントの取り組みの基礎となり、時には羅針盤となって職員たちの進むべき方向を示し続けているのである。

　重ねて申し述べるが、自治体は必ずしも民間企業のような経済主体ではない。しかし、その相違を踏まえたうえで、民間企業が築いてきた組織マネジメントのノウハウを様々な工夫を施しながらこれを活用し、自治体の新たな組織運営手法として構築していくことは、重要なことだと考える。近年、自治体経営という言葉はよく使われているが、いずれも法律学的、或いは制度的視点からの議論が殆どで、経営学的視点からの議論は殆どなかったように思う。

　荒川区が試みてきた様々な取り組みを例として、経営学的視点から自治体という組織のマネジメントを体系的に整理しようとする本書の挑戦は、これからの日本における自治体運営の新たな在り方の議論、実践、展開のひとつのきっかけになるのではないか

と期待している。

　本書は、経営学、財政学、経済学等の研究者と地方自治体の現場を担ってきた職員とが執筆を担当している。それぞれの視点からの論述は、何れも直面してきた課題や考察を背景にしたもので、研究的にも実務的にも多くの論点が含まれたものだと思う。読者諸兄の考究の一助になれば幸いである。

　2018 年 3 月

　　　　公財）荒川区自治総合研究所理事長
　　　　特別区長会会長・荒川区長　　　　　西川太一郎

はじめに ── 基礎自治体運営のために

　基礎自治体は、住民に最も近い公的組織体であり、住民の生活に直結した機能をになう。住民の暮らしや家庭の安心、安全、学びや働くことに直接関わる機能であり、住民の日々の生活の根幹部分に関わる機能である。機能を十全に果たすべく、基礎自治体の運営と政策の執行がなされなくてはならない。

　グローバル化や IoT、AI の展開、そして住民の価値観の多様化に見られるように、基礎自治体を囲む外部環境の変化は大きく、急激である。これまでのルーティンがルーティンとしてなかなか機能しない状況が発生している。外部環境における急激な質的変化のもとで、基礎自治体が向かうべき基本的方向付けが求められている。即ち、戦略の策定である。

　また、ほとんどの基礎自治体は、共通して財政的課題を抱える。無駄は許されないと「もったいない」が唱えられ、効率性が論じられる。基礎自治体は、利用可能な資源の制約を前提として、効率的マネジメントの考え方にしたがった運営・政策の執行が求められている。即ち、基礎自治体運営のためには、戦略を踏まえた上でのマネジメント手法の活用が強く求められている。

　近年、しばしばメディアをにぎわすのが都市間の魅力についての比較調査である。例えば、森記念財団は、毎年世界の「都市総合力ランキング」を発表し、世界の 44 都市を対象に都市力についての比較を行っている。また、ブランド総合研究所は国内の都市の魅力をブランドとしてとらえ、県別、市町村別のランキングを発表している。国内 100 都市を対象として成長可能性につい

てのランキングを公表しているのが野村総合研究所である。

　それぞれのランキングにおいて、指標とそのウエイト付けは異なる。しかし共通する認識は、「都市の魅力は、都市が抱える外部環境、例えば地理的な環境や、空間的環境、あるいは時間的な与件で決定されるのではなく、それを前提としながらも、戦略とマネジメントを通して作り上げるものである」ということである。ランキングは都市間の魅力と競争力についての順序付けであり、住民の生活のしやすさを問うものである。自治体の責務そのものが問われる。

　2016 年のしごと能力研究学会全国大会の基調講演「自治体経営としごと能力」[1]において、アルバッハは、国際的に都市間競争が激化しており、戦略の策定とそれにしたがった行政のマネジメントが重要であることを強調した。多くの日本の都市、例えば東京や大阪、京都といった日本の伝統と歴史を有する大都市は、あるいはビジネスの拠点都市は、パリやロンドン、ニューヨーク、ベルリンといった国際都市との競争にさらされている。この状況と重なるのが、日本国内においての「個性ある町づくり」「町の魅力をいかに作り出すか、発信するか」という動きである。経営学的にみれば、競争力を強化し、他とは異なる魅力を作り上げる「差別化戦略」であり、マネジメントの課題としてとらえられる。

　アルバッハは、論文 'Strategies for Cities in Global Competition —— An Essay on Spatial Economics and Management Science'[2]の中で、ドイツの自治体を例にとり、財務、効率性、ガバナンス、リスクと不確実性の視点から自治体行政についての分析をおこなった。当該分析の成果をベースとして、先のアルバッハ基調講演では、シカゴと東京の実地調査に基づいた比較分析がなされた。効率性とともに、①魅力を作り出す都市の戦略について、また、②組織のガバナンスの視点から、首長、議会、首長の私的諮問委員会の役割等、意思決定が論じられた。基礎自治

体の経営と運営において、経営学、経済学を中心とした社会科学的手法の知識と活用が強く求められる、不可欠であるとの主張がなされた。

　この考え方を共有し、基礎自治体の運営の中で実践してきたのが本書の編者の一人である、荒川区の西川太一郎区長である。そこで掲げられる「区政は区民を幸せにするシステムである」は区政の基本的考え方であり、向かうべき基本的方向付け、即ち戦略であり、その下で区政が、区の事業が展開される。

　本書は、これまでの実践と経験に基づきながら、マネジメントと戦略の視点を柱とし、基礎自治体の運営について論じたものである。グローバルな視点であり、住民の生活に直接関わるものである。研究者のみならず自治や運営の実際に関わる方たちに、その具体的内容と考え方・説明を提供することを心がけた。当該分野の、世界の最前線で論じられ実践される内容を含む本書の刊行の意味は大きい。

2018 年 3 月

ベルリンフンボルト大学名誉教授

Professor（em.）Dr.Dres.h.c. ALBACH, Horst

公財）荒川区自治総合研究所副理事長
早稲田大学教育・総合科学学術院教授　藁谷友紀

注記

1　基調講演は、*Albach, Horst, 'Cities in Global Competition ── Developments in Legal Structure and Problems of Financial Autonomy'* として、しごと能力研究学会誌『しごと能力研究』2018 年度号に掲載予定。なお、本書においてその抄訳を掲載した。

2　*Albach, Horst*（eds.）*"European Cities in Dynamic Competition ── Theory and Case Studies ── Urban Government, Strategy, Cooperation and Competitiveness" Springer Verlag*（*forthcoming*）所収。

基礎自治体マネジメント概論　目次

第Ⅰ部　基礎自治体は何を目指すか

第1章　基礎自治体における戦略とマネジメントの考え方・活用

第Ⅱ部　基礎自治体とは何か

第2章　基礎自治体の機能と構造

第3章　財政

第Ⅲ部　基礎自治体のダイナミズム

凡 例

参考文献の挙げ方は、以下の通りである。

1）法令・規則・慣例あるいは文献等で、実務について通常用いられ、明らかになっているもの、あるいは共通理解が得られているものについては、参考文献を節の末尾に表記した。
2）実務者にとって自明でない文献については、文中あるいは注記の当該箇所で明記して、その上で節末の文献表に表記した。なお、文献表ではなく、注で当該文献を表記した場合もある。

編者・執筆者の所属および肩書きは、2018 年 4 月 1 日時点のものである。

第Ⅰ部
基礎自治体は何を目指すか

第1章

基礎自治体における戦略とマネジメントの考え方・活用

第 1 節
戦略とは何か

藁谷友紀（早稲田大学教育・総合科学学術院教授）

　本書は、基礎自治体のあり方を検討し、運営する上で、経営学の成果である戦略とマネジメントの手法を明示的に活用することが不可欠である、との視点に立つ。

　この考え方の実践の先端を進んでいる基礎自治体の一つが荒川区であり、本書では荒川区における多くの事例を取り上げる。本章の第1節では、組織の基本的方向付けである戦略を取り上げる。マネジメントの手法に基づく具体的施策は、この大きな方向付けである戦略の上に位置づけられる。第2節においては、基礎自治体のマネジメントのための経営学を中心とする社会科学的手法とその実践について論ずる。

　組織は、それを取り囲む外部環境が激烈に変わる時に、戦略の検討・策定が求められる。外部環境のドラスティックな変化に伴い、それまでに作り上げられ実践されてきた組織運営と施策に関わるルーティンの有効性がしばしば揺らぐ。組織の存在意義が問われる。したがってそこでは、外部環境の分析と、新しい環境の下での当該組織の存在意義そのものが改めて検討される。「我々は何故に存在するか」が問われることになる。その問いは、「目標システムの検討」と呼ばれる。

　目標システムは、通常、抽象度の高い「組織理念・哲学」と、より具体的な「目標」に分けることができる。特に、組織理念と

哲学は、経営者の価値観と利用可能な資源、外部環境を踏まえて決定される。

　抽象度の高い理念・哲学が組織の具体的成果に関わってきた例を企業に求めると、松下幸之助が唱えた「水道哲学」が挙げられる。

　松下は、日本の高度経済成長が始まる中、それまで一般家庭にとって高嶺の花であった家電製品を、蛇口をひねると誰もが安価に享受できる水道水のように提供する、それが自社の使命であり、存在意義であるとした。この理念は高度経済成長期を迎え、経済規模の拡大、家庭の生活水準の向上期に入るその時期において、まさに時宜を得たものであり、松下電器の発展に大いに寄与するものであった。その当時の企業理念を現在の文脈、企業を取り囲む外部環境の下でとらえるとどうであろうか。現在は、経済規模が著しく拡張した時期を終えた状況にある。資源制約の強さを社会が強く認識し、環境問題が強く指摘される。高度経済成長期を迎える当時とは時代状況が大きく異なり、「水道哲学」は、組織の哲学あるいは組織の存在の根本を規定するものとはなり得ない。このように組織の理念・哲学は組織の外部環境が大いに異なった時には、その適切さが問われ、検討が求められる。

　理念や哲学は抽象度が高いことから、その目指すところに近づいていることを確認するためにも、より具体的な目標が設定される。目標の実現を目指すことにより、組織が掲げる理念・哲学は満足する方向に向かっているかを問うことになる。

　目標システムの検討の後に求められるのは、事業ドメイン（領域）の検討である。自分自身の存在についての検討がなされた後には、いかなるドメインで活動するかについて問う。ドメインが規定された後に、ドメイン内においていかなる事業を展開するかを決めることになる。以上のプロセスが、企業全体にわたる戦略策定のプロセスである。その戦略のもとで、事業ごとの競争戦略、

即ち事業戦略が策定されることになる。

　荒川区は 2004 年にドメインとして「区政は区民を幸せにするシステムである」を掲げた。これは基礎自治体として果たすべきルーティンである本来的機能を実現しながら、区民の価値観の多様化、IT 化やグローバル化、そして少子高齢化が急速に進むといった区を取り囲む外部環境のドラスティックな変化に正面から向かい合うとの強い宣言である。そこでは、新しい外部環境の下、果たすべき機能、そして具体的政策・施策の有り様をあらためて検討する姿勢、戦略の策定を明らかにしたのである。外部環境の変化に、否応無しに対応させられるというのではない。外部環境の変化に積極的に対応するとともに、外部環境そのものに積極的に働きかける、即ち環境創出をも意図するものでもある。

　「区政は区民を幸せにするシステムである」という宣言は、ドメインを規定すると同時に、住民の最も近くに在る基礎自治体が目指す、住民の生活に責任を担うという普遍的とも言うべき基本的考え方・目標を、あらためて唱えたものである。ドラスティックな外部環境変化の下でも、揺るぎない目標であることを高らかに宣言し、戦略論的にその強い意志を示した。同時に、経営学の成果の有効性を確信し、そのうえで区民のために基礎自治体のマネジメントを進めていくとの宣言でもあった。

　本書では、そのドメインのもとでいかなる機能（事業）が進められ、政策・施策を企図し、進めているかについて紹介する中で、基礎自治体のマネジメントの全体像を明らかにする。

第2節
基礎自治体経営のための経営学的手法[1]

ホルスト・アルバッハ Horst Albach（ベルリンフンボルト大学名誉教授）

翻訳　藁谷友紀（早稲田大学教育・総合科学学術院教授）

1. 基礎自治体のためのマネジメント手法、
　その列挙と意味

　あるストーリーから始めよう。四十数年前に私はヘクスト社の上級幹部を対象に2週間のセミナーを開催した。ヘクスト社は、ドイツの化学の会社であり世界のトップ企業の一つである。セミナーは月曜日からの開催であり、参加者は日曜日の夕刻に集合した。彼らは皆、かなり浮かない表情であった。自社の状況を深刻にとらえていた。OPEC が、原油価格をまさに大幅値上げした時であった。参加者は、自社が多くの事業で競争力を失うであろうことを恐れていた。私は、費用計算のセミナーを明日から始めることができるのだろうかと思った。経営計画の責任者（CPO, Chief Planning Officer）を呼び、明朝セミナーを始めるかについて尋ねた。その責任者は、ヘクスト社の役員会で議論したばかりの、新しい外部環境の下での経営手法と考え方を示してくれた。役員会のメンバーは、生き残りのための説得力ある戦略を決定していた。予定通り開催したセミナーの参加者は、熱のこもった論議を通して、彼らの不安を払拭していった。

　その当時の私たちを取り囲む状況について改めて思い起こしていただきたい。週末、ドイツの高速道路（アウトバーン）を、家族や子供たちが散歩した時であった。それが可能であったのは、

ガソリンの消費削減のために車の走行が禁じられたからである。

　私たちはここで質問を設けよう。企業の戦略的計画の手法が、都市の世界的競争の中で、有効性を発揮するのかについてである。

　企業の理論においては次の5項目についての原理が挙げられる。
- (1)自律性（自治、autonomy）
- (2)財政均衡
- (3)効率性
- (4)ガバナンス
- (5)信頼の文化

(1) 自律性

　自律性は、市場経済において、企業の中心的原理である。同時に、都市や基礎自治体においても中心的原理に位置づけられる。それはしばしば自治と称される。企業が自律性を失ったとき、企業は倒産を迎える。基礎自治体も同様に成り立たなくなるであろう。しかし、そうした状況は、基礎自治体の場合、投資と財政の意思決定を担う首長によって回避され得る。連邦五賢人会は、都市の自律性がいかにして強化されるかについて、議論を深めた[2]。ただし、その結論がとりわけ説得的な訳ではない。

(2) 財政均衡

　財政均衡は自律性の大前提である。均衡は収入が支出と等しいか収入が支出を上回る場合と定義される。収入は活動から得られる収入にとどまらず、起債による収入も含む。そして支出は、債務支払いを含む。基礎自治体の収入には、税、各種料金、都市サービスに対する支払い、そして中央政府からの補助金が含まれる。

　ドイツの公的組織体は、財政面から4つに分類される。即ち、自治体（市町村）、地域（Regierungsbezirk）、州、連邦である。

ここで、特にボン市に関しては、但し書きとしてドイツ鉄道を考慮する必要があるかもしれない。当該の件は、自治体の自律性に制限を課す非常に複雑な構造をとっている。

また、財政的に比較的恵まれている自治体は、より大きな財政問題を抱える自治体を財政的に支える。それは、成功している自治体が、運営がうまく行かない自治体に対して、成功している自治体の効率性ゆえにペナルティを払う、という意味をもつ。同様に、旧東独の崩壊により、比較的裕福な自治体は毎年 660 百万ユーロを 2020 年まで、いわゆる「統一ファンド（Consolidation Fund）」に払い込むことになっている。ほとんどのドイツの政治家は、このことを忘れているかのようである。もしインセンティブ理論に基づくなら、より裕福な自治体は、「統一ファンド」への振込を通した非効率的な自治体に対する負担金ではなく、可能な限り自身の競争力のための支出に向けるべきである。

ヴォルフスブルク市やレバクーゼン市は、近年、それぞれの自治体に拠点を置くフォルクスワーゲンやバイエル化学社の業績不振に伴い歳入不足で、財政的に厳しい状況にある。

ボンでは商工会議所の反対にもかかわらず、市民税（財産税）を上げた。供給サイドからみた生産性に逆行するものである。生産性に富む市民と企業を自治体の外に追いやることとなった。ドイツを代表する製菓会社ハリボーがその例である。企業ハリボーの移出により、ボンは、市の多くの計画、資本、働く市民を失うこととなった。

ドイツにおける自治体の財政システムは、自治体の強化・競争力強化のために根本から大きく変わりつつある。いくつかの自治体は、財政問題を解決するために、ファンド PPP（Private Public Partnership）を立ち上げている。シュヴァフルト市では、19 世紀芸術の美術館のためにファンド PPP を立ち上げた。建物はバイエルン州が、運用資金の大部分はシュヴァフルト市が、そ

して絵画は民間の基金によって賄われた。しかし、ファンドは運営のための一歩である。自分たちの住むまちへの強いつながりを確認するための一歩にすぎない。運営・管理の意思決定に影響力を有する美術館協議会（Museum Council）のメンバーは、市長、バイエルン州代表、美術品寄贈者の代表、美術館評議委員会（Kuratorium）の代表、そして独立した3人の専門家からなる。

　自治体の財政状況を改善するもう一つの試みは、自治体、企業、地域の大学、そして州の間の協力である。ボッフム大学は、非常に活動的な「シュンペータ[3]学長」を擁していた。新しい学長のアクセル・シェルメリッヒ教授は、シュンペータ的な精神をもって彼自身のステップを踏み出したと言える。ボッフム市は大学と州との間で協力関係の取り決めに調印した。大学はイノヴェーティブ・サイエンス・センターを設置した。州は前オペル（現ゼネラルモーターズ）社の施設に貢献した。市と大学は、若い起業者に、当該のオペル施設の上に拠点を設置するように、オファーした[4]。ボッフム市は自身のミッションを明確に認識している。大学の研究機関と企業の設立者は"ルールヴァレイ"を造り上げようとしている。そして多くの市民はそのミッションを"大学都市"と呼んでいる。ボッフム市は、既に複数の大学、研究機関、そして他の高等教育機関等、合わせて10以上の機関を有する。

(3) 効率性

　市場経済環境にある企業は、利潤を生み出して初めて競争の中で生存を望むことができる。企業は生産的であり、活動において効率的でなくてはならない。アダム・スミスは、『国富論』において、この原則を、「社会的厚生（Gemeinwohl）」との関係の中で位置づけた。この概念は「企業の社会的責任」と同じものである。この意味で、市当局と企業は「働く者と市民の富を増進しなくてはならない」という共通する目的を有する。

（4）ガバナンス

　ボン市の市長は「シュンペータ市長」ではない。彼の立ち位置は行政官のそれであってパイオニアのそれではない。彼は、わずかに50％を上回る得票率で現在の地位を得た。ヨーロッパの他都市、あるいはそれを越えて国際的な視野においての他都市との競争を進めなくてはならない。市長が得た票はそのためには十分ではない。議会の構造とその意思決定プロセスは、企業における重役会議のそれとは異なる。自治体における当該の構造は、市の競争力を作り出すのに、あるいはそれを維持するのに十分であろうか。明らかに否である。

　現在、市の種々の決定への市民参加のあり方において、一つの強い傾向が見える[5]。このことは、市の事業への市民の関与の観点から見るなら、新しい可能性として、好ましい様相であろう。しかし他方、市の選挙を経た議会制民主主義の視点から見るなら（ドイツが連邦国家であることから考えてももちろん）、非常に問題ある様相である。私の知人のポルタティウス（Botho von Portatius）の予測「新しいデジタル社会が小さな自治体の成長に新しい機会を提供する」が正しいなら、競争の観点から、「シュンペータ市長」への信頼について、さらには自分たちの住む町への愛情を踏まえた自治体のガバナンスの形態について、論じられなくてはならないであろう。あるいは創造性と可動性の世界における「住む町への愛着」について、藤田・森が引用されなくてはならないであろう[6]。自治体は「良き企業統治（Good Corporate Governance）」のルールを導入しなくてはならない。具体的に述べるなら、自治体は対立を解くために、連邦委員会における良き企業統治に関する議論から学ぶことができる。

　自治体における対立は、ミクロ理論における間違った議論から生まれたものである。ミクロ理論家は、自利心における個々の行動が各自の利益を最大化する、その行動が他者の利益をおびやか

す場合には他を犠牲にするという想定、「人間は人間にとってオオカミである（homo homini lupus）」の想定を設ける。実際に、この誤りについて認識できなかったミクロ理論家は、利潤極大化目標を誤って解釈する利己主義者の無責任な行動、そしてミクロ経済学の基礎であるシェアホルダーの無責任な行動をつくり出してしまった。社会の利益にそった行動の代わりに、当該経済主体は自分たちのパートナーが自分たち自身よりも情報が少ない（非対称な情報）ことを利用し、自身の利益を増大させ、他を犠牲にすることになる。シェアホルダーや取締役会の構成員、そして幹部の間の対立は、ここからもたらされる。良き企業統治はモラル・ハザードや非対称な情報のあり方とは相容れない。

　地方自治体においては、議会のメンバーは彼らが代表する有権者の富を最大にするよう努めることになる。このことはしばしば（あるいは常に）パレート最適にしたがった全ての市民の富の最大化とは同じものではない。自治体における良き企業統治は、首長が対立を減じ、最優先の目標である課題「自治体の全ての市民の富を増大させる」に対する信頼を作り出さなくてはならない。自治体の厚生が増すことに市民を引きつけなくてはならない。首長は「信頼の文化」に責任を有する。

(5) 信頼の文化

　クロノン（William Cronon）は、1991年の著書『自然の大都市（Nature's Metropolis）——シカゴとグレート・ウエスト』で次のように述べている。「シカゴは偉大さに向けて必然的に運命付けられていた」。シカゴは、練られた長期計画が故にではなく、本来有する有利さを自己強化することによって、アメリカ中部地域の大都市となった。即ち、シカゴに人口と生産拠点が集中することとなった。そして輸送拠点としてのシカゴの役割を通して、「全ての道はシカゴに通ずる」と呼ばれるようになった。し

かし今日では、シカゴはその「信頼の文化」がゆえにその花が開いたように思える。それは市のガバナンスに対する市民の一つの信頼である。複数のファミリーが市の厚生のために資金を提供している。当該の市民たちは、市長が「シュンペータ市長」、すなわち創造的なパイオニアであることを現実のものとした。バナー（Gerhard Banner）によると、ニュージーランドのクライストチャーチの市長もこのような「シュンペータ市長」であった。彼は、地方自治体のこのタイプのガバナンスを「統合的なガバナンス（integral governance）」と呼ぶ。彼は自治体のグローバル競争については語っていない[7]。

　ドイツにおけるシカゴはハンブルクである。ボンにあるオルガン製造会社の所有者クライス（Philip Klais）は、新エルベフィルに関する論議について、ボン・ロータリークラブで次のような講演をした。ハンブルクの市民は、新しいコンサートホールを建設するにあたり、多額の費用がかかるという批判にもかかわらず、市民自身のプライドと市への愛を示すものとして、その建設を願った。そしてそれは叶えられたとともに、一人の寄贈者が現れた。およそ 1000 のパイプからなるオルガンが据えられた。

２．ボン市の戦略と分析用具

　エルベフィルのコンサートホールの話は、ボンの状況とは全く異なる。ボン市民は、古くなったベートーベンシンフォニーの建物を建て替え、新しく未来を志向したホールを新築しようとしたが、諦めることとなった。

　ボン市民の自己信頼とプライドが十分ではなかった理由は、ドイツ政府がボンからベルリンに移ったことにあるかもしれない。市長をはじめとしてボン市は、ボン市民がベートーベンシンフォニー新設を諦めざるを得なかった理由を、ボン・ベルリンの首都

移転に関する法（Bonn ／ Berlin Gesetz）の違反にあることを、ベルリン政府に公的に訴え出た。彼らの苦情は正当である。近年、政府職員の 61％がベルリンで働いている、という数字が公表された。1994 年の同法によれば、「政府職員の多数はボンに残る」ことが唱えられたにもかかわらずである。

　ボンにおける信頼の欠如の理由は、さらに過去の歴史にあるかもしれない。1961 年当時、ボン市民は 3 つの異なるグループからなっていた。古くからの住民、大学の教職員、そして省庁の公務員である。グループ間での交流はほとんどなく、それぞれのグループは異なる利益を有していた。

　以上の状況説明の上に、はなはだ困難なことではあるが、ボン市に企業マネジメントの考え方・分析用具を適用してみる。以下の 4 つの分析用具を適用する。

　　(1)ミッション
　　(2)競争と協力
　　(3)リスクと不確実性
　　(4)意思決定

(1)　ミッション[8]

　企業の取締役会の対立は企業倒産をもたらす、という事実から出発しよう。最高財務責任者（CFO）がその対立が故に彼の職務を停止するなら、その企業は 2 年以内に破産するであろう。基礎自治体に当てはめてみよう。基礎自治体の議会における対立により、ヨーロッパや世界の他の都市との競争に遅れを取ることになる。言い換えると、基礎自治体に対する市民の信頼は、他の基礎自治体との競争に成功するための大前提である。基礎自治体のミッションは、基礎自治体の自己理解であり当該市民の自己理解と言える。ボンについて述べる限り、そこには自己理解が存在しない。ボンの市長はベルリンに移る公務員や省庁の流失に抗って

いる。クレメント（Wolfgang Clement）のアドバイスによるなら、ボン市は必然性に対抗して戦うことは止めた方がよい。彼にとってのボンのミッションは、「国際連合の自治体」である。私はボン市民に何度か尋ねた。「あなたの考えでは、ボン市のミッションは何ですか」。連邦自治体、ベートーベンの町、科学都市、知識の都市、ケルン郊外、が回答であった。2016 年 1 月「ボン：将来の都市」と題するフォーラムが開催され、「連邦都市としてのロマンの終焉」が強く唱えられた。ボン商工会議所は、ヴァレー（Dirk Vallée、市のプランナー）が 2015 年 12 月 22 日に講演したレポートを出版した。そこには「ボン市と周りのコミュニティは持続可能で体系的な、変わらぬ協力関係を確立するであろう。従って『ラインランドの大都市地域』である素晴らしい地域となるであろう」とある。ところで彼の「地域」には、近隣の大都市ケルンは含まれていない。このようなミッションの下、ボン市民が一丸となると、一体全体、誰が信ずるであろうか。ミッションを有しない基礎自治体は、自治体マネジメントにおいて優先順位をつけることができない。

　私にとって最も印象的なボンのミッションは「健康都市」であった。大学病院と多くの病院、ケルンのクリニックとの協力関係、生命科学研究所がそのミッションの核である。ボンの東側にある七つの山々（Siebengebirge）とライン川の西に横たわる大きな森（Kuttenforst）は、このミッションの一部を構成する。ボンには二つの巨大な企業が拠点を置く。ドイツテレコムとポストバンクであり、両者はこのミッションのシナリオに適合する。両社は環境を汚染することはない。今ボンで行われている、節約の為に公共プールを閉鎖する、このことはミッションのシナリオに矛盾する。公共プールは、若年者と高齢者の健康を増進する重要施設である。「健康都市ボン」というミッションは、ボンを訪れ、生活し、病院での治療を望み、健康を高めたいという希望を

もった、例えば多くのイスラム教徒や家族にとって、ボンは自慢できる町となることを意味する。市民は、ボンやバードゴースベルクのショッピングセンターでこれまでもそして今後も見かけることになろうイスラム教徒のベール姿に、不満を述べなくなるであろう。むしろ市民は、自分たちが多くの国々の人々に目に見える健康サービスを「輸出する」ことを誇りに思うであろう。

(2) 競争と協力

　ミッションは、当該基礎自治体が直面する競争の型を決める。基礎自治体が、多くの分野で競争を展開することは無理である。スイスのダボスは、そのミッションを「リゾート、スポーツ、研究、会議、そして健康都市」と規定したことは、興味ある事柄である。ここにおける「研究」は雪と雪崩の研究を行う小さな研究所を意味する。ダボスは、さらに加えて「トーマス・マンとエルンスト・ルートヴィッヒ・キルヒナーの町」を挙げる。ダボスが、ミッションとは何かについて知らないことがわかる。他方、ダボスの例は、「ミッションに関わる投資」について検討し、場合によっては変更する、あるいはその組み合わせを考える、そのことの重要性を考えるのに良い例である。次のように言うことができよう。1944 年に結核の薬が開発された時に、ダボスは「健康都市」を維持できたかもしれなかった。しかしその際には、投資を皮膚科学の分野に振り向けなくてはならなかった。

　成功をおさめている基礎自治体は、その競争者を知っている。とは言っても、3 者を超える競争者を考える必要は必ずしもない。通常は、最も強力な 1 競争都市を考えるであろう。もし基礎自治体が 3 つの都市を超える競争者と競争することを望むなら、当該自治体は資源と資金をまき散らすことになろう。「健康都市」として考えたときボンの最も強力な競争者はだれであろうか。率直に言うなら、ボンと競争するような基礎自治体を私は知らない。

ここでは、ボンが最も強力な競争者と競争する時に、成功をおさめるための機会を検討する、その為に用いる競争マトリクスを示すにとどめる。

表1　競争マトリクス

競争の対象となる最も強力な市／顧客と創造性豊かな市民にとっての魅力	優っている市	劣っている市
高い	非常に競争力のある市	危険な位置づけの市：投資が必要
低い	市はミッションの変更を準備している	当該市の市長は解雇されるべき

　基礎自治体はミッションを決定し、最も強力な競争者を認識したとき、当該自治体は（同一のミッションをもった）強力なパートナーを探すことによって、自身の競争力を強化できるかもしれない。ボンの場合は、ケルンがこれにあたろう。現在、ケルンとボンのクリニックは、種々の分野での協力関係にある。一層の協力関係についての合意がなされるなら、ボンの競争力は一層強化されるであろう。

　競争における生き残りと成功の戦略にとって、非常に重要な二つの要素がある。それは競争者であり、また顧客である。もし企業が——そして自治体が——最も重要な競争者と比べてより大きな市場シェアを有するなら——より多くの訪問者を有するなら——、当該の企業は——自治体は——グローバルな競争の中で成功をおさめ生き残ることができよう。しかしもし当該基礎自治体が提供する財・サービスに対する需要が減ずるなら、その生き残りには大きな疑問が呈される。このことが表1からはっきりと読みとれる。

(3) リスクと不確実性

　全てのミッションはリスクを伴う。ダボスの例は、技術進歩が重要なリスクであることを示している。20 世紀の石油危機（1973 〜 1974 年、1979 〜 1980 年）が明らかにしたことは、企業が学ぶべきことは販売市場や顧客、そして競争者についてのみならず、調達市場もまたまさに重要であるということである。表 2 は、基礎自治体がミッションを実現する際の、投資プロジェクトにおけるリスクを示すリスクマトリクスである。例えばベルリンがミッション「輸送拠点」を掲げたとするなら、ベルリン空港が、ひいき目に見ても、疑わしい要素となるプロジェクトである。マトリクスで見た時、主たるリスクは資源（資金そして、あるいは人的資源）である。ベルリンにとって資源は決定的なマイナス要因であろう。ハンブルクの場合とは異なる。

表 2　リスクマトリクス

資源 （資金、人間）＼プロジェクト	危機的でない	疑わしい	危機的
危機的でない	プロジェクトを実現する		
疑わしい		プロジェクトが必要かどうかさらに分析する	
危機的			プロジェクトをあきらめる

　リスクは不確実性と比べて、より包括的に用いられることが多い。経済学や経営学では、不確実性とリスクとは区別される。リスクは確率で分析できるが、不確実性は数学的に扱うことができない[9]。しかし不確実性の分析は企業にとってと同様に基礎自治体にとっても重要である。

　「カントリーリスク」はよく知られた外部要素としての不確実性である。大部分の企業は行動計画において、かくなるリスクを

できるだけ抑えようとする。リスク・マネジメントを考えるときの一つの例がある。ドイツ銀行の一人のパリ駐在員がフランクフルトの本店に次のようなレポートを送った。「パリの郊外（St. Cloud）にホメイニと名乗る奇妙な性格の人物がいる。彼はペルシア王を追いやろうとしている。私にはそのように見える」。フランクフルトの戦略立案者たちはこの情報を真剣に受け取り、ドイツ銀行はペルシアから撤退した。ペルシアにおける損失を最小化したことになる。

　化学企業のバイエル社は、ブルンスビュッテル（Brunsbüttel）で化学プラントを運営していた。プラントに近接して、原子力発電所があった。バイエル社のリスク分析者は発電所における事故を想定した。彼らが完全に忘れたのは、事故がバイエル社の工場で発生し、その結果が発電所に及ぶという可能性であった。そのとき工場に対するテロリストの襲撃があった。幸いにもそれは抑止された。その結果、バイエル社のリスク戦略において、化学プラントの襲撃・事故の可能性を含んだリスク・マネジメントが策定されることとなった。表3は不確実性に対処するための分析用具である。

表3　不確実性マトリクス

不確実性にさらされる程度／不確実性の出所	危機的ではない	非常に危機的
外部要因　資本市場、税、技術、賃金、観光、その他		
内部要因　インフラストラクチャー、環境保護、エネルギー供給、労働争議、テロリズム、等		

　表3で示される要素は、基礎自治体のミッションによって決定されることになる。表3は基礎自治体にとって有用な不確実

性分析の型を示す。ハウスシュタイン（Ellen Hausstein）は、ローストック市のリスク・マネジメントを明らかにした。市民が参加する故に、市の行政が見逃してしまう可能性があるリスクと不確実性の要素が明らかになることがある。残念ながら、ハウスシュタインは、彼女の論文を刊行していない。

(4) 意思決定

　ミッションが明らかであり、競争のためのミッションが充たされるためのプロジェクトが選択され、リスクと不確実性がしのげる場合には、基礎自治体はプロジェクトに投資するか否かを決定しなくてはならない。もしボン市がミッション「健康都市」を決するなら、プラントとインフラストラクチャーに主たる投資がなされなくてはならない。病院へのできるだけ早いアクセスは初めの第一歩として重要である。ボン市のインフラストラクチャーを考えるなら、より多くのヘリコプターが必要かもしれない。もし交通騒音が市部で受け入れがたく大きいなら、ミッション「健康都市」においては、市を巡る高速道路への投資は高い優先順位をもって位置づけられるであろう。何年にもわたる過熱した論議のプロジェクトであるにもかかわらずである。表4は事前的意思決定のための分析用具である。

表4　意思決定マトリクス

プロジェクト優先性／不確実性	高位	中位	低位
小	投資する		
中		投資するか、あるいはあきらめるか	
大			却下、あるいは投資を引き上げる

3．結論

　基礎自治体と公務員はこれまで経験したことがないような世界の基礎自治体との競争に直面している。学ばなくてはならない。市民も同様である。これまで説明した競争で成功を収めるためのツールを用い、施策を実行しなくてはならない。

　説明したことのもう一つは、首長の役割についてである。シカゴ市の市長であったダレイ（Richard J. Daley）が亡くなったとき、市民は市長ダレイの言葉を引用して次のようなポスターを掲げた。「人は自身が住んでいる町に誇りを持たなくてはならない。そして自身が住む町に誇りを感ずる町で生きるべきである。私はそう信ずる」。

注記

1　本節は「はじめに」で言及したアルバッハ教授の基調講演論文 *Cities in Global Competition — Developments in Legal Structure and Problems of Financial Autonomy'* の抄訳である。

2　連邦五賢人会（*Sachverständigenrat zur Beurteilung der gesamtwirtschaftlichen Entwicklung*), *Report* 19.

3　技術革新（イノヴェーション）についての理論を構築した *Josef A. Schumpeter* を指す。

4　*Westdeutsche Allgemeine* 新聞、2016 年 9 月 23 日、ボッフムの項参照。

5　アルバッハ教授の基調講演では、新しい傾向の例として、首長の私的諮問委員会が意思決定において強い位置づけが与えられていることを挙げている。議会制民主主義の議論・意思決定装置と私的諮問委員会の関係について、ガバナンスの観点から論じた。

6　*Fujita, Masahisa; Mori, Tomoya* (2005) *'Frontiers of the New Economic Geography', in "Regional Science"*.

7　*Banner, Gerhard* (2001) *Reform braucht Führung, in Middelhoff, Thomas* (eds.), *"Gütersloh"*, p.208.

8　これまでの経営学的説明における目標システム、あるいは活動ドメインにあたるであろう。基礎自治体の分析のために、ここでは「ミッション」という概念に置き換えられる（訳者注）。

9　通常、数学においてはリスクと不確実性の区別はなされない。

第Ⅱ部
基礎自治体とは何か

第 2 章

基礎自治体の機能と構造

第1節
基礎自治体の役割

志賀德壽（特別区協議会常務理事）

1. その分類と機能

(1)地方公共団体の種類

　地方公共団体には、普通地方公共団体と特別地方公共団体があり、普通地方公共団体には、都道府県と市町村、特別地方公共団体には、特別区、地方公共団体の組合（一部事務組合、広域連合）、財産区がある。

　普通地方公共団体は、その組織、事務、権能等が地方公共団体にとって一般的、普遍的であるものである。特別地方公共団体は、それぞれの存立目的をもって存在するものであり、その構成、権能、組織等が特殊なものである。

　特別地方公共団体のうち、特別区は、普通地方公共団体である市町村と同様の「基礎的な地方公共団体」であるが、大都市地域における行政の一体性及び統一性の確保の観点から導入されている制度である。東京23区のように、単一の指定都市では対応しきれない高度に集中する大都市地域において、広域自治体と複数の基礎自治体が特別な役割分担のもとに行政機能を発揮する仕組みとなっている[1,2]。

(2)基礎自治体の役割

　平成12年4月施行の地方分権改革の中で、国と地方公共団体

との間の役割分担及び地方公共団体の中の都道府県と市町村との間の役割分担の原則が地方自治法に定められ、市町村は「基礎的な地方公共団体」として、第一義的に住民に身近な事務を担うこととなった。

すなわち、地方公共団体は、地域における行政を自主的かつ総合的に実施する役割を広く担うものとされ、住民に身近な行政はできる限り地方公共団体に委ねるものとされた。この観点から、国は、①国際社会における国家としての存立に関わる事務、②全国的に統一して定めることが望ましい国民の諸活動若しくは地方自治に関する基本的な準則に関する事務、③全国的な規模でまたは全国的な視点に立って行わなければならない施策及び事業の実施、その他国が本来果たすべき役割を重点的に担うとされた。

また、地方公共団体間の役割分担については、都道府県は、市町村を包括する「広域の地方公共団体」として、①広域にわたる事務、②市町村に関する連絡調整に関する事務、③その規模又は性質において一般の市町村が処理することが適当ではないと認められる事務を処理することとされた。市町村は、「基礎的な地方公共団体」として、都道府県が処理するものとされているものを除き、一般的に「地域における事務及び法令で定められたその他の事務」を処理することとされた。

都道府県の役割とされる「その規模又は性質において一般の市町村が処理することが適当ではないと認められる事務」であっても、市町村の規模及び能力に応じて市町村が処理することができるとされている。

大都市等の人口要件により政令で指定する指定都市、中核市、施行時特例市や、一定の要件をもとに政令で指定する保健所設置市や児童相談所設置市等の政令市の制度は、法律上都道府県の事務とされている一定の事務を、市の規模能力に応じて市の事務とすることを法律上担保している。また、市と町村の間においても

権限等に若干の差異がある。

　指定都市は、大都市としての実態を備えた都市に都道府県の事務をできる限り移譲し、大都市行政を一体的・統一的に処理できるようにする大都市制度であり、中核市や施行時特例市は、比較的大きな都市について、その規模能力に応じた事務権限を強化するものである。

　こうした役割分担を前提に、国は、地方公共団体に関する制度の策定に当たって、地方公共団体の自主性及び自立性が十分に発揮されるようにしなければならず、地方公共団体に関する法令の規定は、地方自治の本旨に基づき、かつ、国と地方公共団体との適切な役割分担を踏まえたものでなければならないとされている。

　この結果、国が本来果たすべきものを除き、行政全般にわたり、基礎的な地方公共団体である市町村が第一義的・優先的に担うこととされ、数次にわたる地方分権改革によって、国から都道府県への権限移譲等と並んで、基礎自治体への権限移譲や義務付け・枠付け等の規制の緩和が進められてきた。

　基礎自治体たる市町村は、地域における総合的な行政主体として、まさに地方自治の基盤となる基幹自治体としての役割が期待されているのである。

(3) 基礎自治体の行政サービス提供体制

　人口減少・少子高齢化の進行等に対応して、地方分権の担い手となる基礎自治体にふさわしい行財政基盤を確立することが強く求められ、平成 11 年以降、全国的に市町村合併が積極的に推進された。これは、平成の大合併といわれている[3]。

　この結果、市区町村数は 3,255（平成 11 年 3 月末）から 1,700 余に大幅に減少したが、地域ごとの合併の進捗状況には大きな差異が見られる。依然として小規模市町村も多く、人口や面積、産業構造、地理的条件その他の地域事情も含めて、基礎自治体とし

ての市町村は多様な状況にある[4]。

　住民に最も身近な総合的な行政主体として、これにふさわしい権限と財源、事務処理体制を備えた自立性の高い基礎自治体が求められている中で、行財政基盤の強化は大きな課題である。

　今後の基礎自治体の行政サービス提供体制については、期待される役割の増大に加え、多様化・高度化する行政需要や広域化する行政課題への対応が必要となる。それぞれの市町村が単独で自己完結的に全ての役割を担うことは困難であり、非効率である場合もあることを踏まえ、自主的な市町村合併や表 4 に示されるような共同処理方式による市町村間の広域連携、都道府県による補完などの多様な手法の選択も含めて、基礎自治体としての役割を果たせる体制を確保していくことが求められている。

　一方、基礎自治体は、住民に身近なところで、住民に身近な事務を、住民の意向を踏まえつつ効果的に処理することが求められるが、より行政と住民の協働を進める観点から、自治体内の地域自治組織の育成も課題である。

　なお、基礎自治体の規模・能力の拡大に伴い、広域自治体としての都道府県のあり方についても問われており、より広域的な課題に対応しうるよう、都道府県の区域の拡大や道州制の導入を求める声も出されている。

表1　地方公共団体の種類

普通地方公共団体 ※その組織、事務、権能等が一般的、普遍的なもの	**都道府県**（市町村を包括する広域の地方公共団体）	
	市町村（基礎的な地方公共団体）	**指定都市** 要件：人口50万人以上の市のうちから政令で指定 平成29年1月1日現在　20市
		中核市 要件：人口20万人以上の市の申出に基づき政令で指定 平成29年1月1日現在　48市
		施行時特例市 特例市制度の廃止（平成27年4月1日施行）の際、現に特例市（※）である市 平成29年1月1日現在　36市 ※特例市 　要件：人口20万人以上の市の申出に基づき政令で指定
		その他の市 要件：人口5万人ほか
		町村 ※町となる要件は都道府県条例による
特別地方公共団体	**特別区**（都に包括される基礎的な地方公共団体） ※大都市地域における行政の一体性及び統一性の確保の観点から導入されている制度 平成29年1月1日現在　23特別区 ※現在は存在しないが、一定の要件を満たした地域が住民投票によって特別区を設置できる制度がある。	
	地方公共団体の組合（一部事務組合、広域連合） **財産区** **地方開発事業団**（制度自体は廃止） ※特定の目的のために設置されるもの	

（総務省HP資料を基に執筆者が作成）

表2　平成の大合併

平成11年3月31日現在	平成28年10月10日現在
3,255市区町村	1,741市区町村
670市 23区 1,994町 568村	791市 23区 744町 183村

（総務省HP資料を基に執筆者が作成）

表 3　人口規模別の市区町村数と人口（平成 27 年国勢調査）

人 口 規 模	市区町村数	構成比（%）	人口（千人）	構成比（%）
50 万人以上	35	2.0	36,767	28.9
30 万人以上 50 万人未満	49	2.8	19,059	15.0
20 万人以上 30 万人未満	45	2.6	11,245	8.9
5 万人以上 20 万人未満	415	23.8	39,953	31.4
1 万人以上 5 万人未満	685	39.4	17,552	13.8
1 万人未満	512	29.4	2,519	2.0
合　　計	1,741	100.0	127,095	100.0

（総務省統計局資料を基に執筆者が作成）

表 4　自治体間の広域連携の種類

共同処理制度		制度の概要	運用状況（平成 28 年 7 月 1 日現在）
法人の設立を要しない	連携協約	地方公共団体が、連携して事務を処理するに当たっての基本的な方針及び役割分担を定めるための制度	○締結件数：175 件（うち、連携中枢都市圏[5]の形成に係る連携協約 128 件）
	協議会	地方公共団体が、共同して管理執行、連絡調整、計画形成を行うための制度	○設置件数：202 件（主な事務：消防 41 件、広域行政計画等 28 件、救急 23 件）
	機関等の共同設置	地方公共団体の委員会又は委員、行政機関、長の内部組織等を複数の地方公共団体が共同で設置する制度	○設置件数：444 件（主な事務：介護区分認定審査 129 件、公平委員会 117 件、障害区分認定審査 106 件）
	事務の委託	地方公共団体の事務の一部の管理・執行を他の地方公共団体に委ねる制度	○委託件数：6,443 件（主な事務：住民票の写し等の交付 1,417 件、公平委員会 1,141 件、競艇 854 件）
	事務の代替執行	地方公共団体の事務の一部の管理・執行を当該地方公共団体の名において他の地方公共団体に行わせる制度	○代替執行件数：2 件（上水道に関する事務 1 件、公害防止に関する事務 1 件）
別法人の設立を要する	一部事務組合	地方公共団体が、その事務の一部を共同して処理するために設ける特別地方公共団体	○設置件数：1,493 件（主な事務：ごみ処理 406 件、し尿処理 337 件、救急 271 件、消防 270 件）
	広域連合	地方公共団体が、広域にわたり処理することが適当であると認められる事務を処理するために設ける特別地方公共団体（国又は都道府県から直接に権限や事務の移譲を受けることができる）	○設置件数：116 件（主な事務：後期高齢者医療 51 件、介護区分認定審査 45 件、障害区分認定審査 32 件）

（総務省 HP 資料から抜粋）

２．東京特別区の自治権拡充の取り組み

(1)大都市制度としての都区制度

　東京都内にある 23 区は「特別区」と呼ばれ、それぞれ公選の区長、議会や条例制定権、課税権を持ち、一般の市町村と同じ基礎自治体であり、政令指定都市の内部機構である「区」（行政区）とは性格も仕組みも異なる。

　東京 23 区の地域は、930 万人を超える人びとが暮し、1,200 万人近い人びとが活動する巨大な大都市地域であり、人口や産業が高度に集積するこの地域の行政は、全体として滞りなく円滑に行われる必要がある。

　このため、それぞれの特別区が身近な自治体として基本的な役割を担いつつ、広域自治体である東京都との特別な役割分担のもとに、相互に連携して東京大都市地域の行政に責任を持つ大都市制度が設けられている。この仕組みを都区制度あるいは特別区制度と呼んでいる。

　都区制度は、人口が高度に集中する大都市地域において、広域自治体と複数の基礎自治体の特別な役割分担により、大都市行政の一体性確保と身近な自治の両立を図る大都市制度であり、現在のところ、東京の特別区の存する区域にのみ適用されているものである。

　通常は市が行う上下水道や消防などを都が実施することや、都と 23 区間の財政調整の仕組みがあること、また、都区間及び特別区間の連絡調整を行うための法定の協議組織が設けられていることなどが特徴である。

　政令で指定される大都市制度である指定都市制度においては、大都市としての一体性・統一性確保のため、単一の基礎自治体が都道府県の事務を含め大半の事務を処理する。それに対し、都区

制度では、指定都市という1つの基礎自治体では対応しきれない高度に集中する大都市地域において、複数の基礎自治体（特別区）が基本的に事務を処理する一方、広域自治体である都が、府県事務のほか、通常市町村事務とされるもののうち、大都市としての一体性・統一性確保のため単一の意思により一体的に処理すべき事務を処理する。

(2) 都区制度改革の経緯

特別区は、戦後、地方自治法が制定された当時は、基礎的な地方公共団体として出発した。しかし、昭和27年の地方自治法改正により、都の内部的な団体と位置づけられ、区長の公選も廃止され、事務や財政に関する権限も限定的なものとされた。

以後、特別区の区域においては、広域の地方公共団体である都が、基礎的な地方公共団体としての性格を併せ持ってきた。

特別区は、基礎的な地方公共団体の地位を取り戻すべく、自治権拡充運動を長年にわたって展開し、東京の巨大都市化に伴う都の行政の行き詰まり等の状況も背景に、徐々にその権限を拡大した。

昭和40年に施行された地方自治法改正では、福祉事務所の移管をはじめ、特別区の事務権能が大幅に拡大された。

昭和50年に施行された地方自治法改正では、特別区に「市並み」の自治権を付与することとされ、区長公選制が復活した。都の職員を特別区に配属する制度が廃止されて人事権が確立されたほか、従来限定されていた事務権能についても、都が処理するものを除き市の規定を適用することとされ、保健所の移管も含め、大幅に拡大された。

この改正によって実質的には基礎的な地方公共団体としての内実を備えたにもかかわらず、法的な位置付けは従前どおり都の内部的な団体のままとされた。

このため、特別区はさらなる自治権拡充運動を展開し、都とも制度改革の方向を合意して国に働きかけ、平成12年に施行された地方自治法等の改正、すなわち都区制度改革によって、ようやく基礎的な地方公共団体としての法的な地位を取り戻すこととなった。

　こうした都区制度の変遷は、東京大都市地域の行政の一体性を確保しつつ、身近な自治を強化する方向で進められてきた改革の歴史である。

(3) 平成12年改革の意義

　平成10年5月に公布され、平成12年4月に施行された地方自治法改正は、自治体としての都と特別区の法的位置づけを初めて明確に規定した。

　都は府県と市の両方の性格を併せ持つという二重の性格が払拭され、特別区を包括する「広域の地方公共団体」として位置づけられた。他方、都の内部的な団体とされてきた特別区は、市と同様、第一義的に直接住民に責任を有する「基礎的な地方公共団体」であることが明文化された。

　この改革により、都は、府県事務の他に、一般的には市が処理する事務のうち、特別区の存する区域における行政の一体性及び統一性の確保の観点から都が一体的に処理することが必要であると認められる事務を限定的に行うこととされ、この都が処理する事務以外は、特別区が一般市町村と同様に優先的に処理することとなった[6]。

　この役割分担の原則に基づいて、清掃事業をはじめとする大幅な事務移譲が行われた。

　財政面でも、市相当の財源のうち、都が処理する市相当の事務の財源及び特別区間の財源の均衡化を図るための財源を都に所属させ、それ以外の市相当の財源は特別区に所属させる観点から、

税配分等の見直しが行われた。また、都区間及び特別区相互間の財政調整の仕組みを法律上の財源保障制度として位置づけ、都と特別区の役割分担に応じて財源配分を行う原則が定められた。

　大都市制度としてのその他の特例についても、法定の協議組織である都区協議会の運用改善をはじめ、都の内部団体的性格を払拭するための見直しが行われた。これらの改革により、特別区は、名実ともに東京大都市地域における基礎自治体としての地位を得ることとなった。

　この都区制度改革が施行された平成 12 年 4 月は、国と地方の関係を大幅に見直す地方分権改革一括法が同時に施行されたときでもあった。特別区は、長年にわたる自治権拡充運動の成果として、地方自治法上の「基礎的な地方公共団体」に位置付けられると同時に、地方分権改革によって強化された「基礎的な地方公共団体」の権限を獲得した。

　なお、都が一体的に処理する「市町村事務」の具体的な整理により、改正地方自治法の原則に則った役割分担の明確化とその役割分担に基づく安定的な財源配分を確立することが依然として課題として残されており、都区間の協議課題とされている。

表5　指定都市等の事務と特別区の事務の比較

指定都市・中核市・施行時特例市が処理する主な事務と、そのうち特別区が実施しているもの（　　　　網掛けした部分）を以下に示した。

<注>　・「※1」は、法令に基づき特別区が実施している事務。
　　　　・「※2」は、条例による事務処理特例制度に基づき特別区が実施している事務（「県費負担教職員の研修」は一部実施）。
　　　　・「※3」は、政令で定める市・特別区が処理する事務。

平成29年4月1日現在

指定都市の区域においても都道府県が処理する主な事務

（教育）
・私立幼稚園・専修学校・各種学校に関する認可、指導等　※2

（治安・安全・防災）
・警察（犯罪捜査、運転免許等）

指定都市が処理する主な事務

（保健衛生）
・精神障害者の入院措置
・動物取扱業の登録

（教育）
・県費負担教職員の任免、給与の決定、定数の決定、給与等の負担、小中学校学級編成基準の決定

（福祉）
・児童相談所の設置　※3

（環境）
・建築物用地下水の採取の許可

（まちづくり）
・都市計画区域の整備、開発及び保全の方針（一つの指定都市の区域内の都市計画区域に係るもの）
・都道府県道、産廃施設、流通業務団地等に関する都市計画決定
・市街地再開発事業に関する都市計画決定　　・区域区分に関する都市計画決定
・市内の指定区間外の国道の管理　　　　・市内の県道の管理

中核市が処理する主な事務

（保健衛生）
・保健所の設置　※1
・飲食店営業等の許可　※1
・浄化槽設置の届出　※1
・温泉の供用許可　※1
・高度管理医療機器（コンタクトレンズ等）販売業等の許可　※1

（福祉）
・身体障害者手帳の交付
・母子・寡婦福祉資金の貸付け　※2
・保育所、特別養護老人ホーム、生活保護施設の設置認可・監督
・介護サービス事業者の指定

・民生委員の定数決定、指導訓練等

（教育）
・県費負担教職員の研修　※2

（環境）
・ばい煙発生施設の設置の届出
・一般廃棄物処理施設、産業廃棄物処理施設の設置の許可

（まちづくり）
・屋外広告物の条例による設置制限
・サービス付き高齢者向け住宅事業の登録

施行時特例市が処理する主な事務

（まちづくり）
・市街化区域又は市街化調整区域内の開発行為の許可　※2
・土地区画整理組合の設立の認可　※2
・宅地造成の規制区域内における宅地造成工事の許可　※2

（その他）
・計量法に基づく勧告、定期検査

（参考）市町村が処理する事務のうち都が一体的に処理する事務

（まちづくり）
・上下水道の整備・管理運営
・都市計画決定（上下水道、用途地域等関係）

（治安・安全・防災）
・消防・救急活動

（特別区長会事務局資料）

注記
1　現在は東京都のみに存在している。
2　表1参照。
3　表2参照。
4　表3参照。
5　「連携中枢都市圏構想」とは、人口減少・少子高齢社会にあっても、地域を活性化し経済を持続可能なものとし、国民が安心して快適な暮らしを営んでいけるようにするために、地域において、相当の規模と中核性を備える圏域の中心都市が近隣の市町村と連携し、コンパクト化とネットワーク化を進め「経済成長のけん引」、「高次都市機能の集積・強化」及び「生活関連機能サービスの向上」を行うことにより、人口減少・少子高齢社会においても一定の圏域人口を有し活力ある社会経済を維持するための拠点を形成する政策。平成26年度から全国展開されている。
6　この都区間の特例のため、特別区は、引続き「特別地方公共団体」とされた。なお、事務について指定都市等との比較は表5を参照。

参考文献
1. その分類と機能
松本英明（2015）『新版　逐条地方自治法』学陽書房、第8次改訂版。
第29次地方制度調査会答申（2009）『今後の基礎自治体及び監査・議会制度のあり方に関する答申』。
第30次地方制度調査会答申（2013）『大都市制度の改革及び基礎自治体の行政サービス提供体制に関する答申』。
特別区職員研修所編（2017）『特別区職員ハンドブック』ぎょうせい。
2. 東京特別区の自治権拡充の取り組み
特別区職員研修所編（2017）『特別区職員ハンドブック』ぎょうせい。
第二次特別区制度調査会報告（2007）『「都の区」の制度廃止と「基礎自治体連合」の構想』。
（公財）特別区協議会（2011）『東京23区のおいたち—東京大都市地域の自治史—』。
（公財）特別区協議会（2012）『東京23区のふしぎ—自治のかたちと歴史

の残像—』。

（公財）特別区協議会（2015）『東京 23 区のしくみ～ユニーク自治体のプロフィール～』。

（公財）特別区協議会（2015）『東京 23 区のわくぐみ～法令から読み解く制度の特徴～』。

（公財）特別区協議会（2017）『東京大都市地域の物語　東京 23 区のなりたち』。

（公財）特別区協議会編（2013）『「連合制度」と「基礎自治体連合」』（成田頼明講演録）学陽書房、特別区自治情報・交流センターブックレット 1。

（公財）特別区協議会編（2013）『特別区制度改革の軌跡　中野区特別制度調査会から平成 10 年自治法改正まで』（大森彌著）学陽書房、特別区自治情報・交流センターブックレット 2。

（公財）特別区協議会編（2014）『大都市制度改革と特別区　第 30 次地方制度調査会答申からの展望』（伊藤正次講演録ほか）学陽書房、特別区自治情報・交流センターブックレット 3。

（公財）特別区協議会編（2017）『自治体間連携の可能性を探る』（大杉覚講演録ほか）学陽書房、特別区自治情報・交流センターブックレット 4。

（公財）特別区協議会編（2017）『特別区が歩んだ自治のみちのり　特別区制度の 70 年を振り返る』（大森彌／金井利之／中原正淳座談会）学陽書房、特別区自治情報・交流センターブックレット 5。

第2節
基礎自治体の組織

小林直彦（荒川区総務企画部参事　総務企画課長事務取扱）

1．自治体組織の変遷

　日本国憲法において、「地方公共団体の組織及び運営に属する事項は、地方自治の本旨に基いて、法律でこれを定める」[1]とし、これを受け、地方自治法において、「地方自治の本旨に基づいて、地方公共団体の区分並びに地方公共団体の組織及び運営に関する事項の大綱を定め、併せて国と地方公共団体との間の基本的関係を確立することにより、地方公共団体における民主的にして能率的な行政の確保を図る」ことが定められている[2]。

　このように、自治体の組織運営の基本は、「民主・自治」「能率化・合理化」にある[3]。

　地方自治法における自治体の組織に関する定めは、広域自治体・基礎自治体の規模の大小にかかわらず、その基本的な枠組みについてほぼ同一の内容となっている。かつて、広域自治体である都道府県に関しては、局・部の名称や分掌事務が定められ、局部数の定めや届出による国の関与等、機関委任事務制度を前提とした国の行政組織との権衡が求められていたが、法改正によりその枠組みは廃止された[4]。市区町村においては、法的な制約こそ少なかったものの、日頃の業務の関連性等により、都道府県の組織に対応した形で、総務、企画、福祉、産業経済、環境、土木等の各分野の関連部署が設置され、都道府県の一般的な組織階層で

ある「部 – 課 – 係」制を採用している団体が多い状況にある[5]（表1）。

表1　市の組織図（東京都武蔵野市の例）

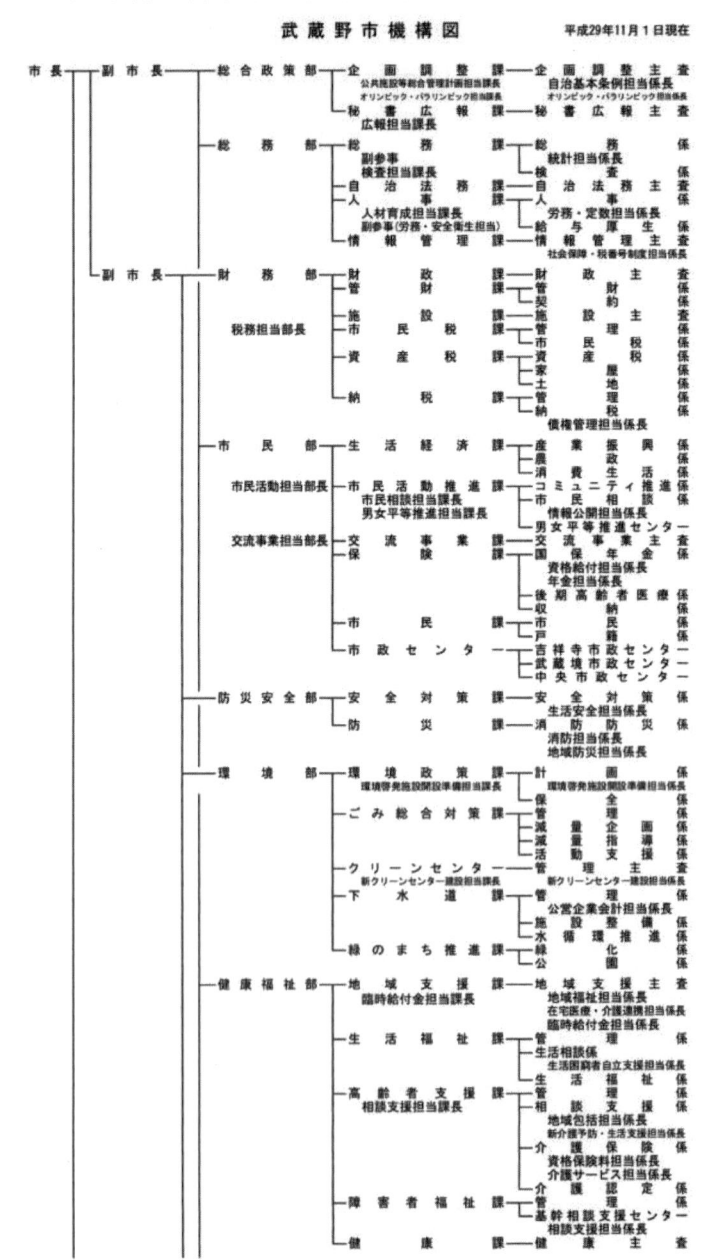

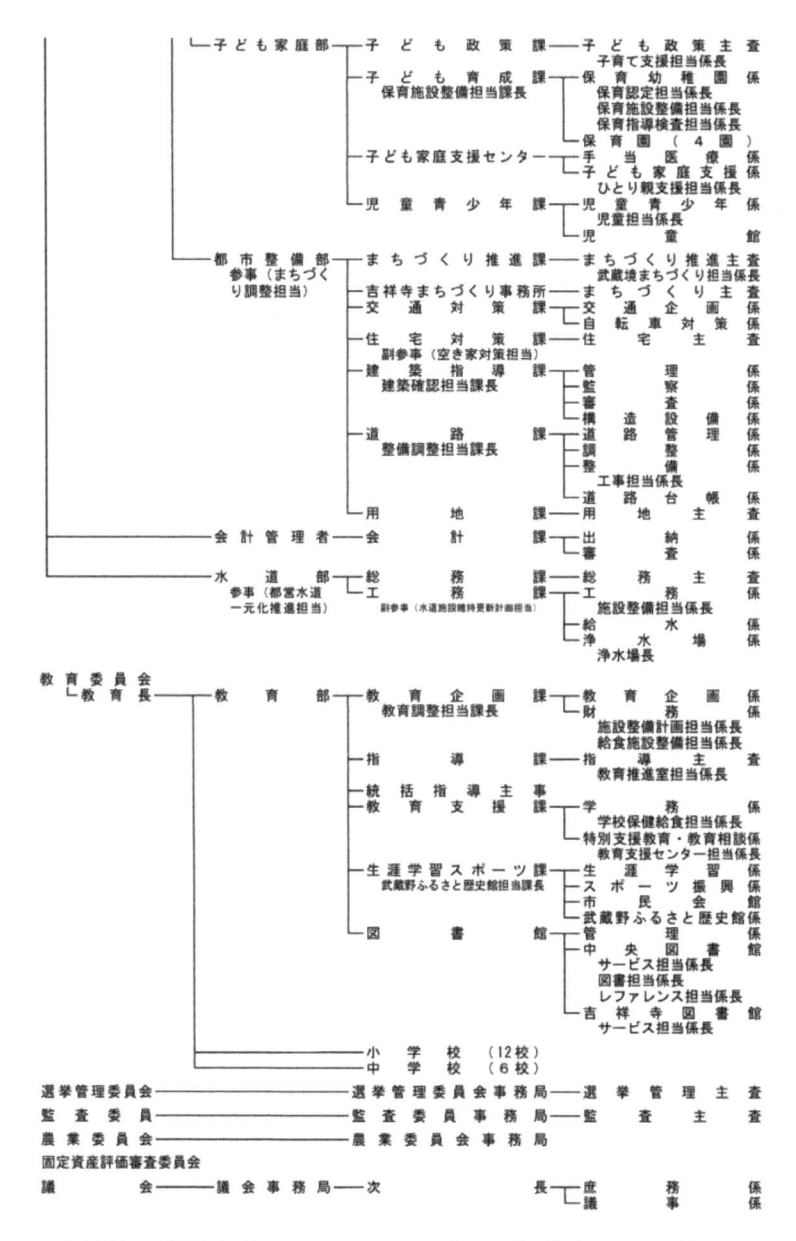

　　自治体の職員定数に関しては、昭和 50 年代半ばから始まる国の行財政改革の取組と歩調を合わせて、この 20 年余りの間、削減が続いてきた。特に、平成 17 年 3 月の「地方公共団体におけ

る行政改革の推進のための新たな指針」（集中改革プラン）と平成18年6月の「簡素で効率的な政府を実現するための行政改革の推進に関する法律」に基づき、すべての自治体で、集中的・計画的な定数管理が進められてきた。平成17年4月以降の5年間で、市区町村は、9万人を超える職員数の削減、率にして8.6%の純減目標を掲げ、実際に9.9%の削減が実行された[6]。こうした取組等により、全国の市区町村の職員は、平成9年以降20年連続で減少し、現在、市区町村の職員数は約123万人となっている（表2）。

表2　市区町村の職員数の推移
（平成28年度地方公共団体定員管理調査結果〔平成29年3月、総務省〕）

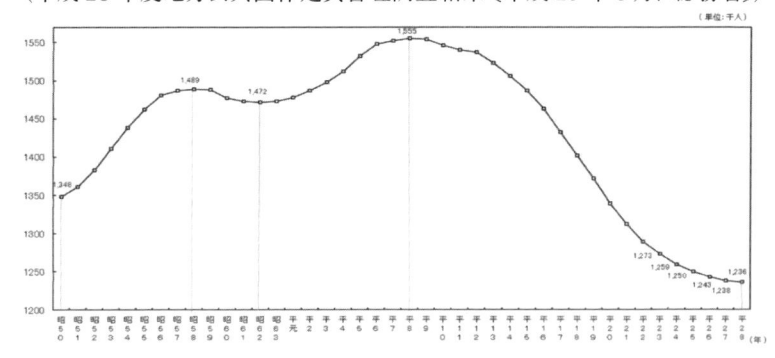

　一方、分野別にみると、全体の職員数が減少する中にあって、社会経済情勢の変化やライフスタイルの変容等を背景に、民生、福祉事務所の分野においては、増員傾向にある（表3）。

表3　市区町村の部門別職員数の主な増減
（平成28年度地方公共団体定員管理調査結果〔平成29年3月、総務省〕）

主な増		主な減	
部門	28年度 − 27年度	部門	28年度 − 27年度
民生一般	1,061 人	病院	▲ 1,399 人
福祉事務所	991 人	小学校	▲ 1,041 人
消防	633 人	ごみ収集	▲ 550 人
企画開発	476 人	水道	▲ 513 人
住民関連	403 人	ごみ処理	▲ 439 人
教育一般	374 人	給食センター	▲ 385 人
観光	341 人	社会教育施設	▲ 275 人
戸籍等窓口	321 人	中学校	▲ 268 人

2. 住民に最も身近な政府

　平成 12 年 4 月の地方分権一括法の施行により、これまで上下・主従の関係にあった国と自治体の関係は、対等・協力の関係となり、住民に身近な行政は住民に最も身近な基礎自治体で行うことが改めて明確にされた。基礎自治体には、自己決定・自己責任の下で、地域に即した独自の政策を展開することが期待されている。

　少子高齢化、人口減少等、世界でも類を見ない急激な社会構造の変化が進む中、子育て支援、教育、社会保障、社会資本整備等に代表されるように、住民ニーズもますます多様化・複雑化を極めている。行政運営の舵取りが非常に難しい局面にあって、基礎自治体は、かつての機関委任事務制度時代における国の下請け機関としてではなく、住民の幸福を第一に考え、住民生活全般を支える役割を的確に果たしていくことが求められている。この使命を果たしていくためには、定型的な事務事業を執行するだけの「事業官庁」としてだけではなく、高い企画立案能力を兼ね備えた「政策官庁」、強力な実行力を持つ「執行官庁」、優れた調整力を有する「調整官庁」のいずれの機能をも兼ね備えた組織として、機能強化を図っていく必要がある。

3. 分権型組織への変革

(1) トップマネジメントの強化

　平成 19 年に施行された改正地方自治法により、原則として市区町村に副市区町村長を置くこととされた[7]。副市区町村長は、市区町村長を補佐し、長の命を受け政策及び企画をつかさどり、その補助機関である職員の担任する事務を監督し、必要があれば長の職務を代理するものとし、当該自治体のトップマネジメント

機関として明確に位置付けられた[8]。複雑・多様化する行政課題に迅速かつ的確に応えていくために、トップマネジメントの強化の一環として、長を補佐する副市区町村長を複数名任命している自治体がある。組織規模が大きい団体ほどその傾向は強く、法改正時と比較しても、その範囲は拡大している[9]（表4）。

表4　副市区長の設置状況　　　　　　（平成 29 年 11 月 1 日現在）

区分	自治体数	副市区長の設置数		
		1 人	2 人	3 人
指定都市	20 市	0 市 （ 0%）	7 市 （35%）	13 市 （65%）
中核市	48 市	1 市 （ 2%）	47 市 （98%）	0 市 （ 0%）
特別区	23 区	7 区 （30%）	16 区 （70%）	0 区 （ 0%）

（各市区ホームページから独自に作成）

(2) 総合的な行政運営の推進

　市区町村の執行機関は、首長のほか、教育委員会、人事委員会、選挙管理委員会、監査委員等の行政委員会から構成されている。それぞれ独立した権限を有し、自らの判断と責任において、事務を誠実に管理、執行する義務を負っている[10]。こうした執行機関の多元主義は、執行権限を分散することにより、公正で民主的な行政執行の確保を目的としている[11]。一方で、各執行機関は、首長の所轄の下に系統的に構成され、相互に連絡を図り、一体として行政機能を発揮しなければならないこととされ、市区町村長は、執行機関全体の総合調整権を有している[12]。

　教育行政については、かねてから組織の独立性が重視され、首長との円滑な連携について課題が指摘されることがあった。近年、その解消を図るために、数次にわたる法改正がなされ[13]、市区町村長部局における生涯学習・スポーツ事業の実施や、教育行政の大綱や重点的に講ずべき施策等に関して協議、調整等が行われる仕組みが取り入れられるようになり、より緊密な連携を深めながら、効果的な行政運営が推進されている。

(3) 組織横断的な課題への対応

　子どもの虐待、貧困問題の解消、生活支援、DV対応、自殺予防対策、ごみ屋敷対策等、日常生活で住民が直面する課題は、複合的な要因が絡み合い、課題解決に当たっては、既定組織の枠を越えて対応すべきものが数多くある。実務上の対応としては、複数の部署や外部の関係機関等と連携を十分に図り、取組を進めている例が多い。首長直轄の事業本部や対策会議で検討するケースのほか、実務者レベルによるワーキンググループやタスクフォースの設置等により、柔軟に対応している。

　こうした取組を一歩進め、より的確かつ迅速に対応するために、これまでの機能別の縦割りの組織から、事業別の横割りの組織を作り、解決を図ろうとする取組を行っている自治体がある[14]。また、必要とされる事務事業ごとに人員を配置するグループ制を導入している自治体もある[15]。

　組織はあくまでも手段であり、その時代や地域の要請に見合うものにしていく必要がある。先進的な取組を進めている自治体においても、絶えず組織の在り方を見直しながら取り組んでいるのが実情である[16]。複雑・多様化する住民ニーズに的確に応えていくために組織としてどうあるべきかという視点から、最適な在り方を絶えず追求していく必要がある。

(4) 政策創造機能の充実

　基礎自治体の政策形成過程としては、住民ニーズを踏まえて、新たな目線で企画立案するもの、既存の法・制度の枠組みの対象範囲の拡大やサービス付加を図るもの、先進自治体における効果的な取組を自団体にも適用するもの等、形態は様々である。住民ニーズが多様化・複雑化している現代において、基礎自治体に求められているのは、住民ニーズに対する対症療法的な対応だけではなく、住民や地域が置かれた現状を的確に分析し、対応策を体

系的に考え、効果的な政策を具現化する力である。各自治体においては、企画・政策部門を中心に総合調整を行い、中長期的な視点から必要な政策を体系化し、実現に向けて取り組んでいる。

　こうした取組に加え、地域社会を取り巻く諸課題について、腰を据えた本格的な調査研究を行い、新たな政策につなげていくために、自治体版シンクタンクとも言える調査研究機関を設置する取組が見られる。現在、40 を超える市区町村で取組が進められている（表5）。

　組織形態としては、「自治体の内部組織」「法人格を有した独立組織」「複数市区町村で共同設置した組織」「官学連携の組織」等、様々であり、各団体間の相互交流等も進められている。

表5　都市シンクタンク一覧
（公益財団法人日本都市センターホームページを引用加工）

団体名	設置団体
ひろさき未来戦略研究センター	弘前市
盛岡市まちづくり研究所	盛岡市・岩手県立大学
鹿角市政策研究所	鹿角市
最上地域政策研究所	新庄市・金山町・最上町・舟形町・真室川町・大蔵村・鮭川村・戸沢村・最上広域市町村圏事務組合・山形県
うつのみや市政研究センター	宇都宮市
矢板市政策研究会議	矢板市
高崎経済大学地域科学研究所	高崎市
かすかべ未来研究所	春日部市
戸田市政策研究所	戸田市
彩の国さいたま人づくり広域連合	埼玉県及び埼玉県の全市町村（63 市町村）
まつど創生課	松戸市
港区政策創造研究所	港区
新宿自治創造研究所	新宿区
せたがや自治政策研究所	世田谷区
（公財）荒川区自治総合研究所	荒川区
三鷹ネットワーク大学推進機構	三鷹市
町田市未来づくり研究所	町田市
日野市地域戦略室	日野市

（公財）東京市町村自治調査会	東京都多摩・島しょ地域26市5町8村
さがみはら都市みらい研究所	相模原市
鎌倉市政策創造課	鎌倉市
横須賀市都市政策研究所	横須賀市
みうら政策研究所	三浦市
伊勢原市政策研究所	伊勢原市
上越市創造行政研究所	上越市
甲斐市政策研究所	甲斐市
駒ケ根市政策研究所	駒ケ根市
（公財）名古屋まちづくり公社 名古屋都市センター	名古屋市
アシタのたかはま研究所	高浜市
草津未来研究所	草津市
（公財）京都市景観・まちづくりセンター	京都市
（公財）大学コンソーシアム京都	京都市
（公財）堺都市政策研究所	堺市
岸和田市企画調整部企画課 都市政策担当	岸和田市
とよなか都市創造研究所	豊中市
おおさか市町村職員研修研究センター（マッセOSAKA）	（公財）大阪府市町村振興協会（大阪府内31市9町1村）
（公財）神戸都市問題研究所	神戸市
（公財）尼崎地域産業活性化機構	尼崎市
（公財）福岡アジア都市研究所	福岡市
佐世保市政策推進センター	佐世保市
熊本市都市政策研究所	熊本市

(5) 多様なサービスの担い手の活用

　基礎自治体の守備範囲が広がり、住民ニーズに応えた行政サービスを提供していくために、NPO、ボランティア、住民組織等と協働する動きが活発化している。基礎自治体の組織内においても、臨時・非常勤職員、任期付職員等、多様な担い手の活用が進んでいる。

　現在、市区町村における臨時・非常勤職員数は、約49万人である。特に、専門分野での活用が進み、分野別では、保育園や学

校、図書館等において採用している割合が高い（表6）。各市区町村においては、様々な任用形態で活用しており、服務上の取扱いや処遇改善が課題とされている。平成29年5月に成立した改正地方自治法・地方公務員法[17]は、その課題解決に向けた具体的な動きと言える。

　各自治体においては、常勤、非常勤の別なく、すべての公務サービスの担い手が、高い職務意欲の下で持てる力を最大限発揮することができる職場環境づくりが求められている。

表6　地方公務員の臨時・非常勤職員に関する実態調査

（平成29年3月、総務省）

職種	計	政令市	市区	町村
事務補助	80,625	7,107	62,170	11,348
保育士	63,189	5,615	46,731	10,843
教員・講師	41,535	7,167	26,931	7,437
給食調理	35,484	3,404	25,128	6,952
図書館職員	15,377	1,282	11,824	2,271
看護師	11,717	1,034	9,190	1,493
清掃作業員	6,728	573	4,653	1,502
消費生活相談員	1,655	172	1,385	98
その他	232,024	31,692	168,777	31,555
合計	488,334	58,046	356,789	73,499

（平成28年4月1日現在）

(6) 民間活力の活用

　民間企業等にノウハウが蓄積され、基礎自治体が直接執行するよりもサービスのレベルアップや効率的・効果的にサービス提供が実現できる分野について、民間活力の活用を積極的に図っている。現在では、約9割の市区町村が、清掃、夜間警備、案内受付、道路維持補修、情報システム運営等、様々な業務で民間企業、NPO等の力を活用している（表7）。

　また、平成15年9月に導入された指定管理者制度により、公共施設の管理・運営面において民間事業者の経営ノウハウを活用し、サービスの向上と効率化の両立を目指している。現状では、宿泊施設、文化会館、プール、競技場、体育館、図書館、福祉施

設、児童施設等、様々な施設で活用されている（表 8）。

　平成 18 年の「競争の導入による公共サービスの改革に関する法律」の施行以降、住民の申請や届出の受付、証明書や通知の交付等の窓口業務においても民間委託が可能となり、現在、委託が可能である 25 業務について、全市区町村の約 16% で委託が実施されている等、基礎自治体の様々な分野で民間活力の活用が進んでいる（表 9）。

　民間活力の活用は、限られた人員の中で、効率的で質の高い行政サービスを提供していくために必要不可欠な取組である。しかし、その活用により目指すべきは、行政サービスの向上と効率化の両立であり、それは、発注元である基礎自治体の適正な関与があって初めて可能となるものである。

　これまで、事故や問題が発生した際に公的関与の在り方が問われた事例は、枚挙に暇がない。「安全」「安心」「確実」「正確」という行政サービスが備えるべき基本的要素が担保されているか、適宜適切にモニタリングをする仕組みを構築することが民間活力の活用の前提となる。それはつまるところ、住民と最も近い距離でニーズを拾い上げ、その期待に応えるサービスを提供していく基礎自治体の存在意義にも関わる、欠くことのできない重要な視点である。

表7　市区町村における民間委託の実施状況[18]

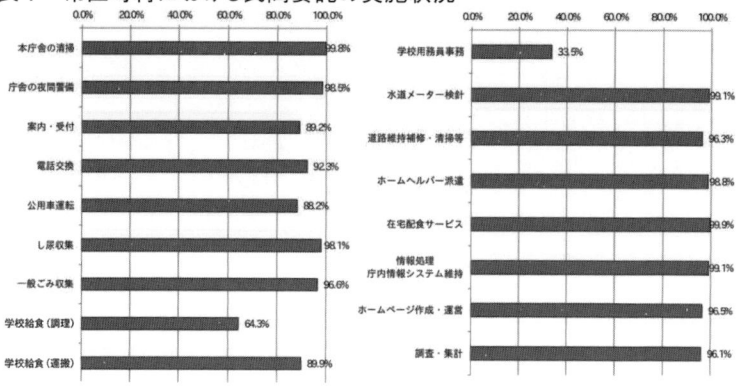

表8　市区町村における指定管理者制度の導入状況

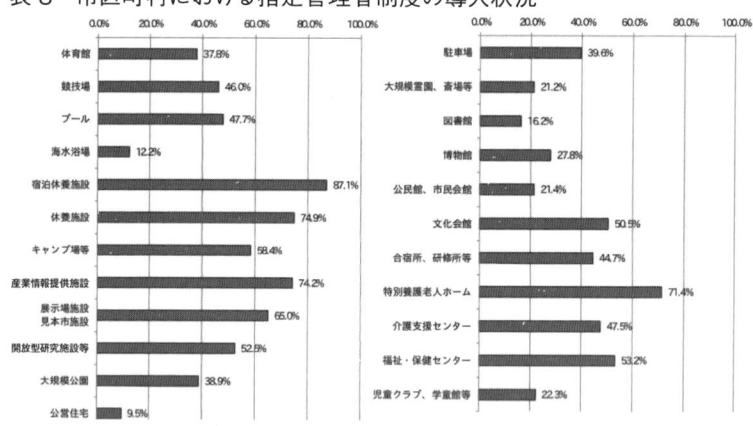

表9　窓口業務の民間委託の実施状況（平成 28 年 4 月 1 日現在）

	導入団体数	市区町村数	割合
全市区町村	275 団体	1,741 団体	15.8%
指定都市	16 団体	20 団体	80.0%
特別区	18 団体	23 団体	78.3%
中核市	27 団体	43 団体	62.8%
指定都市・中核市以外の市	179 団体	727 団体	24.6%
町村	35 団体	928 団体	3.8%

（※）内閣府通知で民間事業者に取り扱わせることができると整理された窓口業務のいずれかを委託している団体数

注記

1　日本国憲法第 92 条。

2　地方自治法第 1 条。

3　今川・牛山・村上『分権時代の地方自治』p.156。

4　都道府県の自主組織権の尊重の観点から、地方自治法の一部を改正する法律（平成 15 年法律第 81 号）により廃止。

5　大杉『日本の自治体行政組織』p.8、石原・山之内『地方自治体組織論』pp.159-162。

6　『集中改革プランの取組状況について』（2010 年 11 月、総務省）。数字は、政令市を除く市区町村のもの。

7　地方自治法 161 条。

8　地方自治法 167 条。

9　石原・山之内『地方自治体組織論』p.56。

10　地方自治法第 138 条の 2。

11　松本『新版逐条地方自治法第 7 次改訂版』p.487。

12　地方自治法第 138 条の 3。

13　地方教育行政の組織及び運営に関する法律の一部を改正する法律（平成 19 年法律第 97 号）、同（平成 26 年法律第 76 号）。

14　東京都三鷹市では、基本構想において、機動的な推進体制を整備するために、「横割り組織の活用」を掲げている。

15　特別区においても、豊島区、板橋区、墨田区等でグループ制が導入されている。

16　グループ制に先進的に取り組んできた横須賀市は、10 年の運用を経て、より責任を明確化するために新たな係長制の導入を行った（横須賀市行政改革推進委員会平成 24 年度第 3 回会議・会議概要 p.2）。

17　労働者性の高い業務を担う者について、常勤職員に準じ、任用上の取扱い、服務規律、人事評価、給料、手当、休暇、休業、研修等必要な勤務条件を確保するために法改正が行われた。施行は平成 32 年 4 月 1 日。

18　地方行政サービス改革の取組状況等に関する調査等（平成 29 年 3 月、総務省）。

参考文献

石原俊彦、山之内稔（2011）『地方自治体組織論』関西学院大学出版会。

今川晃、牛山久仁彦、村上順（2007）『分権時代の地方自治』三省堂。

大杉覚（2009）『日本の自治体行政組織』財団法人自治体国際化協会・政策研究大学院大学比較地方自治研究センター。

松本秀昭（2013）『新版逐条地方自治法〈第7次改訂版〉』学陽書房。

『地方公共団体における民間委託の推進に関する調査』（2017、みずほ総合研究所）。

第3節
住民参加の考え方と事例

矢代由紀子（荒川区区政広報部広報課長　兼全国連携担当課長）

1．住民参加とは

(1)地方自治とは

　「地方自治」は、ここに改めて記すまでもなく、日本国憲法第八章に規定されており、その中の第92条には「地方公共団体の組織及び運営に関する事項は、地方自治の本旨に基いて、法律でこれを定める」と規定されている。

　この「地方自治の本旨」とは、自治体のあり方を規定する重要な概念であるが、それが何を意味するかについて、憲法の中に明確な説明はない。

　これまでに様々な議論が重ねられているが、その中で多くの見解に共通するのは、「住民自治」と「団体自治」という原理から成り立つ、という見解である。

　このうち「住民自治」とは、地域の政治や行政は、その地域住民自らの意思と責任において行うという、民主主義的要素の考え方であり、行政の意思形成への住民参加に着目したものである。

　「住民自治」を具体化するための手法として、憲法及び地方自治法等の関係法令において、「参政権」や「直接請求権」等の住民の権利が担保されている。

(2)住民参加の必要性

一方で、急速に変化する社会情勢の中で、上記の権利の運用が限界を迎えている。

例えば、地方自治法により規定されている「直接請求権」においては、住民が所定の要件を満たせば、条例の改廃及び監査の請求、議会の解散及び議員の解職請求を行うことができる。

しかし、請求要件の厳格さや手続きの煩雑さにより、実際に権利を行使する例は稀である。

また条例制定や計画策定にあたって、平成5年の行政手続法施行後、法に規定されている「パブリックコメント（意見公募手続制度）」が行われている。区報、ホームページ等で意見公募を行っているが、それだけでは、内容が住民の身近に感じられにくく、実際には、寄せられる意見は数件～10件程度にとどまることが多く、住民の意見を反映できている、という評価には程遠い。

さらに、住民の意思を「代議制」というシステムにより代弁する立場である「地方議会」においても、特に若い世代において、政治への関心が希薄である等の理由から投票率が伸び悩んだり、一部の地域においては、議員のなり手が不足したりする事態となっており、その機能を十分に果たしきれていない、という意見も否定できない。

そこで、これらの従前から存在する行政への住民参加の制度を補完する新たなしくみが必要になってくる。

(3)住民参加と地域コミュニティ

住民参加には、いくつかの段階があると考えられる。第一段階としての「住民が地域や行政に興味を持ち、事業に参加する」段階、第二段階としての「住民が、行政サービスの担い手となる」段階、そして、最終段階としての「住民が行政の意思決定に主体的に参画する」段階である。

　そこで、住民が、効果的に、行政の意思決定に参画するために
は、地域住民の意見を集約し、組織として意思決定機能を持つ地
域コミュニティの存在が必要不可欠になってくる。

(4)コミュニティの形の変化

　これまで、地域コミュニティは、町会組織に代表される「地
縁」を中心とした地域団体により支えられてきた。

　しかし、町会組織への加入率が低下したことや、それに伴う組
織の高齢化等により組織力が大きく低下し、地域コミュニティの
担い手として存亡の機を迎えている。

　一方で、SNSをはじめとするインターネットの中での人間関
係が大きな広がりを見せていることで、若年層を中心に、コミュ
ニティ形成過程に変化が生じている。

　これら新しく広がりを見せるコミュニティは、その形成過程に
おいて、地縁だけでなく、「共通の趣味」や「子育て」等の諸条
件が大きな要素となっている。また、比較的小さな規模で、また、
結びつきが緩やかなコミュニティが多い。

(5)地域コミュニティの担い手の確保に向けて

　SNS等を介したコミュニティが増えてきているとはいえ、今
後、これらを、地域コミュニティの核としてどこまで機能させる
ことができるか、未知数である。

　自治体としては、従前の「町会組織（地縁組織）」の維持存続
と、併せて新たな形の地域コミュニティの形成を同時に支援して
いく必要がある。

　この節においては、その二つの方向から、荒川区の取り組みを
紹介する。

2. 住民参加の事例 ── 町会による資源回収事業

(1) 循環型社会を目指して

　平成12年に、循環型社会を目指す「循環型社会形成推進基本法」が制定された。

　「循環型社会」とは、環境型社会形成推進基本法第2条によれば「製品等が廃棄物となることが抑制され、並びに製品等が循環資源となった場合においてはこれについて適正に循環的な利用が行われることが促進され、及び循環的な利用が行われない循環資源については適正な処分が確保され、もって天然資源の消費を抑制し、環境への負荷ができる限り低減される社会をいう」とある。

図1　循環型社会とは

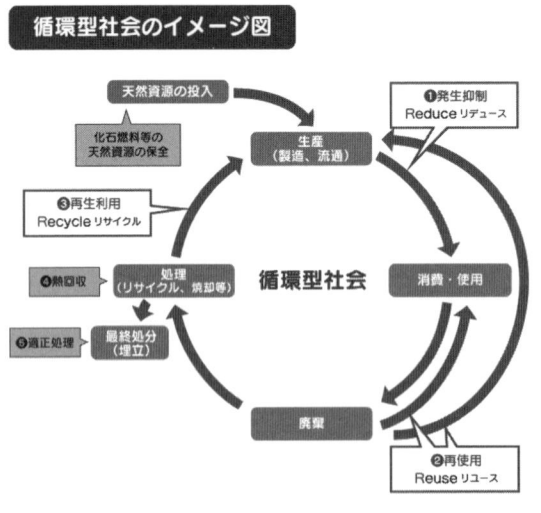

「3R」とは？

　「循環型社会」を実現するためには、私たち一人ひとりが、毎日の生活の中で、「リデュース（ごみを出ないようにする）」、「リユース（繰り返し使う）」、「リサイクル（使ったものを資源として再利用する）」の取組を進めていくことが大切。

　「3R（スリーアール）」は、「リデュース」、「リユース」、「リサイクル」の英単語「Reduce」、「Reuse」、「Recycle」のそれぞれの頭文字からなり、循環型社会をつくるためのキーワード。

（筆者作成）

　かつての日本は、「循環型社会」だった。日常生活に使う様々な道具の修理専門業者がいて、どんなものも丁寧に修理しながら、親子何代にもわたって長く使うことが当たり前であった。

　また、様々な回収・再生業者がいて、物を捨てることなく姿を

変えて最後まで使い切る、という究極のリサイクルの循環ができていた。

しかし、時代の変遷とともに、古くから続いてきたこのような習慣が薄れていき、東京においてもごみの埋め立て処分場の不足が深刻化していった。

それに拍車をかけたのが、「高度経済成長」を背景とした「大量生産・大量消費」時代の到来である。限りある天然資源を湯水のごとく投入し、「使えるもの」と「使えないもの」の選別も行わないまま、ごみとして大量廃棄することにより、東京都のごみ問題は危機的状況を迎えることになる。

都は、このような状況を打開するため、ごみ処理能力の向上と併せて、ごみの減量に向けて、不燃・焼却不適ごみの分別収集の開始（昭和49年）、ごみ減量キャンペーン「TOKYO SLIM」の展開（平成元年）等、様々な取り組みを行ってきたところである。

(2)町会による資源回収が導入された背景

特別区は、平成10年の地方自治法の改正により、「基礎的な地方公共団体」として法的に位置づけられることとなった。法施行まで2年の経過期間を経て実施された平成12年度都区制度改革により、それまで東京都が担ってきた一般廃棄物の収集・運搬・処分の事務が特別区に移管されることとなった。

平成元年頃を境に減少傾向にあったとはいえ、「ごみ問題」は23区にとって、依然として大きな課題であった。

限られた予算の中で、「ごみ問題」を解決するためには、行政による環境整備はもちろんのこと、ごみをなるべく出さず、ごみをできるだけ資源として使い、使えないごみはきちんと処分する、という区民の意識改革と協力が必要不可欠であることから、それを喚起するための施策が求められた。

このような中、荒川区は、平成15年1月から、希望する5つ

の町会を対象に、モデル事業として「町会主体による資源の集団回収」事業を開始した。

　この方式は、町会が主体となって資源の回収を行い、回収業者に引き渡し、その対価として、区から回収支援金を受け取り、町会の運営資金とするものである。

　当時、このような方式で資源の集団回収を実施している事例はほとんどなかった。

　この資源の集団回収の特徴は、町会という既存の地域コミュニティを活用することにより行政が個別回収等を行う場合に比ベコストが抑えられること、かつ、地域の相互見守り機能により持ち去り等の不法行為を防止できることが挙げられるが、何より、この「集団回収」事業を町会が主体的に実施することにより、地域住民の「ごみ問題」やリサイクル、循環型社会等への意識を高めることができることにある。

　なお、この方法による資源回収方法を実現できた背景には、歴史的に、区内に再生資源業者が集積しており、区内事業者で構成される「荒川区リサイクル協同組合」の全面的な協力を受けることができる体制があり、区、町会、回収業者の協働によるモデルを構築しやすい環境にあったと言える。

(3)町会による資源回収の具体的な方法

　平成15年1月から開始したこの方式による集団回収は、現在ほぼ区内全域の町会で実施されている。

　この方式による回収ルール及び町会、回収業者、区のそれぞれの役割は、表1、2のとおりである。

表 1　町会による集団回収ルール（行政による回収との比較）

町会による集団回収	行政による回収
・町会が主体 ・地域の住民は、町会が決めたルールに従って資源を持ち寄る ・町会は、指定の資源回収事業者へ資源を引き渡す（売払う）	・区が主体 ・区民は、区が決めたルールに従って資源を出す（ごみ集積所、週 1 回） ・区は、資源を収集・運搬し、資源処理施設に搬入する。
※町会は、区から回収量に応じて 1kg 当たり 6 円の報奨金を受取る ※業者は、区から事業に必要な経費を受取る（補助金）	

（筆者作成）

表 2　町会による集団回収事業にかかる役割分担

町会の役割	回収業者の役割	区の役割
・回収日の資源回収場所の管理（コンテナ、ネットの配置、収集後片付け） ・資源回収場所の把握と回収場所変更等の調整や区への報告 ・集団回収実績報告書の区への提出 ・集団回収に必要な周知活動 ・報奨金、支援金の活用（地域への還元を含む）、使途報告書の提出	・行政回収と同等の安定的なサービスの提供（決められた日時に収集、収集時の態度や対応・運転マナーなど）	・集団回収の円滑な実施と改善のための側面支援（周知、事業者と町会との調整、町会への助言・指導、町会や事業者への金銭支援）

（筆者作成）

　また、回収品目については、平成 15 年のモデル事業開始当初は古紙・びん・缶のみであったが、その後、ペットボトル・白色トレイが加わり、平成 28 年 4 月からは区内全域で、古布の回収事業が開始された。

　この集団回収方式は、「あらかわ方式」と呼ばれ、画期的な取り組みとして、注目を集めてきた。

　この「あらかわ方式」による集団回収方法推進の成果は、回収量にも表れている。集団回収による区民一人あたりの資源回収量は、13 年連続 23 区でトップの実績を誇っているほか、平成 18

年度を 100 とした場合の資源回収量指数は、新聞等が大半を占める紙類を除き、特にプラスチック、古布類を中心に大きく伸びている（表3参照）。

表3　回収量指数の推移

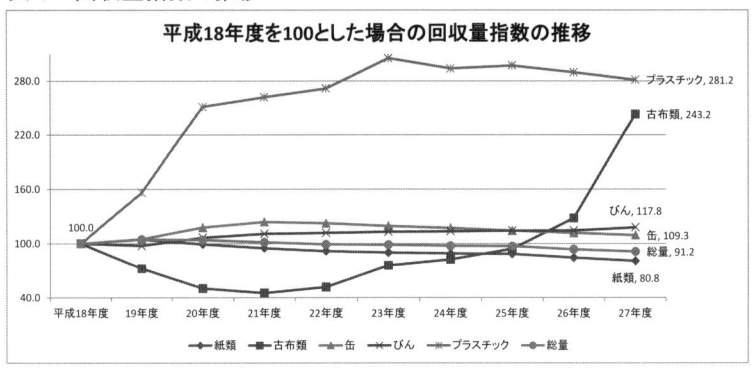

（「資源集団回収事業実績報告書（荒川区リサイクル協同組合）」を基に筆者が作成）

(4)地域コミュニティに与えた影響と課題

　町会を主体とした資源の集団回収は、限られた予算の中で、より効率的な行政運営を志向する区と、加入者減少等による財政基盤の弱体化に悩む町会の双方にとってメリットのある事業スキームであった。

　町会は、回収支援金を元手としたイベント実施等により、町会の存在感を地域に示すことで、町会加入を促進し活性化を図るきっかけにすることができた。

　区にとっても、町会の活性化による「地域力の向上」は、住民参加の受け皿機能を高めることにもつながるものであった。

　しかしながら、この事業を開始した当初から課題となってきた、「町会組織の高齢化」には歯止めがかからず、この集団回収モデルのリーダーとして積極的に関わる層も高齢化している。今後、地域の中の若年層の中から、集団回収だけでなく地域活動に積極的に取り組む人材を発掘、育成することが必要である。

(5) 今後の展望

冒頭でも述べたように、地域コミュニティの持続可能性を高めるために、その担い手として若年層を取り込むことは、地域の魅力を高め、地域を強くするために必要不可欠である。

そのためには、ただ地域の取り組みを知ってもらうだけではなく、地域活動が若年層にとって魅力的に映る必要がある。

例えば、「スローライフ」「エコライフ」といった環境に優しい生活スタイルが若い女性を中心に注目されている。「集団回収事業」も環境に優しい生活スタイルの一つとして、SNS 等を通じて、環境に優しい生活スタイルであることを強く発信するというのも一つの方策である。

地域コミュニティの活性化のためのツールとしてこの事業を継続的に実施できるしかけがより一層必要となろう。

3．住民参加と新しいコミュニティづくり
── 汐入ニュータウン住民による地域活動

(1) 汐入地区再開発の歴史・経緯

汐入地域は区の東端、大きく折れ曲がった隅田川に挟まれたところに位置する南千住 3 丁目、4 丁目及び 8 丁目の各一部、約 48.8ha の広大な地域である。

ここは、かつて、住宅・商業・工業の混在する密集市街地で、建物は戦災を免れ老朽化が進み、道路も狭く、防災性の向上が課題となっていた。また、当時、大規模工場の郊外移転に伴って地区の人口が大幅に減少しており、地域の活性化を図る必要があった。

そこで東京都は、「白鬚西地区市街地再開発事業（第一種市街地再開発事業）」により、昭和 59 年から平成 22 年までの 27 年もの歳月をかけて、今日の汐入地区の礎となる「新しい街」を作ったのである。

この地区は、昭和44年「江東再開発基本構想」において、白鬚東地区（墨田区）とともに6つの防災拠点として位置づけられ、災害時における避難広場（避難人口約12万人）の確保、安全で快適な生活環境の整備、地域特性を配慮した経済基盤の強化等を目的として事業を実施したものである。

　再開発により、開発前（昭和58年）と比較して、平成22年には、道路・公園等の面積は約5.8倍、住宅戸数は約3.0倍、定住人口は約3.6倍にまで増加した（表4参照）。

表4　再開発による変化

	（昭和58年）		（平成22年）
道路、公園等面積	4.5ha	→	26.2ha
住宅戸数	1,471戸	→	4,500戸
定住人口	4,131人	→	14,700人

（東京都都市整備局市街地整備部作成資料を基に筆者作成）

(2) 汐入地区の現状（世帯数・町会の状況等）

　平成28年1月1日現在の汐入地域（南千住4丁目、8丁目）の人口、世帯等は下表のとおりである。

表5　南千住地域と荒川区全体の人口の推移

○南千住4・8丁目地域の人口・世帯・人口密度など（住民基本台帳から）

地域		南千住4・8丁目			
基準日		28年1月1日	22年4月1日	15年4月1日	5年4月1日
人口		15,654人	14,436人	9,563人	3,794人
世帯数		6,236世帯	5,931世帯	4,402世帯	1,572世帯
世帯当たり人口		2.51人／世帯	2.43人／世帯	2.17人／世帯	2.52人／世帯
年齢別	15歳未満	20.9%	20.9%	15.2%	12.4%
	15歳〜64歳	63.9%	65.8%	64.9%	70.9%
	30-40代（全人口比）	36.9%	40.7%	30.4%	25.9%
	65歳以上	15.2%	13.4%	19.9%	16.7%
人口増減率（上段H5-27・下段H15-27）		312.6% 63.7%	－	－	－

○荒川区全体の人口・世帯・人口密度など（住民基本台帳から）

地域		区全体			
基準日		28 年 1 月 1 日	22 年 4 月 1 日	15 年 4 月 1 日	5 年 4 月 1 日
人口		211,271 人	188,129 人	175,189 人	176,296 人
世帯数		110,268 世帯	95,146 世帯	82,898 世帯	73,663 世帯
世帯当たり人口		1.916 人／世帯	1.98 人／世帯	2.11 人／世帯	2.27 人／世帯
年 齢 別	15 歳未満	11.5%	11.2%	11.1%	12.5%
	15 歳 ～ 64 歳	65.1%	66.0%	68.0%	72.1%
	30 − 40 代（全人口比）	31.7%	30.7%	27.1%	28.3%
	65 歳以上	23.4%	22.8%	20.8%	15.4%
人口増減率（同上）		19.4% 20.1%	−	−	−

（荒川区住民基本台帳のデータを基に筆者作成）

　汐入地域の特徴として、荒川区全体と比較して、15 歳未満人口と 30 ～ 40 代人口割合が高いことが挙げられる。

　また、以下のグラフは、汐入地域における人口等の推移を示すものである。汐入地域は、全ての住宅が集合住宅で構成される点、短期間に多くの住民、特に、ファミリー層が移り住んできた点に特徴がある。このグラフにおいても、大規模集合住宅が完成するごとに、人口が短期間に急増している様子がわかる。

表 6　大規模集合住宅の完成と汐入地域の人口の推移

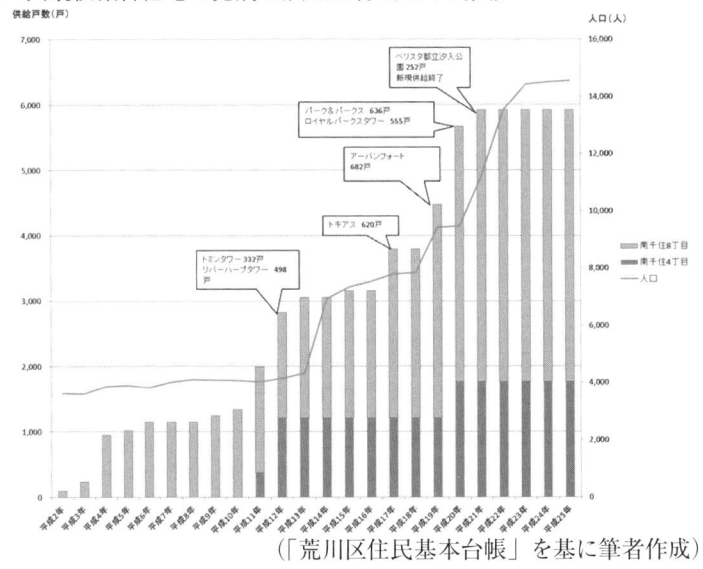

（「荒川区住民基本台帳」を基に筆者作成）

集合住宅はプライバシーが守られる反面、住民が孤立しがちでコミュニティが形成されにくい、と言われている。

　このような集合住宅の住民は、子どもがいる場合は、子どもの学校の保護者同士のつながり、それも、母親同士のつながりのみ、という場合が多くなることが容易に推測できる。

　隣近所との関係が希薄になると、いざ災害が起こった時の「自助機能」が働かないだけでなく、日常における安全安心な街づくりにも影響を与える。

　従って、再開発により新しく生まれ変わったこの街において、最初に取り組まなければならないことは、住民同士の絆づくり、地域コミュニティの構築であった。

　地域コミュニティの構築、といっても、再開発前にあった「コミュニティ」を再生するのではなく、新しい街、新しい住民に即したコミュニティを新しく生み出すことが必要であった。

　その過程で最も重要なことは、再開発後に転入してきた住民同士の関係を構築するだけでなく、再開発前からの住民との「地域への意識の違い」をいかに埋めることができるか、ということであった。

　再開発前からの住民には、親の代、祖父母の代からその地域に居住している人もいて、再開発により街の姿かたちは一変しても、自分たちのふるさとであることに変わりはない。

　一方で、再開発後に転入してきた住民は、「条件」によりこの街を選択し、現時点の「住まい」に決めた住民であり、転入当初から、この地域への特別な思いを持っている住民は多くないと推測される。

　そういう背景の下、汐入地域のコミュニティ構築の取り組みが始まった。

(3) 汐入地区における住民活動のあゆみ

　汐入地域における住民活動を語る上でカギとなるのは「リバーパーク汐入町会」の存在である。

　「リバーパーク汐入町会」は、再開発に伴い、それまでの4町会が合併して平成5年に設立された。30の自治会等で構成され、約4,500世帯が加入している。

　既述したように、特に再開発後に転入してきた新住民が、いかに、この街に対する愛着を持ち、地域活動に積極的に関与できるかが、この地域におけるコミュニティ形成のカギとなることから、新町会発足にあたっては、再開発によりできた集合住宅の各棟の代表者が、町会の副会長として町会運営に携わることとなった。

　また、汐入地域においては、従前の町会活動だけでなく、新たな地域活動も生まれていた。子育て世代が多く流入してきたこの地域においては、「地縁」の形成過程において、保育園、幼稚園、学校といった子どもを通じた親のつながりの果たす役割が大きい。

　更に、汐入地域においては、多くの地域でみられる母親同士のつながりだけでなく、地域総合型スポーツクラブである「南千住スポーツクラブ」の活動から派生した父親同士のつながり（「汐入父親の会」）もできており、今後の展開が期待される。

(4) 住民活動の成果

　汐入地域の住民活動の中心となっている「リバーパーク汐入町会」は、構成世帯数も多く、集合住宅の各棟の代表者が町会運営に参画していること、再開発前からの住民を中心として組織がしっかりとしていることもあり、大規模な町会行事を自前で開催し運営する力を持っている。

　例として挙げると、「町会防災訓練」（3月）、「汐入まつり」（8月）、「汐入文化祭」（11月）があり、平成27年度でいったん休止したものの、地域の中学校との合同運動会も実施していた。

その中でも特に、規模、内容共に充実しているのが「汐入文化祭」である。「汐入文化祭」は、地域の趣味サークルや団体が一堂に会して、1年の活動の成果を披露する舞台で、毎年 11 月に東京都立産業技術高等専門学校の協力により、同校の「汐黎（せきれい）ホール」において開催されている。地元の小中学校、保育園等の子どもたちから高齢者まで、あらゆる世代の住民が出演者としても観客としても楽しむことができる、毎年約 2,000 人の住民が参加するイベントである。このような住民参加型のイベントは、多くの自治体で実施されているが、その運営から実施まで、地元の町会を中心として、ほぼすべて住民の手で行われている点や、地域の小中学校、都立産業技術高等専門学校等が運営段階から連携体制を組んでいることが、この行事の特徴でもある。

　汐入文化祭だけでなく、この地域で行われている様々な行事において、団体同士の交流が生まれたり新たな団体が生まれたりすることで、この地域の住民同士のつながりが、横への広がりだけでなく、重層的な「縦」へのつながりにも展開するきっかけになっている。

(5) NHK コミュニティスクール in 南千住の開催

　汐入地域は、地域の特性から、区のモデル事業や様々な団体が主催する地域イベントの実施地域に選定されることが多い。

　例えば、平成 24 年には、「買い物弱者」問題の解消に向けた取り組みの一つとして、商店街で購入した商品の配送を行う「らく楽商店街モデル事業」の実施地域に選定された。また、平成 27 年 1 月には区立汐入東小学校を会場に NPO 法人が主催する健康と食育をテーマとするイベントが実施された。

　このような様々な事業が展開される中でも、この汐入地域の特徴が最も生かされた事業として挙げられるのが、平成 28 年 12 月に実施した「NHK コミュニティスクール in 南千住」である。

　これは、NHK が公共放送の責務の一つとして掲げる「地域コミュニティの活性化」のきっかけづくりを目的として行った「地域密着・視聴者参加型番組」企画である。

　今回の企画では、主に会場として、荒川区立汐入小学校を中心に、一部、東京都立産業技術高等専門学校を活用した。地域の小学校で NHK・E テレ（教育テレビ）の人気番組の公開収録や複数のイベントを組み合わせて行うのは、NHK においても初の挑戦であった。

　小学校を舞台にしたのは、学校、特に小学校は子供を通じたコミュニティの要であり、この番組収録やイベントを通じて生まれた新しい地域のつながりが、他のつながりと融合して一層の広がりを見せ、それが新しい地域コミュニティの醸成につながってほしい、という思いからであった。

　そのため、南千住、特に汐入地域の住民の参加を促進するため、事前 PR のためのポスターの掲示、チラシの配布等も汐入地域に重点を置き実施した。

　この企画は、約 8,600 人からの申込みがあり、抽選手続きを行ったが、結果として、当日は、約 3,600 人の方が来場した。申込者数のうち約 6 割が南千住地域の住民の応募であったという結果を見ても、この企画が地域コミュニティに一定の影響を与えることができたのではないかと考える。

　また、この企画がもたらしたものは、汐入地域の住民の「楽しみ」だけではない。公開収録やイベントは、抽選により当選した 1 枚の参加券で複数人が参加できることから、イベント実施前から、例えば、同じクラスの保護者同士等で情報交換が行われ、それが広がって、これまで交流のなかった保護者同士の交流へと広がりを見せた。

　イベントのうち、「NHK ジュニアサッカー教室」の実施においては、事前準備、当日の指導補助まで、南千住地域を越えて、

区内各地域サッカークラブの「お父さん」ボランティアが大活躍した。こういう存在が、働き盛り世代男性の地域活動への参加のきっかけになった。

(6) 今後の住民活動に向けての課題と展望

「リバーパーク汐入町会」の組織力の源は、「再開発」という地域の大きな転換点を、住民の力の結束で乗り越えていく、という共通の目標である。

考慮すべきは、再開発前から引き続き地域コミュニティの構築に力を尽くしてきた住民たちが60代、70代を迎え、世代交代の時期を迎えている、ということである。

再開発により建設された集合住宅の代表者を町会運営に組み入れているが、やはり町会、自治会のリーダー等を務める積極層は60代、70代が中心であるため、円滑な世代交代が必要である。

平成21年に実施した住民アンケートでも、若い世代の住民の多くは行事に参加するものの、町会、自治体の運営にはほとんど参画していない、と回答している。

リバーパーク汐入町会は、大所帯であるからこそ組織運営には、それ相応の負担があり、さらに「再開発を乗り越える」という住民共通の目的が、時の経過とともにその価値が低減している。今後、町会組織の多様なあり方を検討していく必要がある。

一方で、若い世代や子どもたちが多い汐入地域には、明るい展望を予感させる兆候もある。

人と人が集うためには、共通の目的が必要である。かつてのリバーパーク汐入町会にあった「再開発を乗り越える」という共通の目標があり、それが組織の絆につながっていたように、共通の趣味等でつながる「コミュニティ」が、汐入地域にはいくつか発生している。

例えば、前出の「汐入父親の会」は、この地域の区立小学校2

校の児童の、放課後や休日の遊びの場、あるいはスポーツの場を提供する地元スポーツクラブの活動がもととなっている。それは、保護者、特に父親の地域活動へ展開したもので、現在も活発に活動を続けている。

　働き盛り世代の男性が地域活動に参加する例は珍しいと言えよう。

　この「汐入父親の会」の活動が広がりを見せた背景には、地元スポーツクラブの運営体制がしっかりしていたこともあるが、再開発地域という特性上、みんなが「初顔合わせ」である、ということもあろう。

　古くからの住民が多く、自分以外の人たちは「顔見知り」という集団の中に入っていくのは気が引けるが、みんなが「初顔合わせ」であるという気安さが、参加の敷居を下げたのかもしれない。

　また、これ以外にも、ふれあい館や学校のＰＴＡ活動を通じて知り合った住民同士の趣味の活動が小さいながらも多数ある。

　そういう従来の形にとらわれない活動団体が、前出の汐入文化祭のステージへの参加等を通じて、町会活動ともリンクしている事例もある。さらに、汐入地域に限らず、「ARAKAWA102」[1]など、SNS を活用したコミュニティも生まれており、今後の展開が期待できる。

4．まとめ

　ここまで、荒川区における住民参加の事例を見てきたが、この節の冒頭でも述べた通り、住民参加の理想形は、行政が担っている部分も含めて、住民が、その地域にかかる意思決定に主体的に関与することである。

　その実現のためには、特に若い世代の区民が自らの意思で地域の運営、ひいては区政の運営に関与したい、という思いが不可欠

である。若い世代の区民が、日常生活の中で関わりやすい手法も検討していく必要がある。

　若い人は、濃厚な人間関係を好まない、という声も聞くが、必ずしもそうとは限らない。汐入地域においても、従来地域活動に消極的とされてきた働き盛り世代が、自分たちの趣味や子育てを通じて地域活動に積極的に関与し、地域づくりに貢献している。また、インターネット上では、SNSにより、多くの若者が人とのつながりを求めて交流を続けている。

　SNSはその匿名性の高さが売りであるが、近年は、実名や住所を登録することで、「ご近所様」としてつながるアプリが普及し始めている。

　今後は、行政サービスの受け手から、担い手になる区民を、そして最終的には行政の意思決定の担い手となる区民を育成していくことが、区政の多様性を広げ、区を活性化し、強靱化することにつながっていくのではないだろうか。

注記
1　荒川コミュニティカレッジの卒業生発の地域メディア。

第 4 節
新たな手法　NPM、PPP/PFI

友利厚夫（明海大学経済学部講師）

1. 見えざる手を邪魔するもの

　経済学の濫觴とされるアダム・スミスの『国富論』では、市場の効率性について興味深い示唆が与えられた（Smith 1776）。近代経済学の巨匠たちは、いつしか「神の見えざる手」と呼ばれるまでに神格化されたメカニズムが達成する状態の存在証明、そして、その安定性や唯一性の研究に多くの精力を傾けてきた（e.g. Samuelson 1947、Debreu 1959、Arrow and Hahn 1971）。その金字塔とも言えるものが、いくつかの条件のもとで「完全競争市場均衡において実現する状態はパレート効率的[1]である」という厚生経済学の第 1 定理、そして、「どのようなパレート効率的な配分も適当な所得再配分によって、完全競争市場均衡として実現できる」という厚生経済学の第 2 定理である。

　一方で、不完全競争、外部性、公共財、情報の非対称性などが存在すると、見えざる手は上手く機能せずに資源配分はパレート非効率的な状態に陥る、いわゆる「市場の失敗」が発生することが知られている。しかし、このような市場の失敗に対しても、独占におけるヤードスティック規制、外部性におけるピグー税、公共財供給におけるクラーク＝グローブスメカニズムなど、経済学は様々な対処策を明らかにしてきた。市場の失敗とそれへの対処策としての最適政策の存在は、政府が市場に対して介入する余地

を生み、福祉国家の理論的バックボーンを形成した（e.g. Sandmo 1991、1999）。

しかし、福祉国家推進の原動力となった、これらの理論においては、国民のためだけにそれらの対処策を行う慈悲深い善良な政府像というものが暗黙の前提としてあり、政策を遂行する政府組織内部のインセンティブ構造についてはブラックボックスのままであった。ブキャナン、タロックといったヴァージニア学派を中心とした研究はこのブラックボックスをこじ開け（Buchanan and Tullock 1962）、政策遂行過程に関わる様々な主体のインセンティブの相互作用の結果、効率的な状態が存在しても政治過程を経ることでそれが実現されない、いわゆる「政府の失敗[2]」の存在を指摘した。ここに市場の失敗の諸要因と並んで、見えざる手を邪魔するものとしての政府の姿が広く認識されるようになる。以下では、政府の失敗への対処策として誕生した NPM とその一つの形態である PPP/PFI について論ずる。

2. NPM とは

1970 年代、先進諸国における経済問題の中心は 2 度の石油危機をきっかけとしたスタグフレーションや財政を圧迫する肥大化した公共部門であった。1979 年に誕生したサッチャー政権は、国営企業の民営化、規制緩和を中心とした行財政改革を実行し、強制競争入札（Compulsory Competitive Tendering）制度など、公共サービスの提供に市場競争の原理を導入した政策を遂行した。また、1984 年に誕生したロンギ政権下でのニュージーランドも、1988 年に各省庁の次官が達成すべき業績目標設定を謳った「政府部門法（State Sector Act)」、1989 年に省庁が達成すべき業績目標設定を謳った「財政法（Public Finance Act ）」を制定するなど、積極的な行財政改革に乗り出した。

NPM（New Public Management）とは、市場の失敗に対処する中で「政府の失敗」により肥大化した政府の効率化を目指した、1980 年代から始まったこのような各国の一連の公共部門改革のことである。

(1) NPM の要素

NPM は民間企業の経営手法や経済理論[3]の成果を公共経営に採り入れる形で進展してきたため、その定義自体も時代とともに変遷している（e.g. Hood 1991, Dunleavy 1994, Dunleavy et al. 2006）。NPM という概念を初めて用いたフッドはその要素として次の 7 点を挙げている（Hood 1991）。

1. 実践的プロフェッショナル・マネジメント
2. 明確な評価基準設定と業績の測定
3. アウトプットのコントロールを重視
4. 分権化
5. 競争原理の導入
6. 民間の経営手法を重視
7. 資源利用における規律付けと倹約

Dunleavy et al.（2006）はこれらの特徴を次の 3 点にまとめている。1 点目は組織の分権化である。NPM では民間企業に倣って、集権的管理組織（U-form）から分権的管理組織（M-form）へと公共部門を分割した。そして、より多くの情報を持つ、現場に近い部署に多くの権限を委譲し、情報効率性の向上を図った。また、公共サービスの購入者（省庁、自治体など）と公共サービスの提供者（民間業者、エージェンシーなど）の区別を明確にし、公共サービス提供の形態多様化を図った。2 点目は競争原理の導入である。競争入札、民間業者への委託、バウチャー制、ヤードスティック競争など、NPM では様々な形態の競争原理導入を図った。3 点目はインセンティブの重視である。NPM では公共

部門における評価基準の設定、成果に応じた業績連動給、契約による管理を導入することで、成果実現に向けて各主体のインセンティブを強化しようとした。

(2) NPM の課題

OECD 諸国をはじめとする各国に公共経営改革の大きな潮流を形成した NPM であるが、「NPM による分権化と競争原理の導入は行政単位の増加とそれらの間の複雑な相互依存関係を生み出したため、逆に公共部門全体としての社会問題に対する問題解決能力を低下させた」(Dunleavy et al. 2006) や「明確な評価基準の設定と正確な業績測定を遂行しようとするほど、実務現場における余分なペーパーワークと官僚的で煩雑な手続きは増加していく」(Sørensen 2014) といった批判も少なくない。

Sørensen (2014) に基づいて、これらの NPM への批判をまとめると次の4点になる。第1は、組織の細分化に関してである。NPM は大きな組織を分割し、独立した小部門を多数作り出した。これにより、意思決定に関する部門間のコーディネーションが困難となったり、また、意思決定の中枢と各部門との間でエージェンシー・スラックが発生しやすくなった。第2は、成果の測定に対してのナイーブな信頼である。公共部門における多くの重要な目的は多次元にわたり、また、定量的な測定が難しいものが多い。従って、成果主義型の報酬体系の下では成果を定量的に測定されやすい業務に多くの資源が用いられてしまうために組織内のインセンティブに歪みが生じた。第3は、官僚的で煩雑な手続きの増加である。公共サービスを外注することで、契約書作成や各種成果に対するモニタリングなど、第三者に委託することで、余分なペーパーワークや煩雑な手続きが増加した。第4は、公務員が持っている規範との衝突である。NPM は公共部門内への業績連動給や様々な競争原理を導入し、利己的で即物的な行動を促

進する経済的インセンティブを強調してきた。一方で、これは公務員の公共心や利他的な行動を締め出してきた。

　このような NPM への批判の根本原因は民間部門と公共部門とのインセンティブ構造の差を十分に検討しないままに民間の経営手法を取り入れたことにあるようである。Tirole（1994）も指摘するように、行政組織及びその職員には、組織の構造上、民間企業とは異なる特殊なインセンティブがいくつか存在する。1 つ目は、目的の多次元性である。例えば、「公共の福祉の最大化を目指す」という場合においても、それを実現させるための要素は所得、治安、環境など様々なものがあり、場所、時代、文化などによっても異なる。そのため、民間企業における利潤や費用のような概念と異なり、目的達成度の測定は困難である。加えて、目的ごとにどのようなウェイトをつけて業務を行うかという問題も存在する。上でみたように、成果として評価されやすい目的が存在すれば、このウェイトバランスは歪む。この点、Holmstrom and Milgrom（1991）をはじめとする契約理論の成果は、一般に多次元の業務を有する場合には固定給の導入により業績指標の明確な業務へのインセンティブを弱めることで、これらの問題を緩和できることを明らかにしている。2 つ目は、公共部門の目的が政治プロセスによって決まるということである。例えば、政権交代や民意の変化による変更、或いは社会・経済情勢の変化などによって事後的に最適政策が変わることによる変更など、公共部門においては、ある日突然その目的が変わってしまう可能性が常にある。そのため、公共組織及びその職員達の目的達成に対するコミットメントは民間と比較し弱くなる。NPM の課題克服には、これらの点に関する更なる学術研究の蓄積が必要である。

3. PPP/PFI とは

1992 年イギリスのメージャー政権は NPM の一環として、新たな公共サービス提供の方法である PFI（Private Finance Initiative）を導入した。1997 年に誕生したイギリスのブレア政権下では、PFI、民間委託、民営化などを含むより広義の概念として、PPP（Public Private Partnership）が提唱された。

PPP/PFI の定義は国により多少の違いがみられるが、内閣府のホームページによると、日本において PPP とは「公共施設等の建設、維持管理、運営等を行政と民間が連携して行うことにより、民間の創意工夫等を活用し、財政資金の効率的使用や行政の効率化等を図るもの」、PFI とは「PFI 法に基づき、公共施設等の建設、維持管理、対価運営等を民間の資金、経営能力及び技術的能力を活用して行う手法」として定義されている。

日本では、1999 年に「民間資金等の活用による公共施設等の整備等の促進に関する法律」（PFI 法）が制定され PFI による公共サービスの提供が開始された。その規模は、2000 年度は事業数 13 件、契約金額 359 億円であるのに対し、2016 年度の事業数は 609 件、契約金額は 54,686 億円と年々大きくなっている（図 1）。

図1　事業数及び契約金額の推移（累計）（平成 29 年 3 月 31 日現在）

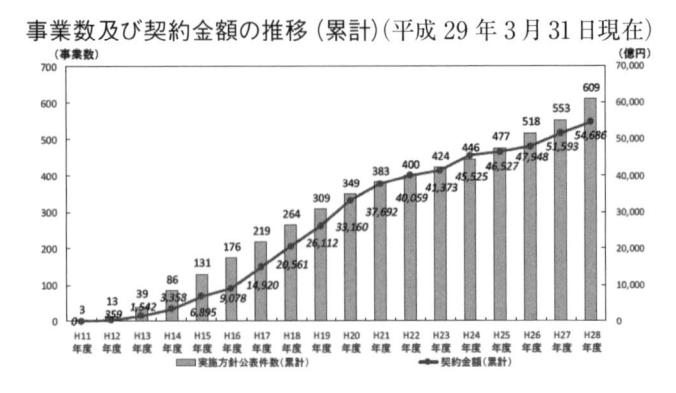

（注1）事業数は、内閣府調査により実施方針の公表を把握しているPFI法に基づいた事業の数であり、サービス提供期間中に契約解除又は廃止した
　　　事業及び実施方針公表以降に事業を断念しサービスの提供に及んでいない事業は含んでいない。
（注2）契約金額は、実施方針を公表した事業のうち、当該年度に公共負担額が決定した事業の当初契約金額を内閣府調査により把握しているものの
　　　合計額であり、PPP/PFI推進アクションプラン（平成29年6月9日民間資金等活用事業推進会議決定）における事業規模と異なる指標である。
（注3）グラフ中の契約金額は、億円単位未満を四捨五入した数値。
（注4）これまで平成24年度以前の数値は一部の事業（BT方式、DBO方式、施設整備費を一括で支払う事業）を含めていなかったが、今次集計より平
　　　成25年度以後の数値との統一を図り、修正を行った。

（出典：内閣府　民間資金等活用事業推進室「PFIの現状について」）

（1）PPP/PFI の特徴

　従来型の公共事業と比較した場合、PPP/PFI の主な特徴は次の3点である。

　1つ目は、業務の包括的な契約である。従来型の公共事業が設計（Design）・建設（Build）・資金調達（Finance）・管理運営（Operate）などの個別業務について別々の民間業者と契約していたのに対し、PPP/PFI ではこれらの業務のうち複数または全部をひとつの民間業者が一括して行う。また、PPP/PFI には BTO 型（建設〔Build〕・所有権移転〔Transfer〕・管理運営〔Operate〕）、BOO 型（建設〔Build〕・所有〔Own〕・管理運営〔Operate〕）など、民間業者に一括委託する業務の種類などに応じていくつかの型が存在する（図2・図3・付録資料1を参照）。

図2　従来型公共事業と PFI 事業の違い

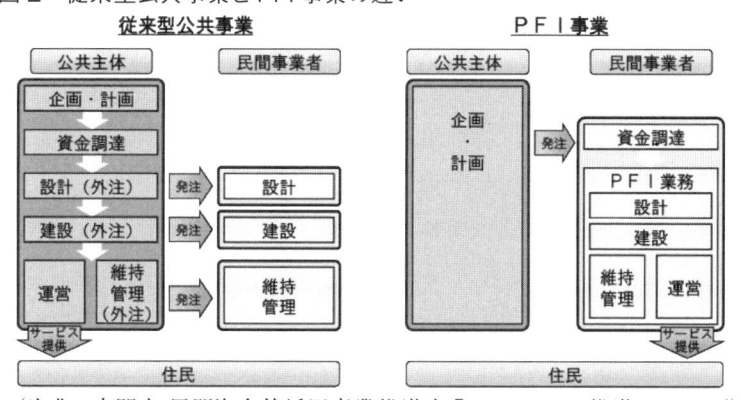

（出典：内閣府　民間資金等活用事業推進室「PPP/PFIの推進について」）

図 3 PPP/PFI の手法

＜PPP/PFI 手法ごとの官民間の契約形態、業務範囲、施設の所有者＞

PPP/PFI手法		官民間の契約形態	業務範囲				施設の所有者
			設計 (Design)	建設 (Build)	維持管理 (Maintenance)	運営 (Operate)	
公共施設の設計、建設・改修、維持管理、運営等を行う方式	BTO	事業契約	民間	民間	民間	民間	公共
	BOT	事業契約	民間	民間	民間	民間	民間
	BOO	事業契約	民間	民間	民間	民間	民間
	BT	事業契約	民間	民間	―	―	公共
	RO	事業契約	民間	民間	民間	民間	公共
	DBO	設計・建設は請負契約、維持管理・運営は事業契約	民間	民間	民間	民間	公共
公共施設の維持管理・運営等を行う方式	公共施設等運営権（コンセッション）	事業契約	―	―	民間 (※1)	民間	公共
	O	事業契約	―	―	民間	民間	公共
	指定管理者制度	指定（行政処分）	―	―	民間	民間	公共
	包括的民間委託	委託契約	―	―	民間	民間	公共

※1　PFI 法上の「維持管理」には、いわゆる新設又は施設等を全面的に除却し再整備するものを除く資本的支出又は修繕（いわゆる増築や大規模修繕も含みます。）も含まれているため、既存施設（利用料金を徴収する施設に限る。）の改築については、公共施設等運営権方式も対象となります。

（出典：内閣府 民間資金等活用事業推進室「PPP/PFI 手法導入優先的検討規程運用の手引き」）

　2つ目は、リスク移転である。従来型の公共事業では主に行政側がリスクを負担していたのに対し、PPP/PFI では契約書等に基づいて民間との間で事前にリスク分担を決める。また、従来型の公共事業が個別業務を個別企業に対し仕様発注していたのに対し、PPP/PFI においては同一の事業者に対し包括的に業務を委託し、公共サービスの基本的な要素を特定化するだけの性能発注という形をとる。

　3つ目は、従来型の公共事業の契約が単年度であるのに対し、PFI の多くの契約期間が 25 年から 30 年という長期契約であるということである。

　PPP/PFI のこれらの特徴は従来型の公共事業と比較した場合、どのようなメリットをもたらすのであろうか。また、PFI 法第 1条（目的）が謳う「国民に対する低廉かつ良好なサービスの提供

を確保」することは可能となるのだろうか。この点、PPP/PFI に関する理論研究はまだ少ない。Iossa and Martimort（2015）は、いくつかの条件のもと、PPP/PFI における長期間にわたる包括的な業務委託契約は、民間業者がプロジェクト全体の費用を考慮するインセンティブを強化することを示した。その上で、1. インフラの品質が管理コストを含めた運営時のコスト削減効果に大きく影響する場合、2. インフラの品質が提供する公共サービスの質向上に大きな影響を与える場合、3. 公共サービスに対する需要が安定的で予測しやすい場合は、適切なリスク移転を通じて、従来型の公共事業に比較して PPP/PFI の方がより良い品質の公共サービスを低コストで提供できることを示した。これは、例えば、比較的需要が安定していて、浄水処理技術への投資が将来の管理運営コストの低下とともに水の品質を高める水道事業、自動運転などの新技術への投資が将来の管理運営コストの低下とともに正確な運行を実現する交通部門といった事業においては PPP/PFI は望ましいが、その一方で、最新医療機器の導入によって管理運営コストが上昇するような病院事業、公共サービスの品質がほとんど人的資本への投資によって決まってしまう老人ホームや学校、短期間で需要が変化するような IT 事業などには PPP/PFI は向いていないことを示唆する。

(2) なぜ様々な形態が存在するのか

　経済理論から観たとき、PPP/PFI など公共サービス提供の形態の違いの源泉は何か。公共サービスに要する各種費用や当事者の仕事能力などの情報は、委託する側よりも委託される側の方が多く持っているのが一般的である。従って、自治体の長は公共サービスの供給に際して、自治体内の職員に委託する場合でも、民間業者に委託する場合でも、各主体の保有する情報にこのような非対称性があるために逆淘汰（adverse selection）やモラルハ

ザード（moral hazard）の問題に直面することになる[4]。このとき、将来起こりうる全ての事象に対して契約の当事者がとるべき行動が完全に規定されているような契約、いわゆる、完備契約を事前に書くことができるのであれば、これらの問題は（部分的に）解決される（Laffont and Tirole 1993、Bolton and Dewatripont 2004）。したがって、情報の非対称性に注目する限り、基礎自治体の長が公共サービスの供給を自治体内の職員に委託するか民間業者に委託するかの選択に差はない。それにもかかわらず、現実には様々な公共サービスの供給形態が存在するのはなぜか。Hart et al.（1997）はその原因を契約の不完備性に求めた。すなわち、完備契約を規定するには時間、能力、立証の面で膨大な取引コスト（Coase 1937）が掛かるため、実際の契約は完備契約とはならないとした。そして、権限や所有権構造によって規定される、契約で規定できない事柄に対する各当事者の権限、いわゆる、残余コントロール権（residual control rights）の違いによって、公共サービスの供給形態に違いが生じると論じた。

4. 最後に

　これまで NPM 及び PPP/PFI について、政府の失敗への対処策という観点から論じてきた。最後に、NPM の課題として技術革新について触れる。

　ボーモルとボーエンは今や文化経済学の古典となった Baumol and Bowen（1966、池上・渡辺訳 1994）において、労働生産性の概念を用いながら舞台芸術の特徴について次のように述べている。

　　　人間の発明の才によって自動車の生産に必要な労働を減少させる方法が考案されてはきたが、シューベルトの四重奏曲

を 45 分間演奏するのに必要な人間の労働を、合計 3 時間の
延べ労働時間以下にまで減少させるのに成功したものはだれ
もいない。

　Baumol and Bowen（1966）は舞台芸術団体の活動費用が年々
増大している原因を分析する中で、次のような「ボーモルのコス
ト病（Baumol's cost disease）」仮説を提示した。製造業などに
比べると舞台芸術での技術進歩は微々たるものであり、労働者一
人当たりの労働生産性は 200 年以上ほとんど変わっていない。
一方で、製造業などにおいては技術進歩による労働者一人当たり
の労働生産性の上昇に伴って賃金も上昇していく。舞台芸術にお
いても、その存続のためには[5]賃金の上昇は避けられず、結果と
して、舞台芸術団体においては生産性の上昇率よりも賃金の上昇
率が大きくなり、その活動費用の割合は年々増大していくとした。
さらに、ボーモルは、このような現象は舞台芸術のみならず、労
働集約的な教育・医療といった分野、そして公共部門においても
同様に見られるはずだと予測した[6]（Baumol and Bowen 1966、
Baumol 1993）。
　ボーモルの指摘から半世紀以上経った現在、人工知能やロボッ
トなどの新技術が再び脚光を浴びている。これらが公共部門に
とって IT 革命以上の技術進歩をもたらす可能性は高そうである。
近い将来、公共サービスの新たな生産方法が生まれるのか。民間
企業の経営手法を採り入れながら発展してきた NPM にいま最も
必要なものは公共部門における企業家精神（Schumpeter 1961）
なのかもしれない。

注記
［謝辞］　本研究は JSPS 科研費 JP17K18059 の助成を受けたものです。
1　パレート効率的な状態とは平たくいうと、誰かを犠牲にしない限りそれ

以上の効率的な資源配分ができないような状態のことである。

2　政府の失敗の定義はいくつかある。詳細は *Besley* (2006) を参照のこと。

3　従来の価格理論を超えて、近年の経済理論はあらゆる社会・経済に存在するインセンティブ構造の分析と設計を研究課題の一つとしている。ゲーム理論やその応用としてのメカニズムデザイン、契約理論を中心としたこのような研究動向については、例えば、*Myerson* (1999) などを参照のこと。

4　この点については、第5節「市場か政府か」の「総論」においても再論する。

5　仮に舞台芸術団体の賃金を上げないとすれば、団員らの相対的な貧困の度合いが進行していくので、やがて舞台芸術に携わる人間も減少していく。

6　*Bates and Santerre* (2015) はアメリカの50州における1980年から2009年のデータを用いて、地方政府の支出の増大がボーモルの仮説によって説明できることを示している。一方で、公共部門におけるボーモルの仮説の妥当性に関しては、公共サービスの質をどう測定するかなどの問題もあり、今後も更なる実証研究の蓄積が必要である。

参考文献

Arrow, K. J., & Hahn, F. (1971). *Competitive equilibrium analysis. San Francisco.*

Bates, L. J., & Santerre, R. E. (2015). *Does Baumol's Cost Disease Account for Nonfederal Public-Sector Cost Growth in the United States? A New Test of an Old Idea. Social Science Quarterly,* 96 (1), 251-260.

Baumol, W. J. (1993). *Health care, education and the cost disease: A looming crisis for public choice. Public choice,* 77 (1), 17-28.

Baumol, W., & Bowen, W. (1966). *Performing Arts: The Economic Dilemma (New York: Twentieth Century Fund,* 1966). *Stephen Kirchner.* (池上惇、渡辺守章訳『舞台芸術—芸術と経済のジレンマ』丸善、1994).

Bolton, P., & Dewatripont, M. (2004). *Contract Theory. The MIT*

Press.

Buchanan, J. M., & Tullock, G. (1962). *The calculus of consent* (Vol. 3). *Ann Arbor: University of Michigan Press.*

Coase, R. H. (1937). *The nature of the firm. economica, 4* (16), 386-405.

Dunleavy, P. (1994). *The globalization of public services production: can government be 'best in world'?. Public Policy and Administration, 9* (2), 36-64.

Dunleavy, P., Margetts, H., Bastow, S., & Tinkler, J. (2006). *New public management is dead—long live digital-era governance. Journal of public administration research and theory, 16* (3), 467-494.

Debreu, G. (1959). *Theory of Valme: An Axiomatic Analysis of Economic Equilibrium. Yale University Press.*

Hart, O., Shleifer, A., & Vishny, R. W. (1997). *The proper scope of government: theory and an application to prisons. The Quarterly Journal of Economics, 112* (4), 1127-1161.

Holmstrom, B., & Milgrom, P. (1991). *Multitask principal-agent analyses: Incentive contracts, asset ownership, and job design. Journal of Law, Economics, & Organization, 7,* 24-52.

Hood, C. (1991). *A public management for all seasons?. Public administration, 69* (1), 3-19.

Laffont, J. J., & Tirole, J. (1993). *A theory of incentives in procurement and regulation. MIT press.*

Iossa, E., & Martimort, D. (2015). *The simple microeconomics of public‐private partnerships. Journal of Public Economic Theory, 17* (1), 4-48.

Samuelson, P. A. (1947). *The Foundations of Economic Analysis. Harvard University Press.*

Sandmo, A. (1991). *Economists and the welfare state. European Economic Review, 35* (2-3), 213-239.

Sandmo, A. (1999). *The public economics of redistribution and the welfare state. Review of Population and Social Policy,* 8, 139-154.

Smith, A. (1776). *An inquiry into the wealth of nations. Strahan and Cadell, London.*

Sørensen, P. B. (2014). *Reforming public service provision: What have we learned?. mimeo.*

Schumpeter, J. A. (1961). *The theory of economic development: An inquiry into profits, capital, credit, interest, and the business cycle. Translated by Redvers Opie. Harvard University Press.*

Tirole, J. (1994). *The internal organization of government. Oxford economic papers,* 1-29.

付録資料　PPP/PFI の手法一覧

1　公共施設等の設計・建設・改修、維持管理・運営等を伴う方式

(1) PFI 手法

<table>
<tr><td>BTO 方式
Build-Transfer-Operate</td><td>●民間事業者が公共施設等を設計・建設し、施設完成直後に公共側に施設の所有権を移転し、民間事業者が維持管理・運営等を行う方式。
・サービス購入型の PFI 事業等で広く採用されており、採用されている施設の種類は多岐にわたります。
・維持管理・運営期間中の民間事業者の業務範囲は、長期間の契約の対象とすることが適切か等の観点から検討・決定されます。
●業務範囲に、設計・建設、維持管理・運営等を含むことが一般的。
<table><tr><th></th><th>設計</th><th>建設</th><th>維持管理・運営</th></tr><tr><td>業務範囲</td><td>○</td><td>○</td><td>○</td></tr><tr><td>契約形態</td><td colspan="3">事業契約</td></tr><tr><td>民間の契約主体</td><td colspan="3">特別目的会社（SPC）が多い</td></tr></table>●対価は維持管理・運営期間に支払うことが一般的。</td></tr>
<tr><td>BOT 方式
Build-Operate-Transfer</td><td>●民間事業者が公共施設等を設計・建設し、維持管理・運営等を行い、事業終了後に公共側に施設の所有権を移転する方式。
・民間事業者が利用料金収入を直接収受するなど民間事業者の裁量の余地が広い PFI 事業等で採用されています。
・民間事業者が維持管理・運営期間中に公共施設等の所有権を有しているため、改修等を含め、維持管理・運営等の自由度が広くなっています。
●業務範囲と契約は BTO 方式と同じ。
●対価は維持管理・運営期間に支払うことが一般的。</td></tr>
<tr><td>BOO 方式
Build-Own-Operate</td><td>●民間事業者が公共施設等を設計・建設し、維持管理・運営等を行い、事業終了時点で施設等を解体・撤去するなど公共側への施設の所有権移転がない方式。
・維持管理・運営期間を施設の需要期間や耐用年数等に合わせることができる PFI 事業等で採用されています。
・損傷や陳腐化等により一定のサイクルで更新すべき施設での活用が考えられます。
●業務範囲と契約は BTO 方式と同じ。
●対価は維持管理・運営期間に支払うことが一般的。</td></tr>
</table>

BT方式 Build-Transfer	●民間事業者が公共施設等を設計・建設し、公共側に施設の所有権を移転する方式。

・公共施設等の建設後、別の公共施設等とともに一括して、建設を行う民間事業者以外の者に維持管理・運営等を委託するPFI事業等において採用されています。

●業務範囲に、設計・建設を含むことが一般的。

業務範囲	設計	建設	維持管理・運営
業務範囲	○	○	×
契約形態	事業契約		—
民間の契約主体	特別目的会社（SPC） 又は民間企業グループ		—

●対価は、施設の引渡までに支払うことが一般的。

RO方式 Rehabilitate- Operate	●既存の公共施設等の所有権を公共側が有したまま、民間事業者が施設を改修し、改修後に維持管理・運営等を行う方式。

・改修や大規模修繕が必要な既存施設について、改修及び維持管理・運営を委託するPFI事業等において採用されています。

●業務範囲と契約はBTO方式と同じ。

●対価は維持管理・運営期間に支払うことが一般的。

(2) PFI 手法以外の手法

DBO方式 Design-Build- Operate	●民間事業者に公共施設等の設計・建設の一括発注と、維持管理・運営等の一括発注を包括して発注する方式。

・廃棄物処理施設の分野等で、PFI手法と並び採用されています。
・資金調達や工事発注、所有は公共側が担うスキームです。

●業務範囲に、設計・建設、維持管理・運営等を含むことが一般的。

業務範囲	設計	建設	維持管理・運営
業務範囲	○	○	○
契約形態	工事請負契約		事業契約
民間の契約主体	建設会社又は JV（設計会社と建設会社）		特別目的会社 （SPC）が多い

●設計・建設の対価は、施設の引渡しまでに支払うことが一般的。

2 公共施設等の維持管理、運営等を行う方式

(1) PFI 手法

公共施設等 運営事業（コンセッション）	●利用料金を収受する公共施設等について、公共側が施設の所有権を有したまま、民間事業者が運営権を取得し、施設の維持管理、運営等を行う方式。

・利用料金を収受する施設等で、民間事業者による効率的な維持管理・運営が期待される事業において採用されています。
・空港、水道、下水道、道路、文教施設、公営住宅が重点分野として取り組まれています。

O方式 Operate	●民間事業者に公共施設等の維持管理・運営等を長期契約等により一括発注や性能発注する方式。

(2) PFI 手法以外の手法

指定管理者 制度	●地方公共団体が公の施設の維持管理・運営等を管理者として指定した民間事業者に包括的に実施させる手法。

・地方公共団体に限定され、対象施設は「公の施設」に限定されますが、広く採用されています。

包括的民間 委託	●（本手引における主たる想定）公共施設等の維持管理・運営段階における複数業務・複数年度の性能発注による業務委託。

・維持管理・運営を長期間包括して性能発注により業務委託し最適な時期・方法で補修を行うことにより、維持管理費等の削減が期待される施設（プラント等）で採用されています。

（出典：内閣府　民間資金等活用事業推進室「PPP/PFI手法導入優先的検討規程運用の手引き」）

第5節
市場か政府か

友利厚夫（明海大学経済学部講師）　　1. 総論
猪狩廣美（荒川区自治総合研究所所長）2. 各論

1．総論 ── 誰がそれを行うべきか？

　公共サービスの供給は誰が行うべきか。現実には基礎自治体が民間業者にどの程度委託するのかに応じて、公共サービスの供給のあり方には様々な形態が存在する。しかし、伝統的な公共事業においても新たな手法であるPPP（Public Private Partnership）などにおいても、程度の差こそあれその主な目的は民間業者への委託を通じて効率的で質の高い公共サービスの提供を実現することであると考えられる。例えば、行政における民間の資金や経営手法の活用を目的として制定された「民間資金等の活用による公共施設等の整備等の促進に関する法律」（平成11年法律第117号）、通称PFI法は第1条においてその目的を「民間の資金、経営能力及び技術的能力を活用して公共施設等の整備等の促進を図るための措置を講ずること等により、効率的かつ効果的に社会資本を整備するとともに、国民に対する低廉かつ良好なサービスの提供を確保し、もって国民経済の健全な発展に寄与する」と謳っている。ここで注意すべきは、民間の資金や経営手法の導入によって「低廉かつ良好なサービスの提供[1]」が果たして本当に可能であるかという点である。

　経済学は、この点に対していくつかの観点から留保条件を与える。次のような簡単な例を考えてみよう。いま、基礎自治体の長

がある公共サービスの供給を考えているとする。第 1 の留保条件は、基礎自治体の長の政策選好が住民のそれを忠実に反映しているかどうかである。すなわち、基礎自治体の長は日本国憲法第 93 条の規定により、「その地方公共団体の住民が、直接これを選挙する」と定められているが、投票を通じた社会的意思決定のメカニズムが上手く機能するかどうかについては必ずしも明らかではない。この点、よく知られているように、民主的かつ矛盾の無い方法で個々人の価値判断を集計するメカニズムは一般に存在しないことを証明したアローの不可能性定理（Arrow 1951）をはじめとする社会的選択理論の諸研究[2]は民主的意思決定の困難さを明らかにしている。

　第 2 の留保条件は、各主体が持つ情報の非対称性に関するものである。通常、基礎自治体の長は公共サービスの供給を自ら行うことはなく、自治体内の職員や民間業者といった第三者にそれを依頼する[3]。多くの場合、公共サービスの提供に関わる諸費用、自らの仕事能力や仕事に対する努力水準に関して、依頼を受けた第三者は依頼主である自治体の長よりも多くの情報を持っている。すなわち、自治体の長と第三者の間には情報の非対称性が存在する。このとき、果たして第三者は依頼主である自治体の長の思惑通りの仕事を行うであろうか。例えば、公共サービスに掛かる費用について多くの私的情報を持つ第三者は、費用を実際よりも割高に報告することでより多くの報酬を受けとろうとするインセンティブを有する。また、自治体の長は第三者の仕事に対する努力水準を観察できないことから、自分の仕事に対する努力水準について多くの私的情報を持つ第三者は、努力水準に応じて報酬が変わらないのであれば出来るだけ怠けようとするインセンティブを有する。情報の経済学では前者を逆淘汰（adverse selection）といい、第三者の性質（タイプ）に関する情報の非対称性がある場合に問題となる。後者をモラルハザード（moral hazard）といい、

第三者の行動に関して情報の非対称性がある場合に問題となる。このような情報の非対称が存在する場合、第三者には自らが持つ私的情報を用いて機会主義的な行動をとるインセンティブが常に存在するため、自治体の長（住民）にとって最善の結果が実現しない可能性があることが知られている。しかし、このような情報の非対称性に関わる諸問題[4]があったとしても、適切な契約を設計してやることで、最善ではないにしても、これらの問題点から発生する様々な非効率性を最小限に抑えた次善の結果が得られることが少なくとも理論的には明らかとなっている[5]。

　第3の留保条件は、第2の留保条件に関するものである。つまり、情報の非対称性に関わる諸問題は「適切な契約」を設計してやることで（部分的に）解決できることが理論的には明らかになっているのであるが、問題はそのような「適切な契約」が実際に書けるかどうかである。ここでいう「適切な契約」は、経済学では完備契約と呼ばれ、将来起こりうるありとあらゆる状況に対応して契約の当事者がとるべき内容が完全に規定されており、更に、契約が守られたかどうかを裁判所などに対して立証可能であるものとされる。しかし、現実社会においては天候や災害などの自然現象をはじめとして当事者達を取り巻く環境には不確実性が無数に存在し、仮にこのような契約が書けたとしても時間や費用の面で膨大な費用[6]が掛かるため、このような完備契約の設計は現実的であるとは考え難い[7]。そのため、実際の契約は不完備なものになり、契約が規定していないような状況が契約締結後に発生した場合には、遅かれ早かれ当事者間で再交渉が行われる。Grossman and Hart（1986）、Hart and Moore（1988）、Aghion and Tirole（1997）といった不完備契約理論の諸研究は、契約の当事者はこの再交渉を見込んで行動するため、完備契約理論が主張するような結果は得られず、所有権や権限の構造に大きく依存する再交渉時の交渉力の強さが事前の投資インセンティブ

に影響を与えることを明らかにした[8]。Hart et al. (1997)、Hart (2003) はこれらの結果に基づいて、公共サービスを民間に委託することで必ずしも低廉かつ良好なサービスを提供できるとは限らないことを明らかにしている。

　このように、公共サービスの提供は、民主的手続きの不完全性により、公共サービスの消費者と供給者との間で「何が良好なサービスか」という価値判断について必ずしも一致しないままに実行されてしまう可能性がある。そのため、最終的にどのような政策が遂行されるかは、住民にとって良好な公共サービスとは何かを理解し、かつ、最適な政策遂行を妨げる幾つもの誘因に囚われないといった基礎自治体の長の能力・資質[9]にも大きく依存する（Iossa and Martimort 2015）。更に、仮に基礎自治体の長の政策選好が住民のそれを完全に反映していたとしても、公共サービスの提供を第三者に依頼することにより発生する情報の非対称性、契約の不完備性によって低廉かつ良好な公共サービスの提供が必ずしも保証されないという困難が常につきまとうのである。誰が公共サービスの提供を行うべきかについては少なくともこれらの点を十分に考慮しなければならない。

注記

［謝辞］　本研究は JSPS 科研費 JP17K18059 の助成を受けたものです。

1　PFI 事業においては VFM (Value for Money) の観点からこれを評価している。

2　社会的選択理論の諸研究を概観したものとしては *Arrow et al.* (2002, 2010) がある。

3　ここでは、第 1 の留保条件と異なり、基礎自治体の長と住民の政策選好が全く同一であると仮定する。

4　ここには、どの主体がどれだけリスクを負うべきかというリスク分担の問題も含まれる。

5　このような契約の設計に関する諸研究は経済学においては契約理論として大きな研究領域を形成している。代表的な教科書としては *Bolton and Dewatripont* (2004) がある。

6　このような費用を *Coase* (1960) は取引費用 (*transaction cost*) と呼んでいる。

7　実際、次の「市場か政府か (2. 各論)」で見るように、実務の現場における問題のほとんどが契約の不完備性から発生している。

8　ただし、*Maskin and Tirole* (1999) はある特定のメカニズムを設計してやることで、理論上、完備契約で成立する結果が不完備契約のもとでも成立しうることを証明している。

9　基礎自治体の長と住民と政策選好が同一のものであれば、ここでいう能力は必要とされない。また、政治家や公務員を取り巻く様々な誘因により最適な政策が実現されない、いわゆる、「政府の失敗」への対処策については政治経済学の文献を参照のこと。政治経済学の代表的教科書としては *Persson and Tabellini* (2002) がある。

参考文献

Aghion, P., & Tirole, J. (1997). *Formal and real authority in organizations. Journal of political economy,* 105 (1), 1-29.

Arrow, K. J. (1951). *Social Change and Individual Values. Wiley.*

Arrow, K. J., Sen, A., & Suzumura, K. (*Eds.*). (2002, 2010). *Handbook of social choice and welfare, Volume 1* (2002), *Volume 2* (2010). *Elsevier.*

Bolton, P., & Dewatripont, M. (2004). *Contract Theory. The MIT Press.*

Coase, R. H. (1960). *The problem of social cost. Journal of law and economics,* 3 (1), 1-44.

Grossman, S. J., & Hart, O. D. (1986). *The costs and benefits of ownership: A theory of vertical and lateral integration. Journal of political economy,* 94 (4), 691-719.

Hart, O. (2003). *Incomplete contracts and public ownership: Remarks, and an application to public - private partnerships. The*

Economic Journal, 113 (486).

Hart, O., Shleifer, A., & Vishny, R. W. (1997). *The proper scope of government: theory and an application to prisons. The Quarterly Journal of Economics,* 112 (4), 1127-1161.

Hart, O., & Moore, J. (1988). *Incomplete contracts and renegotiation. Econometrica: Journal of the Econometric Society,* 755-785.

Iossa, E., & Martimort, D. (2015). *The simple microeconomics of public‐private partnerships. Journal of Public Economic Theory,* 17 (1), 4-48.

Maskin, E., & Tirole, J. (1999). *Unforeseen contingencies and incomplete contracts. The Review of Economic Studies,* 66 (1), 83-114.

Persson, T., & Tabellini, G. E. (2002). *Political economics: explaining economic policy. MIT press.*

２．各論

(1)自治体のサービス供給手法の多様化

　地方自治法、地方公務員法は、自治体を行政行為の主体として考える帰結として、行為・執行の形態を、原則として「常勤職員」の「直接執行」と考えている。従って、自治体業務の大半を占めるサービス供給業務についてもこの原則が支配することとなっている。むろんこれにより、確実な執行と責任の明確化が実現しているのも事実である。

　しかし、法の制定から半世紀以上が経過し、核家族化の拡大に加えて、共働き世帯や世代を超えた単身世帯、そして高齢者世帯の増加など生活様式の変化が顕著になり、自治機関としての地方自治体が担わなければならない業務は、多様化し拡大の一途をたどっている。そしてそれらの業務は社会の高度化・複雑化を反映して、より専門的に、より複雑になっている。

一方、財政収支の悪化に端を発した、いわゆる「行革」の推進によって、地方の財政基盤は一定の改善をみたものの、行革の主な手法とされた職員定数抑制によって、人的資源の新陳代謝は停滞し、組織活力の源である人材の不足も指摘される。

　「対応していかなければならない様々な課題」が増え続ける一方で、それを担うべき「人材の開発（確保・育成）」が追いついておらず、まさに行政サービスの担い手は、量的・質的な限界に直面している。

　この間、これらの現実への対応がなされてこなかったわけではない。民間の力を活用できるものは積極的に活用を進めようとするいわゆる「民活」に取り組むとともに、平成 11 年には「民間資金等の活用による公共施設等の整備等の促進に関する法律（PFI 法）」が制定された。様々な制度・仕組みによって新たな公的サービスの提供手段が模索され、これら制度の活用促進策も打ち出されてきた。

　ここでは、民間活力の活用手法として最もポピュラーな「業務委託」と、制度制定から 15 年たち様々な課題が明らかになりつつある「指定管理者制度」にスポットをあてて、自治体の現場からの視点で、その現状と課題について考えてみる。

(2) 民間活力の活用手法として広く導入されている「業務委託」の現状と課題

　業務委託とは、所定の成果（仕事の完成）を実現することを目的として締結される請負契約等を通して、特定の業務を他の事業者の力を活用して実現する手段であり、民間企業においても広く導入されている。自治体においても、人材の量的・質的な限界を補う手段として、民間事業者が持つ能力や資源を積極的に活用しようと、以前から活用され、定着しており、業務委託なくして、行政サービスの提供は実現できないと言えよう。

　具体的には、PC 等事務機器の保守業務や事務室の清掃業務、公文書の保管、庁舎の警備業務などの内部管理的業務から、イベントの設営委託、学校給食の調理業務委託、アンケートの調査分析業務、公共施設等のエレベータ・自動ドア等の保守業務等々、数え上げればきりがない。

　これら業務委託については、各自治体とも多くの蓄積があり、業務仕様書の内容や、入札手続き、成果物の検収方法など、ノウハウが確立し、適正な業者選定、適正な価額、適正な成果が実現しているとの一定の評価が可能であろう。

　しかし、社会経済状況の変化や、業務委託の長期化などを背景とした、新たな課題が顕在化してきていることにも留意する必要がある。

　最近、注目された課題として、労働者派遣と業務委託との整理の問題がある。労働環境の適正化を目指すいわゆる労働者派遣法の制定に伴い顕在化した課題である。

　労働者派遣では、派遣職員は派遣元と雇用契約を結び派遣先で職務に従事する。この場合、派遣職員は派遣先の指揮監督下に入り、派遣先の職員として職務にあたることになる。派遣期間は原則3年までとされている。派遣契約の目的は、職員を約定期間派遣することであり、派遣元はそれ以上の成果を求められることは無い。派遣契約固有の課題として、派遣職員の質の確保の問題があるが、ここでは課題の提示のみとする。

　一方、業務委託は、請負契約であって、受託事業者が約定の成果を期日までに実現することが契約の目的であり、成果実現が受託事業者の責任である。但し、それに至る行程や投入する資源については原則として受託者に任せられている。従って当該受託業務に従事する職員はあくまで受託事業者の指揮監督下にあり、委託元が直接指示（指揮監督）することはできない。

近年注目を集めた具体的な事例は、自治体の窓口業務の委託契約に関してである。内閣府が戸籍や住民記録の窓口業務について、これを民間事業者に委託することを奨励する趣旨の通知を発したことを受けて、某自治体がこの実現に取り組んだが、窓口業務の中には、届出受理の可否など行政処分性を有し、それぞれ判断を要する事務が含まれることから、効率性を確保できる業務の切り分け方、及びその業務仕様の確定が大変困難であった。様々な検討の末、判断を要する事務については、受託事業者の現場責任者が処分権限を有する区の職員と調整することで処分性を有しない業務となる、と整理して業務委託契約を締結したのであった。なお、相手方は労働者派遣を業務とする事業者ではなかった。これに対して、厚生労働省（労働局）が待ったをかけたのである。委託された業務は、指示を受けなければ執行・完結することが困難な業務で、職員との調整（エスカレーションと称する）行為は、事実上の指揮命令にあたり、業務委託（請負契約）の範囲を超え、派遣法の適用を受ける業務となるとして、是正を求めたのである。

　本件については、判断を伴わない範囲の業務に限定して委託することで手続きは進められたが、本質的な解決には至っていない。少しでも指示が行われる業務は委託することはできず、自治体職員による直接執行以外はあり得ない、という整理で、今後も拡大する行政需要に振り向ける資源を捻出していくことが可能なのか、更に議論を重ねていく必要があろう。

　次に、法的な問題にまではならないが、より良い行政サービスの提供という本質的な視点から見ると決して無視できない課題がある。

　公共施設等の運営業務等が典型的な例であるが、この場合、受託事業者にとって顧客は発注者（発注自治体）であって、施設利用者は直接の顧客ではない。確かに施設利用者へのサービス提供

が受託業務ではあるが、受託事業者が最も気になるのは、施設利用者の評価ではなく、発注者の評価なのである。このことを反映して、委託仕様書の完全な履行が何よりも優先する事態になり、勢い施設利用者へのサービスが劣後することになっているのである。

　例えば、午前（9 〜 12 時）、午後（13 〜 17 時）、夜間（18 〜 21 時）に利用区分が設定されている施設において、午前午後を通して利用申請があった場合の取り扱いに関する記載が仕様書に無かった場合に、利用区分をまたがって利用しようとする利用者に対して、12 時には一旦退去を求めるがごとき対応になってしまうことである。まさか、と思われるだろうが、仕様書違反の指摘を受けることを恐れて実際に発生した事例である。勿論、恣意的な運用によって、特定の利用者に利便を供するような運用は適切ではないが、利用区分設定の理由が、先の利用者の適切な利用の確認と後の利用者のための環境整備にあるとすれば、両区分を同一の者が利用する場合に、区分の間の時間の利用を弾力的に運用することは不適切なのであろうか。当然、仕様書に連続する利用者への対応について明記しておくのが妥当であるが、どこを向いて業務にあたるかで、かくも対応が異なってくるのである。

　業務委託契約の仕様書作成にあたっては、可能な限りの想定をして詳細な仕様を心がけることも重要ではあるが、利用者サービスの実現という本来の目的を理解して対応することを求める視点にも十分配慮する必要がある。

(3) 公の施設に関して、運営業務委託を一歩進めた「指定管理者制度」

　平成 15 年の地方自治法改正によって、それまで公共団体若しくは公共的団体に限られていた公の施設の管理委託（公法上の委託）が、民間事業者等にも行わせることができる指定管理者制度

に改められた[10]。民間活力活用の方途拡大の一環である。

　従来も、公の施設について、民間事業者に運営業務を委託することはできたが、利用承認などの処分行為や退去指示等の警察権の行使などの管理行為は委任できないものとされてきた。本改正によって、これらも可能となり、併せて、施設利用料を指定管理者の収入として徴収することまで可能としている。

　制度改正に伴い政府は、地方自治体に対して、本制度の積極的な活用を呼びかけるとともに、従来の公法上の委託については3年以内に新制度へ移行することを求めた。これらを踏まえて、指定管理者制度活用は急速に拡大し、総務省調査[11]では、平成27年4月1日現在76,788施設で導入されている。この間を振り返ってみると、新制度活用の可能性があるものについては、全て新制度で、という風潮があったようにも感じられる。総務省も同様に感じ取っていたのか、平成22年12月には、「指定管理者制度の運用について」の行政局長助言通知を発して、「…個々の施設に対し、指定管理者制度を導入するかしないかを含め、広く地方公共団体の自主性に委ねる…」ことを含む、8項目の留意点を示し、適正な運用を促している。

(4) 指定管理者制度の導入及び運用の現状と課題

　前述のとおり、指定管理者制度は、今や全ての自治体で導入されていると言って良い状況である。しかし、現状を振り返ると、個々の施設の性質や事業者選定の経緯、協定内容等から見て、住民サービスの向上や経費の節減という制度目的に適合しているか、疑問を抱かざるを得ない事例も見受けられる。平成22年の総務省行政局長通知を引き合いに出すまでもなく、改めてあり方を見直してみる必要がある。

　まず第一に確認すべきは、対象となる施設の管理運用業務を担

う能力を有する事業者が少なくとも複数存在するかである。でき得れば、適正な競争が成立するだけの市場が形成されていて初めて、民間の能力を活用した効率的な管理運営が可能になると考えるべきである。具体的に述べれば、公共団体以外に担ったことのない業務の推進を目的として公の施設を指定管理者に委ねることを考える場合、住民サービスがどのように向上するのか、経費的節減効果はどこまで見込めるのか、具体的に検討したうえで導入の適否を判断すべきである。

　次に、指定管理者の選定に関してである。指定管理者の指定は、議会の議決を経て行われる行政処分とされ、業務委託のような契約ではなく、価格競争による入札にはなじまないとされている。一方で、恣意的な指定を排除する意味からも適正な競争が必要であり、一般的には、プロポーザル方式等によって相手方を選定しているのが現実である。

　プロポーザル方式に関する留意点としては、何よりも、適切な競争性の確保が求められることである。具体的には、適切な募集期間の設定、競争・評価の対象とする提案等の特定とその前提となる条件の提示、協定締結に際して求めることの事前告知などがあげられる。

　まず、適切な募集期間の設定については、施設の性質にもよるが、応募者が事業計画を後述する提案条件を基に、一から作成できるだけの期間を設定する必要がある。事前にプロポーザルの情報を得ていた者が有利になるような設定は厳に慎まなくてはならない。一般には1ヶ月程度確保する例が多い。

　次に、競争の対象とする提案事項等の特定とその前提となる条件の提示である。この点が、指定管理者選考の中心であるので、十分な準備と留意が必要である。

　選考に際しての評価対象となる提案事項等の明示は欠かすこと

ができない。万一これがあいまいである場合、応募者は何を提案すれば良いのか判断できず、競争ができる環境にない。恣意的な選考を行おうとしているのではないかとの謗りを受けかねないので特に注意が必要である。

提案事項については、施設の性質等により異なるであろうが、次のような項目の提案が求められる。

・事業計画

当該施設において実施しようとする具体的な事業展開の内容及び手法、所要費用など

住民サービスの向上にどれだけ寄与するかが評価視点となる。

・業務の執行体制

提案業務に直接従事する職員体制、本部のフォロー部隊などのバックヤードの体制及びその配置計画など

どれだけのマンパワーで提案の事業計画を実施しようとしているかが分かる。施設によっては、どれだけの経験・実績・資格等を有する人員を投入するのかを提案させることも可能である。

提案内容を評価する際、実現可能なローテーションなのかなど、適切な労務管理、労働環境の確保が目指されているかなども読み取れる。場合によっては、社会保険労務士等の専門家の力を借りて評価することも考えられる。

・収支計画及び指定管理料の見積もり

提案者が想定する利用料などの収入額、所要経費（経費内訳としての本部経費）、利益額などの収支計画、及び指定管理料の見積額など

一般的には、指定管理料の見積額のみを提案させる例が多いように思われるが、ここで大切なのは事後の実績報告における収支の適格性・妥当性に関わることから、明確な

提案を求める。利益額を明示させるのも透明性確保に資する。併せて、本部経費の中に利益が隠れていたり、再委託の際にバックマージンを得ることなどを明確に禁止しておくことも透明性確保のために重要である。

　特に留意すべきは、提案の際には適切に見える人件費が計上されていたにもかかわらず、実際には、利益を確保するために人件費を圧縮する事例がまま見受けられることである。これを許せば、適正な労働条件、労働環境を損なうことを自治体が認めたことにもなりかねない。更には、優秀な人材を従事させることができない状況にもなりかねない。適切なチェックをすれば、実績報告の際に発見できることではあるが、事前にそのような処理は認めない旨を宣言しておかなければ、是正を求めることもできなくなる可能性がある。そのような操作ができないような仕組みの工夫が必要である。

　工夫の例としては、経理区分を人件費、管理運営費に区分することとし、各年度それぞれの会計区分ごとに精算する方式が考えられる。上記のような操作を防ぐ工夫である。

　また、応募事業者の事業実績や会社規模などを評価対象とするのであれば明示する必要があり、その証憑として何を求めるかも示すことが大切である。

　次に、提案条件（自治体が必須事項として求める事項）の明示である。
　まず、法令適合性や納税義務等の履行など、応募資格を設定する場合には、これを明示する必要がある。暴力団との繋がりがないことなど、応募の段階では確認できにくい事項も含めて明示する。事後、そのような事実が発覚した場合に、排除する根拠とな

る。

　提案条件の内容で留意しておかなければならない点も幾つかある。

　まずは、指定期間の設定である。地方自治法では期間を設定することが求められているが、期間の長さは自治体にゆだねられている。施設の性格にもよるが、長すぎれば、癒着やマンネリ化を招きかねないし、短すぎれば、指定管理者の経営の安定性や従業員の雇用の問題にも影響が大きい。競争性の確保の要請と安定的な運用の実現、適切な労働環境の確保等に十分配慮して設定し、提案条件の一つとして明示しておくことが大切である。

　次に、指定管理業務の一部として義務付けることの提示である。応募の段階で、整備していく帳簿等がどのようなものかなど、指定管理者となった場合に発生する業務と、自治体として把握しておかなければならない事項を承知してもらう意味からも、整備・提出を義務付ける報告書類や記載すべき事項、求める証憑等を事前に示す。

　加えて、実地調査や監査、公認会計士や社会保険労務士等専門家の調査等を想定しているのであれば、その受け入れ義務についても明示する必要がある。

　以上、実務的な課題やそれらへの対応について述べてきたが、次ページ以降に参照資料として「荒川区指定管理者制度運用方針」を掲載した。本文では触れきれない点も含めて、一定の対応を想定したものとして、参考に供したい。

注記
10　地方自治法　第244条の2。
11　「公の施設の指定管理者制度の導入状況等に関する調査結果」2016.3
　　総務省自治行政局行政経営支援室。

【参照資料】 荒川区指定管理者制度運用方針

平成 29 年 4 月 1 日 一部改正

第 1 運用方針制定の目的

本方針は、荒川区において、地方自治法第 244 条の 2 の規定に基づく指定管理者制度の導入及び運用が適切かつ円滑に行われるよう、基本的な考え方や事務手続等について定めるものである。

第 2 基本的な考え方

指定管理者制度は、民間活力を活かすことで、区民サービス向上と経費の縮減を目的として導入するものである。指定管理者制度の運営に当たっては、サービスの質を確保する観点から、施設職員の賃金等について十分に留意するとともに、公金を支出する性質上、指定管理者が支出する経費の透明性が十分に図られるよう努めるものとする。

第 3 制度運用の基本的事項

1 指定管理者による管理を行う場合の条例規定事項

指定管理者制度を導入する場合に、当該施設の設置条例に規定しなければならない主な事項は、次のとおりとする。

(1) 指定の手続（申請の方法、選定基準等）

〈例〉

（指定管理者の指定の申請）

第　条　第○条の規定による指定を受けようとするものは、申請書に事業計画書その他荒川区規則で定める書類を添付して区長に申請しなければならない。

（指定管理者の指定）

第　条　区長は、次に掲げる基準を総合的に審査し、○○施設の管理を行わせるに最適な法人その他の団体を指定管理者の候補者として選定し、議会の議決を経て指定管理者に指定しなければならない。

(1) 事業計画書の内容が、利用者に対する最適なサービスの確保に資するものであること。

---

(2) 事業計画書の内容が、○○施設の適切な維持及び管理を図ることができるものであること並びに管理に係る経費の縮減が図られるものであること。

(3) 事業計画書に沿った管理を安定して行う物的能力及び人的能力を有しているものであること。

(4) 前3号に掲げるもののほか、○○施設の設置目的を達成するために十分な能力を有しているものであること。

(2) 管理の基準（休館日、開館時間、使用制限の要件等）

〈例〉

（休館日）

第　　条　○○施設の休館日は、次のとおりとする。ただし、区長が必要と認めるとき、又は指定管理者が必要と認め、区長が承認したときは、これを変更し、又は臨時に休館日を定めることができる。

(1) ○月○日から○月○日まで

(2) ○月○日から○月○日まで

（開館時間）

第　　条　○○施設の開館時間は、午前○時から午後○時までとする。ただし、区長が必要と認めるとき、又は指定管理者が必要と認め、区長が承認したときは、これを変更することができる。

（使用の不承認）

第　　条　区長は、第○条の規定による申請が次の各号のいずれかに該当するときは、第○条による承認をしないものとする。

(1) 第○条に規定する目的に反すると認められるとき

(2) 公の秩序又は善良の風俗を害するおそれがあると認められるとき

(3) ○○施設の施設等をき損するおそれがあると認められるとき

(4) ○○施設の管理上支障があると認められるとき

(5) 前各号に掲げるもののほか、区長が特に使用を不適当と認めるとき

(3) 業務の範囲

〈例〉

(指定管理者が行う業務)

　第　条　指定管理者は、次に掲げる業務を行うものとする。

　(1) 第○条に規定する事業に関する業務

　(2) ○○施設の施設及び附帯設備の維持管理に関する業務

　(3) 前 2 号に掲げるもののほか、区長が必要と認める業務

(4) その他（指定管理者制度の導入、利用料金制等）

〈例〉

(指定管理者による管理)

　第　条　○○施設の管理は、地方自治法第 244 条の 2 第 3 項の規定により、法人その他の団体であって、区長が指定するものに行わせるものとする。

2　指定管理者制度における区と指定管理者の責務

(1) 区の責務

　区民等が安心して公の施設を利用できるよう、区は施設の設置者として、指定管理者による施設の管理やサービス提供の状況を把握し、評価を行うとともに、必要な指示を行い、より良い管理運営が行われるよう努める。

(2) 指定管理者の責務

　指定管理者は、施設の設置目的、指定管理者の指定の意義及び施設の公共性を十分に理解し、善良なる管理者の注意義務をもって業務を遂行するとともに、常に利用者の利便性の向上に努めるものとする。

3　指定の期間及び更新可能回数

　指定管理者の指定は、安定的なサービスの提供及び指定管理者の専門能力発揮の観点から一定期間継続する必要がある。また、利用者と従事者との信頼関係が重視されるなど人的サービスの比重が大きい施設については、特に安定的なサービスの提供に十分な配慮が必要であ

る。これらを勘案し、指定の期間は全施設5年とし、施設区分に応じて、次に掲げる回数に限り、新たな選定を行うことなく、更新することができる（指定期間満了に伴う手続は「第9　指定期間の満了と引継ぎに関する事項」を参照）。

なお、本規定は、平成27年4月1日以降に公募を行う施設から順次適用する。

(1)　介護施設、高齢者施設、障がい者施設及び保育施設　　　　2回

(2)　上記以外の施設　　　　　　　　　　　　　　　　　　　　1回

4　経理に関する事項

(1)　独立会計の徹底

　　各指定管理者は、施設ごとの会計を独立させ、管理すること。

(2)　収支の考え方

収支は指定管理事業ごとに行い、全体の収支に加え、「管理運営費」、「人件費」及び「修繕費」の3区分に分類する。それぞれの区分で発生する収支は、独立して経理し、それぞれ差額について精算する。

①　管理運営費…当該施設の管理運営や事業実施に際し必要となる経費

②　人件費…当該施設の運営に直接従事する職員等にかかる経費

③　修繕費…当該施設の修繕にかかる経費

(3)　収入の考え方

①　指定管理料

当該施設の管理運営に必要と見込まれる経費の総額に利益を加えた額から利用料金収入その他収入を差し引いたものとする。

②　利用料金収入

当該施設の管理運営状況を鑑み、算出させることとする。

③　その他収入

①、②に含まれない収入を指す。

（4）支出の考え方

　原則として、提案時の金額を指定期間通して変更しないものとするため、今後の社会要因等による変動も踏まえた提案をさせることとする。

① 人件費

　（5）「想定している経費区分」を参照し、対象とする費目を計上させることとする。なお、計上にあたっては、職責や経験に応じた昇給分を確保する目的から、事業者の規程に基づく5年の指定期間における賃上げ分も考慮することとする。

② 修繕費

　区から提示する額を計上させることとする。

③ 運営費

　（5）「想定している経費区分」を参照し、対象とする費目を計上させることとする。

④ 管理費

　以下に示すそれぞれの費目及び（5）「想定している経費区分」を参照し、対象とする費目を計上させることとする。

　ア　管理費の考え方

　当該施設の管理運営状況を鑑み、計上させる。

　イ　本部経費の考え方

　施設運営においては、本社の総務、人事、経理部門等の人件費等の直接経費以外の必要な経費である「間接経費」が生じるものと想定されるため、「間接経費」については、内容を明確にした上で、経費として計上を認めることとする。ただし、当該間接経費は「管理費（本部経費）」として計上させることとする。

　なお、経費計上が認められる管理費（本部経費）は、検証可能なものに限られるものとし、支出内容、算出方法、算出根拠が資料により明らかにできることを条件とする。

　公募時においては、管理費（本部経費）として計上したいものについて、項目、考え方、算出方法、検証方法等を併せて提案させることとする。算出において按分が必要な場合は、合理的な基準をもって算

出させることとする。

<算出方法、検証方法の例>

<具体的な項目の事例>

項目	考え方
本社経理事務費	本社で行っている契約手続や支払等に要する人件費
福利厚生費分担金	本社職員が受けているものと同様の福利厚生費
求人広告費	本社で一括して実施している求人広告等の費用

<算出方法、検証方法の例>

算出基準	算出方法の例	算出根拠の例 （検証に必要となる書類）
施設数	按分対象となる費用を（当該施設）／（当該部門で担当する施設数）で比率按分	・按分対象となる費用の証憑 ・当該事業者が運営している施設一覧
職員数	按分対象となる費用を（当該施設の職員数）／（全社の職員数）で比率按分	・按分対象となる費用の証憑 ・施設職員数、全社職員数の証憑
事業支出額	按分対象となる費用を（当該施設に関する支出額）／（全社における総支出額）で比率按分	・施設における支出額の証憑 ・全社における支出額の証憑
伝票数	按分対象となる費用を（当該施設に関する伝票数）／（全社における総伝票数）で比率按分	・当該施設に関する伝票数の証憑 ・全社における総伝票数の証憑

　ウ　消費税の考え方

　経費として計上する消費税は、仮受消費税から仮払消費税を差し引いた額を消費税（未払消費税）として計上させることとする。

　※　区から支払う指定管理料や利用者から支払われる利用料金等の総収入に含まれる消費税分を「仮受消費税」とする。

　※　指定管理者が消耗品等の購入費、清掃委託等の委託料等を支払う際に、そこには消費税が含まれており、これらを「仮払消費税」とする。

(5) 想定している経費区分

　想定している経費区分とその定義、対象とする支出費目は以下の通りである。なお、管理運営費、人件費及び修繕費はそれぞれで精算することとし、これら区分間の流用は不可とする。

経費区分		定義	対象とする支出費目
管理運営費	運営費	当該施設における事業実施に際し必要となる経費	各種必要となる経費
	管理費	当該施設の管理に際し必要となる基礎的な経費	光熱水費、管理用消耗品費、役務費（電話料等）、委託料（清掃委託等）、職員旅費、通勤手当、その他経費（賃借料等）、印紙税等
	管理費（本部経費）	管理費のうち、当該施設外で支払が発生する経費※詳細は 4（4）④イ参照	※ 4（4）④イ参照
	消費税	未払消費税を計上※詳細は 4（4）④ウ参照	（仮受消費税－仮払消費税）＝未払消費税
人件費		当該施設の運営に直接的に関わる職員等の人件費	・施設に勤務する職員の給与、賞与・諸手当（通勤手当、退職手当は含まない）・割増賃金・法定福利費（健康保険料、介護保険料、厚生年金保険料、雇用保険料等）の事業主負担分
修繕費		当該施設の修繕（改修、増築等の大規模な施設改修等を除く）に関する費用	当該施設の小破修繕に係る経費

(6) 利益の考え方

　当該指定管理業務において、確保したい利益額を提示させることとする。提案された額は、原則として、指定管理期間を通して変更しないものとする。ただし、法人の性質上、「利益」としての明記が難しい場合は、例えば「予定する収支差額」とする等、呼称を変更しても差し支えない。

(7) 決算手続

　年度末に収支を確定させるに当たっては、以下の考え方とする。

① 　精算区分

　　収支の精算については、「管理運営費」、「人件費」及び「修繕費」の 3 区分でそれぞれに行うこととし、発生する収支差額についても、独立して経理、精算することとする。

② 　収支差額精算の考え方

ア　利益・管理運営費収支差額

　収入と支出の考え方を踏まえ、収支（管理運営）における総収入と総支出の差額を「利益・管理運営収支差額」とする。

　実績として、収入が想定より多い、又は支出が少ない等により、利益・管理運営収支差額が、あらかじめ合意した上限額（予定していた利益額）を上回った場合は、原則として超過した額の１／２額又は協定で定めた額を返還させることとする。

　実績として、収入が想定より少ない、又は支出が膨らんだ等により、利益・管理運営収支差額があらかじめ合意した上限額（予定していた利益額）を下回った場合、収支差額の範囲で利益を算出させることとする。

イ　人件費収支差額

　収支（人件費）における総収入と総支出の差額を「人件費収支差額」とし、人件費収支差額が発生した場合は、全額を返還させることとする。

　実績として、公募提案時の想定より膨らみ、人件費収支差額がマイナスとなった場合は、指定管理者の負担とする。ただし、追加で事業等を委託した結果、人件費が公募想定時より膨らんだ等の特段の事由が認められる場合は、その限りではない。

ウ　修繕費収支差額

　収支（修繕費）における総収入と総支出の差額を「修繕費収支差額」とし、修繕費収支差額が発生した場合は、全額を返還させることとする。

　※　各収支の独立精算について

　管理運営費の不足を人件費で補填することが、当該施設で働く職員の低賃金化につながることを防止するとともに、経費の明瞭化を図る視点から、それぞれの収支差額は独立して経理することとする。例えば、利益・管理運営収支差額がマイナス（指定管理者の自己負担が発生）だった場合、人件費収支差額又は修繕費収支差額がプラスだったとしても、その２つの収支差額から、利益・管理運営収支差額の埋め

合わせは行えないものとする。

5　自主事業の取扱い

　指定管理者は、施設の利用者の利便を向上させる目的で、かつ当該施設の設置目的に合致し、当該指定管理業務を妨げない範囲内であれば、自主事業を実施できることとする。ただし、事前に業務計画書を提出し、区の承諾を得なければならない。また、自主事業に関して想定される収入及び支出も計上させることとする。

6　グループ応募について

　指定管理業務について共同で業務を取り行う場合は、複数の法人等により構成されるグループで応募することができることとする。その場合は応募時に共同事業体を結成し、代表構成団体（他の団体は「構成団体」とする）を定めること。また、共同事業体に委託する場合は、以下の条件を遵守させるものとする。

（1）当該事業体が1つの事業主体として責任を持って業務に当たるとともに、会計、経理も1事業主体として処理すること。

（2）共同事業体を結成する際、協定を締結し、代表構成団体や各構成団体間の事務分担等を定めること。ただし、共同事業体が構成員との間で契約を締結する場合には、同じ取引を外部事業者で実施した場合と乖離しない価格になるよう留意すること。

（3）当該施設で直接勤務する職員の雇用に関し、代表構成団体又は構成団体から派遣することになる場合は、区への報告において、関連する経費（当該職員に支払った給与、賞与、就業規則の賃金規定に記載されていて当該施設に勤務する職員に支払われている手当、割増賃金、法定福利費の事業主負担分）は人件費として報告することとする。この場合において、区は当該報告について、労務状況検査の対象とする。

第4　指定管理者候補者の選定手続に関する事項
1　公募の原則

指定管理者候補者の選定に当たっては、透明性、競争性の観点から公募を行うものとする。ただし、当該施設の様態、事業者の有無など公募が適当でないと認められる場合は、理由を明確にした上で、公募によらず選定することができることとし、その際には、指定管理者候補者としての適否について、公募の場合と同様に審査等を行う。

2　指定管理者候補者の選定手続
(1)　選定委員会の設置
　指定管理者候補者の選定は、選定の都度、選定委員会を設置して行うものとする。選定委員会は、施設所管部において、原則として施設の種類ごとに設置する。

(2)　選定委員会の所掌事項
　選定委員会の所掌事項は、次のとおりとする。
　ア　指定管理者候補者の選定方法及びその報告に関すること。
　イ　選定基準に関すること。
　ウ　募集要項に関すること。
　エ　その他選定委員会が必要と認める事項

(3)　選定委員会の構成
　選定委員会は、副区長、施設所管部及び総務企画部の職員並びに当該業務に関する学識経験を有する者等の外部委員1人以上で構成する。なお、当該選定委員会が選定を行う施設種類の指定管理者となっている法人その他の団体（以下「法人等」という。）又は指定管理者候補者への応募を行おうとしている法人等の役職員を当該選定委員会の構成員とすることはできない。

(4)　選定委員会の審査
　選定委員会においては、選定方法、選定基準の決定及び募集要項の決定を行い、応募のあった法人等から提案書が提出されたときは、速やかに選定委員会を開催し、選定項目及び選定基準に沿って、審査を

行う。

　選定委員会は、審査に当たって必要と認められるときは、提案書を提出した者から提案内容に関して説明を求めるほか、視察、聞き取り等を行う。

(5)　財務諸表等の審査

　提出された書類のうち、法人等の財務等に関する書類については、中小企業診断士等による審査を行うものとする。

(6)　選定基準

　次に掲げる事項を参考として選定基準を設け、施設の規模や特性に応じて審査項目や項目ごとの配点を定める。

　　ア　施設の設置目的の達成
　　イ　区民の公平な利用の確保及び利用促進
　　ウ　施設の適切な維持管理と事業運営（職員配置や職員給与等も含む）
　　エ　施設管理経費の縮減
　　オ　事業計画の内容を安定して遂行できる能力
　　カ　利用者の安全確保
　　キ　過去の事業実績
　　ク　地域との関わり
　　ケ　労働基準法（昭和 22 年法律第 49 号）、最低賃金法（昭和 34 年法律第 137 号）、その他の関係法令の遵守
　　コ　障がい者雇用、環境・エコに関する取組
　　サ　法人等の財務状況
　　シ　その他、選定委員会で必要と認める事項

(7)　指定管理者候補者の決定及び選定結果等の公表

　指定管理者候補者は、選定委員会の合議をもって決定する。

　指定管理者候補者の選定結果及びその経過は、後述の議会の議決を経た後、区ホームページへの掲載により公表するものとする。

公表する事項は、おおむね次のとおりとする。

なお、選定結果等に係る情報公開条例に基づく情報公開請求に対しては、別途その可否を判断するものとする。

ア　選定委員会の開催経過

イ　応募者数

ウ　指定管理者候補者の名称

エ　評価の基準、選定理由及び提案に対する評価等

オ　選定委員会委員（行政内部委員については役職名とし、外部委員は選出区分とする）

3　指定管理者候補者の公募手続

(1)　募集方法

指定管理者候補者の募集は、原則として施設ごとに行う。ただし、サービスの向上、経費の削減、管理運営の一体性等の観点から、複数の施設の管理を同一の指定管理者にまとめて行わせることが適当と認められる場合は、一括して募集することができる。

なお、公募に当たっては、募集要項を作成の上、あらかわ区報及び区ホームページへの掲載などにより広く一般に周知するものとする。

(2)　募集期間等

周知や手続に十分な期間を確保する必要があるため、募集期間はおおむね1か月を目安とする。応募者がいない場合の再公募や緊急を要する場合でも、2週間以上の募集期間を確保するよう努める。

(3)　募集要項

施設所管部において、施設の管理に必要な事項等を記載した募集要項を作成する。要項に記載する主な事項は、次のとおりとする。

ア　施設の概要（名称、所在地、設置目的、規模、内容、事業の目的等）

イ　施設の管理運営と指定管理者募集の基本的な考え方

ウ　指定管理者が行う業務の範囲・業務の実施基準（事業報告書の

作成、審査への対応及び提出資料、評価の受審と業務の改善、業務の委託等）

エ　経理に関する事項

オ　業務において遵守すべき関係法令等

カ　指定管理料（委託料）の上限額及び支払方法

キ　区と指定管理者の責任分担に関する事項（修繕、備品、損害等に関する事項等）

ク　指定期間及び更新可能回数

ケ　応募資格及び事業計画書、その他必要な提出書類

コ　選定に関する事項（選定方法、選定基準、審査項目、選定経過、結果の公表方法等）

サ　自主事業・収益事業の有無及びその提案項目

シ　グループ応募について

ス　その他必要な事項（区が別途委託する業務の有無、利用者アンケートの実施の有無、管理等経費の積算に参考となる資料、収支計画書作成に当たっての留意事項、応募期間、説明会の日時、応募方法、問い合わせ窓口等）

（4）応募資格

　指定管理者候補者への応募資格は、次に掲げる要件のすべてを満たす法人等とする。ただし、施設の管理運営上特に必要と認める場合は、法人等並びに職員の条件、資格等を追加することができる。

ア　地方自治法第 244 条の 2 第 11 項の規定による指定の取消しを受けていないこと。

イ　地方自治法施行令（昭和 22 年政令第 16 号）第 167 条の 4 の規定に該当していないこと。

ウ　荒川区の入札等参加停止措置を受けていない又は入札等参加停止措置要件に該当していないこと。

エ　会社更生法（平成 14 年法律第 154 号）、民事再生法（平成 11 年法律第 225 号）等の規定により更正又は再生手続を行っていないこと。

オ　暴力団（暴力団による不正な行為の防止等に関する法律（平成3年法律第77号）第2条第2号に規定する暴力団をいう。）又はその構成員（暴力団の構成団体の構成員を含む。）若しくは暴力団の構成員でなくなった日から5年を経過しない者の統制の下にないこと。

カ　理事その他の役員に荒川区の議会の議員、区長、特別職並びに地方自治法第180条の5第1項に規定する委員会の委員が就任していないこと。ただし、区が資本金、基本金その他これらに準ずるものの2分の1以上を出資または出捐している法人等を除く。

キ　過去3年間において、法人税、法人事業税、地方消費税、所得税、個人事業税、特別区民税等を滞納していない、又は代表者がこれらの税金を滞納していないこと。

第5　指定管理者の指定に関する事項

　1　指定の議決

　　指定管理者を指定しようとするときは、地方自治法第244条の2第6項に基づき、以下の事項についてあらかじめ議会の議決を経なければならない。

　（1）公の施設の名称

　（2）指定管理者となる法人等の名称及び所在地

　（3）指定の期間

　2　指定管理者の指定及び告示

　　指定管理者の指定は、議会の議決後に行う。

　　また、指定管理者の指定を行ったときは、遅滞なくその旨を告示する。

第6　協定の締結に関する事項

　1　協定書の締結

　　指定管理者に行わせる業務の範囲や指定管理料の額等の細目を定め

るため、指定後、指定管理者との間で協定書を締結するものとする。

　提案協議において選定された場合の協定締結に当たっては、選定に当たっての条件が付されない限り、公募時に提出した提案書に基づいた内容であることを原則とする。また、本部経費等の指定管理料の内訳については、区の指定する公認会計士の助言を踏まえ、協議の上、締結するものとする。

　協定書は、提案内容を元に、原則として、指定期間を通じ必要となる事項を全て定めるものとし、変更があった場合は変更協定書を締結する。

2　協定の内容

　協定の内容は、次に掲げる事項を基本とし、施設所管部において定めるものとする。

- ア　協定の目的
- イ　指定期間
- ウ　管理の基準、業務の範囲、業務の具体的内容
- エ　区民サービスを維持向上するための取組事項
- オ　利用料金に関する事項
- カ　事業計画に関する事項
- キ　業務を行うに当たって保有する個人情報の保護に関する事項
- ク　業務に関わる情報の提供に関する事項
- ケ　経理に関する事項（経費の考え方、収支差額の扱い、利益、本部経費）
- コ　事業報告等に関する事項（区への定期、随時の事業報告（提出資料）、立入調査、指導・改善勧告）
- サ　実績評価・自己評価に関する事項
- シ　指定管理料等に関する事項
- ス　損害賠償及び不可抗力に関する事項
- セ　事故、災害時の報告及び対応並びに災害時の施設利用に関する事項
- ソ　近隣住民への配慮並びに苦情の報告及び対応に関する事項

タ　職員の配置、勤務条件等に関する法令遵守に関する事項

チ　事業の継続が困難になった場合の措置に関する事項

ツ　指定の取消し及び業務の停止に関する事項

テ　指定期間満了時における原状回復義務及び事業の引継ぎに関する事項

ト　指定管理者の損害賠償義務、区と指定管理者との責任分担に関する事項

ナ　業務の引継ぎに関する事項

ニ　指定の取消しに関する事項

ヌ　その他区が必要と認める事項

3　その他

区民雇用、障がい者雇用、区内事業者への発注等に関しては、協定締結時に協議するものとする。

第7　協定締結時において必要な事項

1　委託に係る手続

指定管理者は、清掃、警備等の個々の具体的業務を第三者に委託できるものとする。ただし、管理に係る業務を一括して第三者に委託してはならない。また、第三者からさらに他の事業者に委託することは原則として認めない。

第三者に具体的業務を委託する場合、指定管理者は協定の締結時、施設所管部に対し、委託先の事業者名、事業者の選定方法、委託する業務の内容、委託期間、委託予定額、委託先の実施体制、職員配置状況等を届け出て、承認を得るものとし、年度途中に委託する場合においても同様の手続を行うこととする。但し委託先の事業者は「第4　指定管理者候補者の選定手続に関する事項」の「3　指定管理者候補者の公募手続」の「(4) 応募資格」のうちの「イ」から「オ」までに掲げる要件を満たすものとする。なお、届出書等の様式は、様式1及び2とする。

2　指定期間中の事業計画書

　指定管理者は、協定の締結時に、指定期間中の事業計画書を提出し、区の承認を得るものとする。事業計画書の内容は次に掲げる事項を基本とし、施設所管部と協議のうえ定める。

　なお、事業計画書の内容を変更する場合は、施設所管部と協議を行い、承認を得るものとする。

　　ア　施設管理面

　　イ　区民サービス面

　　ウ　その他、区が施設の管理運営状況等を把握するために必要な事項

3　年度ごとの事業計画書

　指定管理者は、各年度開始前に、当該年度の事業計画書を提出し、施設所管部の承認を得るものとする。事業計画書の内容は次に掲げる事項を基本とし、施設所管部と協議のうえ定める。

　なお、事業計画書の内容を変更する場合は、施設所管部と協議を行い、承認を得るものとする。

　　ア　施設管理面

　　イ　区民サービス面

　　ウ　その他、区が施設の管理運営状況等を把握するために必要な事項

第8　業務開始後において必要な事項

1　施設の管理状況等の把握

　施設の管理状況等を把握するため、次により指定管理者に報告を求めることとする。報告資料に関し、証憑となる資料の整備に努めさせる。なお、必要があると認めるときは、より詳細な事業報告等を求めることとし、指定管理者はこれに応じなければならない。

(1)　事業報告書

①　年度報告

　指定管理者は、指定された期日までに、前年度分の実績報告書等を

提出する。報告等の内容は次に掲げる事項を基本とし、施設所管部に
おいて定める。

   ア　業務の実施状況、施設の利用状況

   イ　利用料金収入の実績や管理経費等の詳細な収支状況

   ウ　職員体制（名簿、有資格者の配置（必要な場合のみ）、ローテー
      ション表、職員の勤務条件）、職員労働環境

   エ　モニタリング、利用者アンケート等の集計結果

   オ　法人等の財務状況

   カ　区からの指摘または指導、改善の指示等があった場合は、それ
      への対応等の経過及び結果

   キ　その他、区が施設の管理運営状況を把握するために必要な事項

② 　半期報告

  指定管理者は、年度の半期（4月〜9月）終了後、半期実績報告等
を提出する。報告等の内容は次に掲げる事項を基本とし、施設所管部
において定める。

   ア　事業実施報告

   イ　職員勤務状況

   ウ　施設点検報告

   エ　区からの指摘または指導、改善の指示等があった場合は、それ
      への対応等の経過及び結果

   オ　その他、区が施設の管理運営状況を把握するために必要な事項

(2) 業務に関する調査等

  施設所管部は、施設の適正な管理を期するため、指定管理者に対し、
必要に応じて業務や経理状況に関する報告を求め、又は実地調査を行
うものとする。

(3) 利用者アンケート

  施設所管部は、利用者の評価を把握するため、利用者アンケート等
の実施を指定管理者に求め、又は自ら実施するものとする。

2　実績評価

　施設所管部は、毎年度、指定管理者の業務等の実績評価を行わなければならない。

(1)　実績評価委員会の設置

　指定管理者の実績評価は、評価の都度、実績評価委員会を設置して行うものとする。実績評価委員会は、施設所管部において、原則として施設の種類ごとに設置する。

(2)　実績評価委員会の所掌事項

　実績評価委員会の所掌事項は、次のとおりとする。

　ア　評価基準に関すること。

　イ　業務の評価に関すること。

　ウ　指定管理者の業務について、施設所管部が行うべき助言や指導等に関すること。

　エ　その他指定管理者の業務に関し、実績評価委員会が必要と認めること。

(3)　実績評価委員会の構成

　実績評価委員会の委員の構成は、原則として選定委員会と同じとする。

(4)　実績評価委員会による評価

　施設所管部は、自ら並びに外部専門家による評価を行う。「会計手続」「労務状況」「経営状況」については、指定期間にそれぞれ一回以上、地方自治法（昭和 22 年法律第 67 号）第 244 条の 2 第 10 項や協定の内容に基づき、専門家による施設への立ち入り検査を実施することとする。

　実績評価委員会は、施設所管部がとりまとめた評価結果をもとに評価を行う。実績評価委員会による評価は、あらかじめ評価項目及び評価基準を定めて行うものとする。評価項目は、次に掲げる事項を参考

とし、施設特性に応じて実績評価委員会において定める。

① 実施項目

ア　サービス評価

（ア）施設の設置目的の達成

（イ）区民サービス

（ウ）施設の適切な維持管理

（エ）施設管理経費の縮減

（オ）利用者意見、苦情、事故等の対応

（カ）利用者の安全確保

（キ）地域との関わり

（ク）環境、エコに関する取組等

イ　会計手続評価

（ア）施設における会計手続の状況

ウ　労務状況評価

（ア）労働環境の状況、障がい者雇用等

エ　経営状況評価

（ア）法人等の財務状況

オ　その他評価委員会で必要と認める事項

② 評価に基づく指示等

　施設所管部は、実績評価の結果等に基づき、指定管理者に対し速やかに業務内容の改善、是正等の必要な措置を講ずるよう指示しなければならない。

③ 結果の公表

　評価結果は、議会に報告の上、区ホームページ等により公表する。

＜実績評価の評価区分と評価の観点＞

評価区分	評価の観点
サービス内容	協定及び提案内容に基づき、適切に業務が実施されていること。
会計手続	適正な会計処理がなされていること。
労務状況	適正な職場環境が保たれていること。
経営状況	適切な経営状況が保たれていること。

＜実績報告資料＞

評価区分	提出資料	提出期限
サービス内容	・実績報告書（提案した内容を実施したことが分かるもの） ・利用者アンケート ・その他協定で定めるもの	・各施設所管部により定めること。
会計手続・経営状況	＜提出資料＞ ■施設決算関係 ・決算書 ・決算書項目の明細書（補助元帳） ・決算書マトリックス表（指定管理者自身の帳簿科目との関連表） ■収入関係 ・収入明細書 ■支出関係 ・人件費明細書（労務状況に関する資料のうち、出勤簿、労働者名簿、賃金台帳、就業規則、給与規定、退職金規定、労働条件通知書（雇用契約書等）） ・管理運営費明細書 ・本部経費明細書及び証憑 ・修繕費明細書 ■法人決算関係 ・法人決算書 ・監査報告書の表紙 ＜保管すべき資料＞ ■収入関係 ・収入明細書に関する証憑 ■支出関係 ・管理運営費明細書の証憑（契約書及び領収書等） ・修繕費明細書の証憑（領収書等）	・各施設所管部により定めること。

労務状況	＜提出資料＞ ■労働基準法関係 ・出勤簿、労働者名簿、賃金台帳 ・就業規則、給与規定、退職金規定 ・その他、就業規則で「別に定める」旨が規定されている規定等（育児・介護休業規定等） ・労働条件通知書（雇用契約書等） ・36協定控（時間外・休日労働に関する協定書） ・賃金控除協定書 ■各種保険関係 ・社会保険届出控 ・雇用保険届控 ・労働保険料申告書控 ・労働保険継続一括関係控 ■その他 ・定期健康診断報告控 ・衛生管理者、産業医の届出控 ・有給休暇管理台帳 ・会社の組織図（作成している場合に限る。）	・各施設所管部により定めること。

3 指定管理施設運営協議会

　区と指定管理者及び指定管理者相互の連携を図るため、指定管理施設運営協議会を設置する。指定管理施設運営協議会は、次の会議を開催する。

（1）全体会議

　すべての指定管理者を対象とした会議を開催する。全体会議の庶務は、総務企画部総務企画課において処理する。

（2）個別会議

　その他必要に応じ、指定管理者と施設所管部において会議を開催する。

4 指定の取消し・業務の停止

　指定管理者が故意に第8の2（4）②の指示に従わない場合、又は公募において示した業務基準を満たしていないと判断される場合、区は指定期間中であってもその指定を取消すことができるものとする。

　また、当該指定管理者が管理を継続することが適当でないと認められる場合は、その指定を取消し、又は期間を定めて業務の全部又は一部の停止を命ずることができるものとする。

5　不服申立て

　指定管理者が行った公の施設を利用する権利に関する処分についての審査請求は、区長に対して行うものとする。

6　監査

　指定管理者の行う公の施設の業務に係る出納関連の事務については、監査委員、包括外部監査人のいずれも監査を行うことができるものである。なお、指定管理者に対する公金の支出や財産の管理・貸付等が違法又は不当であると認められるときは、住民監査請求や住民訴訟の対象となるものである。

7　賠償責任

　指定管理者は、業務の執行に当たって第三者に損害を与えた場合、賠償責任を負うものとする。そのため、指定管理者は、次の保険に加入しなければならない。

　ア　施設賠償責任保険

　イ　第三者賠償保険（自治体賠償責任保険と同程度とする。）

　第4の3（3）による募集要項で定めた責任分担において、区の責任となる事項については、区が賠償責任を負うものとする。

8　個人情報保護

（1）条例に基づく措置

①荒川区個人情報保護条例第12条第2項に基づく措置

　荒川区個人情報保護条例施行規則第8条第1項の規定に基づき、当該施設を所管する課長（以下「所管課長」という。）は、外部委託等協議書によりあらかじめ個人情報保護総括管理者に協議し、その承認を受けなければならない。

②荒川区個人情報保護条例第12条第2項及び第3項に基づく措置

　所管課長は、協定締結において、荒川区個人情報保護条例施行規則第8条第2項に規定する事項を網羅した事項を明記しなければならない。

　所管課長は、外部委託に関する事前一括承認基準（荒川区個人情報保護運営審議会答申第1号）により、当該業務において電子計算組織による処理を行う場合においても、同様の措置をとらなければならない。

③荒川区個人情報保護条例第13条第1項に基づく措置

　所管課長は、第8の8（1）②に基づく事項を網羅した個人情報保護規程を指定管理者に整備させるものとする。

（2）指定管理者の責務

　指定管理者は、荒川区個人情報保護条例第13条に基づき、個人情報の紛失、漏えい、改ざん、破損その他の事故を防止する等、個人情報の適正な管理のために必要な措置を講じなければならない。また、業務に関して知り得た個人情報を漏らし、又は業務を処理する目的以外に使用してはならない。

　指定管理者が管理する区立施設の業務に従事している者又は従事していた者が、業務等に関して知り得た個人の秘密を漏らした場合には、荒川区個人情報保護条例第35条及び第36条に規定する罰則が適用される。

9　公益通報制度

　指定管理者の職員は、荒川区職員等公益通報実施要綱に基づき、区に通報することができるものであり、指定管理者は、その旨を職員に周知しなければならない。

第9　指定期間の満了と引継ぎに関する事項

1　指定期間の満了に伴う手続

　指定期間が満了する際には、改めて指定管理者候補者の選定を行う。

（1）総合的な実績評価

①　実績評価及び今後の方向性

　毎年度、施設所管部で実施する実績評価の結果等を考慮し、施設所管部が今後の方向性（指定管理者の指定期間、選定方法等）を定める。

②　選定準備

　施設所管部による実績評価及び今後の方向性を踏まえ、選定の方針を決定する。

　公募によらず現在の指定管理者に業務を継続させる場合は、事業計画書等の提出を求め、審査の上、指定管理者候補者を決定する。なお、公募によらず現在の指定管理者に継続させることができるのは、原則として、第 3 の 3 に規定する回数とする。ただし、当該施設の様態、事業者の有無など公募が適当でないと認められる場合は、この限りではない。

（2）選定委員会等

　第 4「指定管理者候補者の選定手続に関する事項」に基づき、選定委員会を設置し、指定管理者候補者を選定する。

　なお、公募によらず現在の指定管理者に継続させる場合は、選定委員会に代えて審査委員会を設置し、第 4「指定管理者候補者の選定手続に関する事項」に準じて、現在の指定管理者の実績審査を行うものとする。

2　引継ぎ等

　指定管理者は、期間の満了又は指定の取消しによって指定管理が終了したときは、次のとおり対応するものとする。

（1）次期指定管理者が円滑かつ支障なく施設の業務を遂行できるよう引継ぎ期間を設け、引継ぎを行う。

（2）利用料金の前受金及び指定管理料、光熱水費等の精算を事業報告書の提出に合わせて、5 月末までに行う。

（3）原則として、施設や設備等の状況を指定管理開始時点の原状に回復させる。

委　託　届

平成　　　年　　　月　　　日

荒　川　区　長　　　殿

所在地
名　称
代表者名　　　　　　　　　　　⃝　　　㊞
連絡担当者名

　　下記の施設の指定管理業務について、一部の業務を委託により実施したく、○○○○の管理に関する協定書（以下、「協定書」という。）第●条の規定に基づき、届け出ますので承認願います。

　　なお、委託業者が実施する業務については、協定書第●条第二項の規定に基づき、当社において、一切の責任を持って行います。

指定管理施設名	○○○○○○
指定管理期間	（自）平成○○年　○月　○日 （至）平成○○年　○月　○日
委　託　先	名称 代表者名 所在地及び連絡先
委託期間	（自）平成○○年　○月　○日 （至）平成○○年　○月　○日
委託予定金額	¥　　　　　　　　　　　　　　　　　　　　　－
添付書類	委託業務内容、委託先の実施体制、職員配置状況（必要な場合は有資格者確認）、委託先選定方法が記載されたもの

第3章

財政

自治体財政政策の目指すべきもの

神野直彦（東京大学名誉教授）

1. 社会の構成員の「共同の財布」

「財政」とは明治時代になってからの日本で創り出された言葉である。それは「財政」がパブリック・ファイナンス（public finance）という外来語の翻訳語だからである。現在では日本で創り出された「財政」という言葉が、中国にも逆輸出され、中国でもパブリック・ファイナンスに「財政」という言葉を使用している。

「財政」という言葉が、明治時代になってから外来語の翻訳語として誕生したということは、それまでは財政という現象が存在しなかったことをも意味している。パブリック・ファイナンスの「パブリック」とは「公」を意味する。パブリック・ファイナンスの「ファイナンス」とは「貨幣現象」を意味する。したがって、パブリック・ファイナンスとは「公の貨幣現象」ということなのである。

明治時代以前の徳川家の支配していた江戸時代に、「公の貨幣現象」は存在しない。封建領主は支配のために、貨幣ではなく、年貢米などの実物を調達していたからである。運上金とか冥加金として貨幣を調達したとしても、それは徳川家などの封建領主の「私」のためであり、「公の貨幣現象」ではないからである。

「公」とは「社会の構成員の誰もが排除されない領域」である。

財政が「公の貨幣現象」であるということは、財政が社会の構成員の「共同の財布」であることを意味し、「公共経済（public economy）」とも表現される。敢えて繰り返すと、江戸時代には社会の構成員の「共同の財布」は存在しない。つまり、近代以前の社会には封建領主などの「私的な財布」は存在しても、社会の構成員の「共同の財布」は存在しないのである。

　財政は社会の構成員の「共同の財布」であり、家計や企業という「私的経済」ではなく「公共経済」である。それは財政が、家計や企業という「私的経済」ではなく、「政府の経済」だといいかえてもよい。もちろん、その「政府」は市民革命によって成立する近代社会の民主主義にもとづく政府でなければならないのである。

　民主主義の「民」は「統治される者」を意味し、「主」は「統治する者」を意味する。つまり、民主主義とは「統治される者」が「統治する者」になっていることなのである。したがって、「統治される者」が「統治する者」となっている政府が成立すると、社会の構成員の「共同の財布」が誕生することになる。

　市民革命で「統治される者」が「統治する者」となり、近代社会が成立することは、封建時代には土地に縛りつけられていた人々を、解放することを意味する。それは封建領主が領有していた土地が、「統治される者」によって、私的に所有されることでもある。つまり、近代社会とは私有財産制にもとづく社会なのである。

　土地を領有していた封建時代の統治者は、統治活動をするために、土地から生ずる生産物を納めさせることができた。しかも、土地に縛りつけられていた「統治される者」を、強制的に労働させることによって、統治活動を実施することができた。

　ところが、私有財産制にもとづく近代社会では、土地、労働、資本という生産要素は、私的に所有されている。そのため近代社

会の政府は、土地、労働、資本という生産要素を所有していない。つまり、近代以前の国家は、生産要素を領有する「家産国家」だったのに対して、近代社会の政府は生産要素を所持しない「無産国家」なのである。

そこで「無産国家」となっている近代社会の政府は、土地、労働、資本という生産要素が生み出す所得の一部を、租税として調達することによって、統治活動を実施していくことになる。租税は強制的に調達されるけれども、租税を課税するためには、社会の構成員の合意が必要となる。具体的には社会の構成員の代表たる議会の同意を経て、租税を強制的に調達することになる。

つまり、近代社会における政府は、租税によって統治活動を行う「租税国家」なのであり、社会の構成員の「共同の財布」は、租税を調達することによって運営されていくのである。

2．財政の三つの機能と地方財政

財政は近代市場社会における「政府の経済」である。しかし、その政府は複数主体の政府体系を形成している。つまり、中央政府を頂点として、ピラミッド状を形成する複数の地方自治体から構成されている。もっとも、日本の法律では、地方自治体を「地方公共団体」と規定している。

既に本書で指摘されているとおり、こうした地方自治体は、大きく基礎自治体と広域自治体に分類される。日本でいえば、広域自治体とは都道府県であり、基礎自治体とは市区町村となる。財政はこうした地方自治体による地方財政と、中央政府の国家財政とから構成されることになる。

財政学のテキストを開くと、財政には三つの機能があると必ず説明している。その三つの機能とは、資源配分機能、所得再分配機能、経済安定化機能の三つである。

　資源配分機能とは公共サービスを提供する機能である。ここで
いう公共サービスとは、公共財とも表現され、それは市場経済に
よっては提供できない財・サービスを意味している。市場から購
入可能な財・サービスは、私的財と呼ばれるけれども、公共財は
私的財のように、市場から購入できない財・サービスなのである。

　市場経済では提供することのできない公共財は、非排除性と非
競合性という二つの性格を備えているから、市場経済では提供で
きないと説明されている。非排除性とは対価を支払わない者を、
消費から排除できないという財の性格である。もう一つの非競合
性とは、特定の消費者が消費しても、他の者の消費可能な量が減
少しないという財の性格である。灯台が提供するサービスは、対
価を支払わない者の利用を排除できないし、他の船が利用したか
らといって灯台の便益が減少するわけではないから、公共財だと
いうことになる。

　しかし、排除性や競合性という財の性格は、その財に私的所有
権が設定されているか否かにもとづいていることに注意をしてお
く必要がある。たとえば腕時計が排除性という性格をもつのは、
時計に私的所有権が設定されているから、他者の使用を排除する
にすぎない。私的に所有されている庭園も、政府に寄付され、公
園となれば、非排除性を備えることになる。

　財政の所得再分配機能とは、市場経済が分配する所得を、財政
が再分配する機能である。市場経済が分配する所得を、社会の構
成員が「公正」だと受け入れるとは限らない。もちろん、社会の
構成員が市場による所得分配を「公正」だと受け入れなければ、
社会を統合することは困難となる。そこで社会統合を使命とする
政府は、市場による所得分配を、財政によって再分配して、社会
統合を果していかざるをえなくなるのである。

　市場経済は景気変動を繰り返さざるをえない。もちろん、景気
変動によって失業者が大量に発生すれば、社会統合は困難になる。

そのため財政が、景気変動を安定化させる機能を果さざるをえなくなる。これを財政の経済安定化機能と呼んでいる。

このように財政には三つの機能があるとしても、こうした三つの機能を中央政府の国家財政と、地方自治体の地方財政とでどのように担っていくかが問われなければならないことになる。

資源配分機能についていえば、公共財の便益が防衛のように、すべての国民に及ぶような公共財は、国家財政が提供すべきだが、警察や消防あるいは公園などのように、地方自治体の住民のみに便益をもたらす公共財は、地方財政が提供すべきだということになる。すべての国民に便益が及ぶような公共財は、国家公共財と呼ばれ、地方自治体の住民のみに便益をもたらす公共財は、地方公共財と呼ばれている。したがって、財政の資源分配機能では、国家財政は国家公共財を提供し、地方財政は地方公共財を提供するということになる。

これに対して所得再分配機能と経済安定化機能に関していえば、もっぱら中央政府の任務だと考えられてきた。というのも、中央政府は国境つまり境界を管理する政府なのに対して、地方自治体は境界を管理しない入退自由な政府だからである。

所得再分配機能についていえば、高額所得者へ重い負担を求める累進所得税などと、低所得者への現金給付とを組み合わせなければならない。ところが、入退自由な地方自治体が所得再分配政策を展開しようとして、低所得者への現金給付を手厚くすれば、周辺の地方自治体から低所得者が流入してくることになる。そうなれば、当然のことながら、高額所得者に対する地方税を強化しなければならない。もちろん、入退自由な地方自治体のもとでは、高額所得者に重課すれば、高額所得者は流出してしまうことになる。したがって、境界を管理しない入退自由な地方自治体では、所得再分配機能を担うことができず、財政の所得再分配機能は、もっぱら国家財政が担わざるをえないと考えられたのである。

　経済安定化機能も境界を管理しない入退自由な地方自治体には担うことが困難だと考えられてきた。境界を管理しない地方自治体が景気政策を打てば、その効果は地域社会外へと流出してしまうからである。しかも、金融政策をも担う中央政府に対して、金融政策にアクセスできない地方自治体には景気対策を担い、経済安定化機能を果す能力はないと考えられたのである。

　こうして国家財政は、国家公共財を提供し、所得再分配機能から経済安定化機能まで担うのに対して、地方財政は地方公共財を提供する機能のみを担うと考えられてきた。つまり、地方自治体の財政政策の使命は、狭く限定されてきたのである。

3. 地方財政の使命拡大

　ところが、1980年代から地方分権の潮流が、国際的に形成されてくる。というのも、経済がボーダレス化し、グローバル化し、「国民国家の黄昏」という現象が生じたからである。

　経済がボーダレス化・グローバル化した「国民国家の黄昏」という現象は、中央政府の国境を管理する能力が衰退していくことを意味している。それは中央政府が国境を管理しているが故に可能だった、国家財政による所得再分配機能が、急速に弱まっていくことでもある。

　先進諸国は第二次大戦後、挙って福祉国家を目指した。福祉国家とは「所得再分配国家」ともいってよい。ところが、1973年の石油ショックを契機にして、第二次大戦後の世界経済秩序が崩れ、経済がボーダレス化・グローバル化して、所得再分配国家としての福祉国家は行き詰まっていく。

　こうした福祉国家の行き詰まりに対して、ヨーロッパでは1985年にヨーロッパ地方自治憲章を制定して地方分権を推進していく。それは中央政府の国家財政が担ってきた財政の所得再分

配機能による国民の生活保障が困難になったからである。もちろん、経済のボーダレス化・グローバル化が、財政の所得再分配機能を衰退させたからである。

確かに状況は変った。しかし、ヨーロッパ諸国は福祉や雇用を重視する福祉国家のメリットを生かしながら、経済のボーダレス化・グローバル化に対応できないかを考え、地方分権を推進することにしたのである。

それは福祉国家の中央政府が引き受けてきた、財政の所得再分配機能による国民に対する生活保障責任を、地方財政にも分担させることにしたからである。もちろん、そもそも境界を管理しない地方自治体の地方財政では、現金給付による生活保障は困難である。

ところが、地方財政では現物給付つまりサービス給付による生活保障なら可能である。というよりも、対人社会サービスという現物給付は、多様な地域社会で営まれている人間の生活状態に合わせて提供する必要があるため、中央政府では提供不可能である。

ここで対人社会サービスとは、福祉サービス・医療サービス・教育サービスが中心となる。もちろん、福祉サービスの中心は育児サービスと高齢者福祉サービスである。こうした福祉サービスは家族内の相互援助として担われてきたけれども、家族機能の弱まりとともに地方財政が提供せざるをえなくなったのである。

医療サービスと教育サービスは、教会や寺院などをシンボルとしながら、地域コミュニティの相互扶助で担われてきた。しかし、地域コミュニティの機能の弱まりとともに、地方自治体が担っていくことになる。

ヨーロッパでは地方分権を推進し、地方自治体に権限を移譲し、こうした現物（サービス）給付によって、地方自治体に国民生活を保障させようとした。もちろん、比較的早くから地方財政が担うことになっていた医療サービスや教育サービスに加えて、育児

サービスや高齢者福祉サービスに重点が置かれることになったのである。

　日本でも 1990 年代に第三次行革が「国民生活重視と国営化対応」として、地方分権を打ち出す。こうした地方分権への動きによって 1989 年に「ゴールド・プラン」が、1994 年には「エンゼル・プラン」が作成されていく。それは現金給付による生活保障が、現物（サービス）給付による生活保障へとシフトしていく転機だったのである。

　このようにして現在では、地方財政政策の使命は拡大している。それは地方自治体が現物給付による生活保障を引き受けることになったからである。現物給付のうち基礎自治体は福祉と教育を担い、医療は広域自治体が担うことが一般的である。現在は歴史の曲がり角であり、その曲がり角では、地方財政政策が歴史の方向性を決める決定的役割を果すといってよいのである。

図 1　拡大する地方政府機能

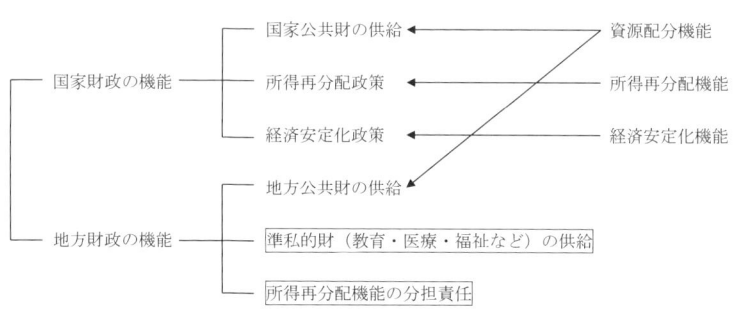

＊　□□□□□　の囲みは付加・拡大される地方財政機能

参考文献

神野直彦（2002）『地域再生の経済学』中央公論新社。

神野直彦（2002）『財政学』有斐閣。

神野直彦（2010）『「分かち合い」の経済学』岩波書店。

神野直彦・小西砂千夫（共著）（2014）『日本の地方財政』有斐閣。

神野直彦（2015）『「人間国家」への改革 参加保障型の福祉社会をつくる』
　NHK 出版。

第2節
自治体財政の仕組みと課題

宮腰肇（荒川区財政担当部長　財政課長事務取扱）

　前節では、我が国において明治時代につくられた「財政」という言葉の由来を、封建時代との比較で鮮明に繙くとともに、財政が担う3つの機能（資源配分機能、所得再配分機能、経済安定化機能）についての本質的な意義や、経済のボーダレス化・グローバル化に伴う国際的な地方分権の潮流が地方財政の使命拡大をもたらす過程を大局的な視点から論じ、「現在は歴史の曲がり角で（中略）地方財政政策が歴史の方向性を決める決定的役割を果す」と結んでいる。

　本節では、今まさに、そうした財政の重要なターニングポイントに当たり、各種制度の再構築が模索される中、一自治体の財政を担当する立場から論じることとしたい。

　自治体財政の仕組みや制度および課題等については、多くの専門家による様々な解説書があるが、ここでは、自治体財政の現場でしばしば話題になるいくつかのテーマについて、基本的な認識を確認するとともに、実務上はどのように捉え、日々の運営に当たっているか、荒川区を例に、触れてみたい。

1．基礎自治体の基本的な財政構造
──制度としての構造と重きを占める依存財源

　我が国の行政システムは、公共サービスの多くを地方自治体（地方政府）が担っているにもかかわらず、国（中央政府）の関

与に加え、十分な税源が確保できていないことにより、地方自治体の自己決定権が制約されている。言い換えれば、地方自治体が自ら調達する地方税が、地域社会のニーズに応じた公共サービスの財政需要に見合っておらず、国からの国庫支出金や地方交付税などによる財政移転を前提とした仕組みとなっている。加えて、基礎自治体（区市町村）にとっては、国のほか、広域自治体（都道府県）による関与や財政移転も組み込まれた仕組みである。

基礎自治体の基本的な財政構造は、財源の多くを国や広域自治体からの財政移転に依存して成り立っている。

こうした制度上の課題は古くから指摘されてきたところだが、国の法制度的な関与については、平成8年以降の数次にわたる地方分権改革により、機関委任事務の廃止や必置規制の見直し等が進められた。また、財政的な関与については、国庫補助金等の削減、地方交付税の見直し、国から地方への税源移譲の3つの改革を一体的に進める、いわゆる「三位一体改革」が平成16年度から18年度にかけて実施された。

「三位一体改革」の評価は様々あるものの、総務省資料[1]で金額の規模をみる限りでは、地方税源の増（3兆円）に対し、国庫補助金等の減（4.7兆円）と地方交付税総額の減（5.1兆円）が大きく、地方の財源が大きく減少する結果となった。

地方分権を強力に推進していく上で、現在も続いている国と地方の税源配分と歳出額の割合のねじれを是正し、公共サービスを地方自治体自らの権限と裁量で執行できるようにいかに再構築していくかという課題は、自治体にとって最も根源的な課題と言える。

表1　国と地方の税源配分と歳出額の割合　　　　　　　（億円・%）

年度	歳出純計額		左の構成比		歳入純計額		左の構成比	
	国	地方	国	地方	国	地方	国	地方
平成16	598,958	899,492	40.0	60.0	481,029	335,388	58.9	41.1
平成17	612,202	894,242	40.6	59.4	522,905	348,044	60.0	40.0
平成18	598,763	879,357	40.5	59.5	541,169	365,062	59.7	40.3
平成19	613,556	878,820	41.1	58.9	526,558	402,668	56.7	43.3
平成20	619,729	855,061	42.0	58.0	458,309	395,585	53.7	46.3
平成21	712,801	948,228	42.9	57.1	402,433	351,830	53.4	46.6
平成22	661,596	939,243	41.3	58.7	437,074	343,163	56.0	44.0
平成23	685,164	962,329	41.6	58.4	451,754	341,714	56.9	43.1
平成24	682,810	954,877	41.7	58.3	470,492	344,608	57.7	42.3
平成25	691,064	966,444	41.7	58.3	512,174	353,743	59.1	40.9
平成26	700,304	978,174	41.7	58.3	578,492	367,855	61.1	38.9
平成27	706,583	976,833	42.0	58.0	599,694	390,986	60.5	39.5

（総務省〔2006 ～ 2017〕『地方財政白書』各年版から執筆者が作成）

2．収入拡大を想定していない法令による収入構造

　自治体の収入のうち、使途が特定されていない、いわゆる一般財源は、地方税法や地方交付税法をはじめとする国の法令で定められている。特に地方税は自治体の自主財源でありながら、例えば、法定の税目について標準税率を超えて課税する際の制限税率が設定されているなど、増収に係る自治体の裁量の余地は狭く、また、自治体が独自に法定外の税目を新設する場合も、総務大臣に申請して同意を得ることが要件となっており、容易に増やせるものではない。

　また、地方交付税制度のもと、地方税は一部を除いてその75%相当が普通交付税を算出する際の基準財政収入額に算入されていることから、普通交付税の交付団体においては、仮にそれら税収が増加しても、増収の75%相当は普通交付税を減ずる方向に作用し、実質的な増収は25%相当にとどまる仕組みとなっている。

　一方、自治体の収入のうち、その使途が決められている、いわゆる特定財源については、国や都道府県から特定の経費に対して

交付される支出金、対価に基づく受益者負担である分担金及び負担金や使用料及び手数料のほか、財産の貸付や運用等によって生じる財産収入、使途を特定した指定寄附金、建設事業等の財源として年度を越えて外部から借り入れる地方債などがある。ここでは、特に受益者負担と地方債について述べたい。

受益者負担

　自治体は、住民福祉の実現のため公共性が高く収益性が見込めない公共サービスを、対価性のない税を財源として提供する役割を担っているが、実際には、収益性を伴う事業を営む場合もあり、自治体の直営による「地方公営企業」のほか、出資（または出捐）団体[2]や民間事業者を活用する場合など、その事業形態は、住民サービスを最適な形で提供する手段として選択する必要がある。

　行政サービスのうち、税のみを財源として充てるサービスには公平性・平等性が強く求められるが、例えば上下水道の利用などのように性質上、利用者の受益に差が生じるサービスや、文化や教養を高めるなど個人ニーズに応じた個別性の強いサービスなどは、応分の受益者負担を設定する方が適当とされる。

　受益者負担には、自治体で行う特定の事業の経費に充てるため、その事業により特別な利益を受ける者から、その受益を限度に徴する分担金や負担金、そして自治体が特定の者のために何らかの便益を与えることにより、その者の受益に対して実費負担的な意味で徴する使用料・手数料がある。ここでは、より普遍性が高いと思われる、公共施設に係る使用料について、荒川区の基本的な考え方を紹介したい。

荒川区における施設使用料についての考え方

　公共施設の使用料については、その施設の使用によって提供さ

れる公共サービスの性質の違いから、実費負担をどの程度の割合
で受益者が負担するかが異なってくる。

　例えば、住民生活にとって必要な基本的サービスであるか、選
択的なサービスであるか、あるいは、広く住民に及ぶサービスで
あるか、民間等と競合するサービスであるか、などといった観点
から、施設サービスを分類した場合、どの分類に属するかで、公
費負担と受益者負担の割合が異なることとなる。

　本区で、平成 7 年度から、施設サービスの性質を、基本的か選
択的か、採算的か非採算的か、という 2 つの軸で 4 つに分類し、
以下のように、各分類ごとに施設使用料の受益者負担率を設定し
ている。

　　基本的・非採算的サービス…0％または 25％
　　基本的・採算的サービス…50％
　　選択的・非採算的サービス…50％
　　選択的・採算的サービス…75％または 100％

　また、現金主義による現行の公会計制度のもとでは、実費負担
とする実費の範囲も、当該施設の管理に要する現金支出額が基本
となるが、本区では平成 7 年度の見直し以前から、非現金支出で
ある減価償却費も含めた取り扱いを行ってきた。

　今般、平成 28 年度から新公会計制度として、日々仕訳による
複式簿記の導入とともに、固定資産台帳の整備が完了したことか
ら、今後は固定資産台帳に基づく減価償却費に置き換えるととも
に、施設の管理コストについても、より精緻な積み上げによるフ
ルコストで捉える観点から、対象とする実費の範囲も適宜見直し
ていく必要があると考えている。

地方債

　地方債は、自治体が財政上必要とする資金を外部から調達し、年度を越えて負担する債務であり、その発行は、建設事業など地方財政法に規定する経費の財源に活用する場合に限られている。また、活用に当たっては、償還費用である公債費の負担に留意が必要なため、その水準が一定以上になると新たな発行に係る手続きが厳格化し、一部が制限される仕組みとなっている。

　地方債に係る国全体の計画は、毎年度、「地方債計画」として定められており、事業区分ごとの公的資金の配分枠などについて、国レベルでの資金統制が行われている。

　自治体からみると、こうした国による統制は、補助事業の裏負担（補助裏）の財源として地方債が国庫補助金等と一体となることで、国の優先する事業に誘導するものであるとの指摘がある。

　また、国が毎年度、「地方財政計画」における地方財政収支の財源不足を埋めるために、一般財源の補完として地方財政対策に盛り込んでいる「臨時財政対策債」は、規模こそ減少傾向にあるものの、本来、当該年度の地方交付税で保障されるべき財源不足を地方債収入で振り替えているものであり、地方債発行額を増大させ、自治体の地方債依存を押し上げているとの指摘がある。そうしたことから、各自治体の財政指標を算出する際は、従来の数値とともに「臨時財政対策債の発行可能額」等を考慮した数値を併記する取り扱いをしている。

荒川区における起債の活用

　公共施設など長期にわたり利用に供する施設の建設費等は、その時点の住民だけでなく、開設後にその施設を利用する住民にも償還を通じて負担を求めることで世代間の負担の公平を図るという観点から、そうした適債事業には積極的に起債を活用している。

　起債は、制度として認められた財源調達手段だが、その償還の

多くを一般財源で行うため、過大になると財政を圧迫することから、公債費負担比率[3]や実質公債費比率[4]等を適正な範囲で活用することが肝要となる。

　活用時点までに積み立てておく必要がある基金とは異なり、起債は活用時点で用意できる財源調達手段だが、前述のように、毎年度の「地方債計画」において、事業（事業債区分）ごとに調達先（資金区分）や規模等が定められており、借入に当たっては、予め総務大臣の同意（実質公債費比率 18％以上になると許可）が必要となる。

　起債には、総務大臣の同意が不要な都道府県貸付金（東京都の場合、東京都区市町村振興基金）もあるが、貸付枠の制約もあるため、あくまで補完的なものとして活用している。

　近年、地方分権の進展や財政投融資改革等の結果、公的資金の縮減・重点化と民間資金の拡大が進んでいる（平成 29 年度地方債計画における公的資金と民間資金との割合は、およそ 4：6 となっている）。

　公的資金は、借入条件等が民間資金よりも有利だが、対象事業が国庫補助事業などに限られ、融資枠も縮小傾向にある。一方、民間資金は、活用できる対象事業の幅が広いが、銀行等引受債等で主流となっている満期一括償還方式で起債するには、満期時の現金償還に備えた減債基金への積立が必要となる。

　荒川区において今後見込まれる公共施設の改築等に際して想定される起債は、公的資金が使える小中学校等を除くと、多くが銀行等引受債などの民間資金になると予想されるため、満期一括償還方式の活用を視野に入れた減債基金（荒川区では、特別区債等管理基金）への積立を、他の基金の積立と併せて行っている。

　なお、平成 29 年度から、公共施設等の適正管理の取り組み等を推進するため、「公共施設等適正管理推進事業債」が創設された。対象事業は、公共施設等総合管理計画に基づいて行われる

「集約化・複合化事業」「長寿命化事業」「転用事業」「除却事業」等で、充当率は90%、元利償還金の30%（集約化・複合化は50%、除却は0%）が地方交付税に算入される。

特別区の場合、地方交付税算入のメリットを享受できないが、対象事業の要件に該当する事業があれば、活用を検討したいと考えている。

3. 地域間の財政調整制度としての地方交付税制度

自治体の間には、財政力と財政需要に差があることから、それらを調整する「財政調整」と、すべての自治体が一定水準の行政サービスを提供できるよう、その財源を保障する「財源保障」の仕組みが必要になる。地方交付税は、国税の一定割合を原資（地方交付税の総額）として、税収が不足する自治体に対しその不足額に応じて交付する制度である。

地方交付税の総額の94%は普通交付税であり、自治体ごとに基準財政需要額から基準財政収入額を引いた不足額によって配分される一方、残り6%は特別交付税として、普通交付税ではカバーできない災害など特別な需要等に対し交付される。

なお、普通交付税を算定する際の基準財政収入額が、基準財政需要額を超える自治体は「不交付団体」と呼ばれて国から富裕視され、一部の国庫補助金等で対象除外や補助率の引き下げなどの財源調整を受けている。

なお、特別区については、地方交付税法において都の特例が定められており、具体的には都の基準財政需要額は、道府県分と23区の存する区域を1つの市とみなした市町村分との合算、基準財政収入額も同様に道府県分と市町村分との合算とする、いわゆる「都区合算規定」がある。都と特別区を1つの団体とみなして都に適用するため、特別区は交付対象団体となっていない。

このため、市町村分が財源不足でも都区合算で財源超過の場合には交付に至らず、都区合算で財源不足額が生じた場合も、普通交付税は都に対して交付され、特別区には直接交付されない。

したがって、特別区に対する財源保障は、地方交付税による都区合算での財源保障に対応した仕組みとして、都と特別区及び特別区相互間の財政調整を行う都区財政調整制度が、その役割を果たすことになる[5]。

4. 政策誘導策としての国庫（都道府県）補助金

国庫支出金は、自治体にとって大きな割合を占める歳入であり、国が考えた政策を全国に行き渡らせ、自治体の行政サービスの水準を引き上げるために、大きな役割を果たしてきた。しかし、近年では、全国一律の補助基準で事業が行われ、自治体の創意工夫が活かせず、事業が画一的であったり、地域の実情とのミスマッチにより無駄が生じたりする。省庁別の縦割りに引きずられて総合的な行財政運営の妨げになるといった可能性や、補助金等の交付の有無や時期などに自治体の政策判断が振り回され、本来あるべき事業の優先順位が歪められるおそれがある、といった指摘がなされてきた。

また、国庫支出金の対象事業の範囲や基準が実態に合わず、単価や規模などに差が生じていることで自治体側に負担を強いている、いわゆる「超過負担」の問題は、依然として解消されていない。

申請等に係る事務負担も大きく、細部にわたる補助条件や煩雑な手続きなどにより、莫大な時間と労力が割かれている状況もあり、これらは、区市町村に対する都道府県支出金についても概ね当てはまる問題と言える。

こうした中、平成10年に「地方分権推進計画」が策定され、

国庫補助金等の整理・合理化は、国庫補助金等を廃止し一般財源化した。存続するものも国の関与を縮小するため、類似又は同一の目的のものを統合し、自治体が複数事業から選択できるようメニュー化した。また、事業箇所や方法等を特定せず対象者数など客観的な基準により交付する交付金化が進められてきた。これにより、申請事務の簡素化や補助目的の範囲内での弾力的な利用が可能になるなどの改善が図られつつある。

　一般財源化には、国庫補助金等に代わって一般財源である地方税や地方交付税を増やすことで、国の関与を縮小し、自治体の自主性や裁量を高めるねらいがある。もっぱら地方交付税の増による対応がなされてきたところであり、地方税を増やす税源移譲については、前述のとおり「三位一体改革」において初めて実施された。

　地方交付税の交付対象となっていない特別区においても、この間の一般財源化に対して、都区財政調整制度における標準区経費等から該当の国庫補助金等を削除するなどの対応が行われてきた。また、税源移譲については、基準財政収入額に反映させるとともに、影響が著しい一部の区については激変緩和措置が講じられた。

新型交付金の創設と対応

　近年では、平成 26 年に成立した、まち・ひと・しごと創生法及び国の総合戦略に伴って策定する地方版の総合戦略の推進のため、平成 26 年度補正予算では「地方創生先行交付金」、翌 27 年度補正予算では「地方創生加速化交付金」、28 年度以降の当初予算では「地方創生推進交付金」というように、相次いで新型の交付金が創設されている。

　これらの交付金は、自治体の自主的・主体的な取り組みを支援するということで、対象事業のしばりが緩やかである。補正予算による前 2 つの交付金については、交付を受ける自治体側も補

正予算で対象事業費を計上することが条件とされたため、希望する自治体側は急きょ年度末の補正予算作業に追われることとなった。各自治体では、補正予算成立後から年度末までの数日間では事実上事業実施が困難なため、歳入歳出予算の補正と併せて、その全額を翌年度に繰り越して執行できるように繰越明許費を設定する内容の補正予算となった。

　荒川区でも急きょ、このような対応を通して、当該交付金の活用を図ることができた。補正予算の編成作業については、国との事前協議による返答を待たずに、ある意味で見切り発車的な判断を余儀なくされた。自治体にとって、本来、次年度に実施する事業を、財源確保を理由に補正予算計上とする以上、仮にその財源が流れれば、補正の理由自体が無くなるというリスクを伴う。本区では、そうしたリスクを踏まえつつ、より積極的かつ機動的に財源獲得を図るべく、補正予算への計上に踏み切ったものである。

5. 自主財源としての基金の確保

　基金は、特定の目的のために設置する基金（特定目的基金）と年度間の財政調整のための基金（財政調整基金）に区分される。特定目的基金は設置目的のため以外には処分することができない。地方財政法は、決算剰余金が発生した場合には、その1／2を下らない額を基金に積み立てる（法定積立）か、地方債の繰上償還に充てることを義務付けている。

基金残高の適正規模の考え方

　財政調整基金は、使途の縛りがなく一般財源として活用できるものであるため、その規模について、経常的な一般財源の大きさである標準財政規模との比較でしばしば論じられる。各自治体の財政構造等によって必要度には違いがあることから、適正規模の

目安は一概に決め難い。

　例えば、自主財源である地方税が少なく、依存財源である地方交付税（特別区では財政調整交付金）で一般財源の多くを賄う財政構造の自治体では、年度間の一般財源の変動に備える財政調整基金の残高は、相対的に高めに確保するように努める。

　一方、特定目的基金については、使途が絞られるため、各基金の設置目的に応じた将来の資金需要を見据えて、目標とする年次や残高を考える必要がある。必要性が希薄な基金の創設や必要額以上の積立は、活用できない資産を生むことになるため避けたいものである。

荒川区における基金の積立の実際

　基金への積立については、決算剰余金を積み立てる場合に限り、歳出予算に積立金を計上することなく、現金を基金に直接編入すること（直接編入）も認められているが、荒川区では、直接編入は行わず、例年、決算が確定した後の9月会議での補正予算に、決算剰余金の処分として積立金を計上することとしている。

　具体的には、平成27年度の決算剰余金から、以下の4基金に積み立てることとしている。1つは、その後の予算編成に係る一般財源として活用できるよう、年度間調整のための基金である財政調整基金に積み立てる。特定目的基金については、今後、特に多額の資金需要が見込まれる小中学校を含む公共施設の改築等への備えとして、義務教育施設整備、公共施設等整備、特別区債等管理（いわゆる減債基金）の3基金に積立を行っている。

　特定目的基金を将来の資金需要に見合う財源として計画的に積み立てるためには、毎年変動する決算剰余金に頼るよりも、当初予算で額を定めて積み立てる方が確実と言える。

　しかし、近年の当初予算では、当年度需要への対応だけで財源が不足し、財政調整基金の取り崩しによって収支均衡を図ってい

るのが実情であり、将来需要に備えた基金積立までは実現に至っていない。

　基金の運用によって生じる利子は、それ自体が特定財源となって基金に積み立てられるが、元本の積立は、寄附金等何らかの特定財源がない限り、全て一般財源で行うこととなる。

　一例をあげるならば、東日本大震災の復興対策として平成 26 年度から 10 年間、特別区民税の均等割に震災復興分が上乗せされた。その際は、特別区税の拡大があることから、増収相当分（5,000 万円／年）を 10 年間、毎年度の当初予算で災害対策基金に積み立てることとした。これは、平成 23 年度から 5 年間の集中対応期間に防災・減債施策を実施し、平成 26 年度以降の増収分でその財源を賄うこととされたことによるものである。一般的には、起債で財源を調達して先に対策を行い、その後の償還を増収分で賄うというスキームが想定されたが、荒川区では、災害対策を用途とする災害対策基金があったので、起債は行わず、この基金を取り崩して対策を実施し、平成 26 年度から平成 35 年度までの 10 年間で増収分を基金に積み戻すスキームとしたものである。

　現時点では、このスキーム以外に当初予算での元本積立はないが、今後も、前述の 3 基金を中心に、当初予算での元本積立が実現できないか検討していきたいと考えている。

6．予算編成における課題

　江戸中期の儒学者で上杉鷹山の師、細井平洲の「入（いる）を量りて出（いずる）を制す」[6]という考え方は、現在にも通じる財政運営の基本である。

　予算編成は、前述のように、自治体の収入が容易に増やせない仕組みの下、まさに限られた財源の中で、最小の費用で最大の効

果が得られるよう、事務事業の精査など歳出の抑制を図り、歳入の枠に収める作業となる。

しかし、現実には、国における制度変更の影響や経済の動向に税収等が左右される構造があることから、「入を量る」と言っても、予測困難な変動がつきものである。

また、「出を制す」方法としては、所管の要求段階から絞り込むシーリング方式をはじめ、枠配分方式や、各所管の主体性をより強めた事業部制など、様々な手法があるものの、それぞれ一長一短があり、その効果にも限界はある。

荒川区では、扶助費など義務的経費を除く経常的な経費について、長年、予算要求時におけるマイナスシーリングやゼロシーリングを実施し、要求額の抑制に努めてきた。年々、削減困難な例外項目が拡大するにつれ、要求額の抑制という点では、その効果は限定的になっている。しかし、財務会計システムにより前年度予算が要求額の初期値として自動的に設定される環境の中、安易な前年同額の要求を認めず、積算内容の見直しや精査を促すという意味でも、継続して実施しているところである。

一方、政策的な経費については、毎年度の行政評価において、事務事業の改善見直しとともに、レベルアップ、新たな事務事業の創設などを検討しており、その際の検討の熟度が、その後の予算編成を左右すると言っても過言ではない。

今後も、さらなる手法の改善や、シーリング方式に代わる新たな手法について検討していきたいと考えている。

7. 求められる公平性と公明性、そのための契約制度と課題
―― 仕様の設定能力、入札制度（安ければ安いほど良いという価値観）

自治体における契約については、契約自由の原則や信義誠実の原則が適用されるほか、地方自治法等によって、いくつかの原則が定められている。契約への参加機会を公平に開かれたものにす

る機会均等の原則、一定期間内の履行確認・支払いを義務付ける正当債権者保護の原則、収入については最高価格、支出については最低価格を提示した者を相手方とする利益確保の原則、契約保証金等による履行確保の原則などである。

　契約の方法は、機会均等、経済性等の観点から、一般競争入札が原則とされ、指名競争入札、随意契約、せり売りによる方法は、政令に定める場合に限定されている。

　一般競争入札には、機会均等の原則に則り、透明性、競争性、公正性、経済性を最も確保できるという長所がある一方、契約事務負担の増嵩や不良・不適格業者の混入の可能性という短所がある。価格のみの競争のため、資力や必要な技術能力等のない者が落札し確実な履行確保に支障が生じるおそれもある。このため、契約の種類・金額に応じ、経営の規模・状況を要件資格に定めることができ、契約の性質や目的から特に必要と認めるときは、所在地、経験・技術的適正の有無など必要な資格を定めた制限付き一般競争入札ができる。

　また、一般競争入札における落札者の決定には、不当な低価入札を防止する低入札価格調査制度、契約内容に適合した履行を確保するための最低制限価格制度、企業の技術的能力や環境への配慮・地域貢献など価格以外の技術的要素を加えて総合的に評価する総合評価競争入札制度があり、それぞれ適用範囲が定められている。

荒川区における取り組み

　荒川区では平成17年に入札制度の見直しを行い、予定価格を聞き出そうとする業者の介入や予定価格の漏洩による不正防止の観点から、それまで事後公表としていた予定価格を事前公表に変更するとともに、入札制度の透明性、公平性、競争性を確保するために、指名競争入札が認められる案件も含め、一般競争入札を

原則とすることとした。

その後も、法令順守と適切な労働環境の確保等についての要請を行いつつ、法令違反が明らかになった場合に契約解除措置や労働者の雇用条件等の調査を行えるよう契約条項を見直すとともに、過度の競争による労働条件の悪化を防止するための最低制限価格の設定などにより、適正な労働環境の確保に努めてきた。さらに、価格と品質のバランス等を確保するための低入札価格調査制度の導入はもとより、価格と技術力の両面から評価し入札者を決定する総合評価方式も積極的に導入するなど、適切な利益と賃金水準の確保に努めてきた。近年はさらに、必要に応じて社会保険労務士による労働環境調査を行うなど、適切な労働環境を喚起するためのチェック体制の強化も図っているところである。

自治体における契約制度の課題

東京都は平成29年3月、予定価格の事後公表、JV結成義務の撤廃、1者入札の中止、低入札価格調査制度の適用範囲の拡大の4点を柱とする入札制度改革の実施方針を発表した。

これは、豊洲市場関連工事の一部が1者入札でかつ予定価格の99.9％で落札したという結果に関し、競争性や公平性を疑問視する問題意識から、弁護士等の専門家を含む都政改革本部のプロジェクトチームで取りまとめたものである。

この実施方針については、建設業界等から、一部の特殊な大型案件から発想しており、中小零細企業を無視した内容との声が聞かれる。公共事業の品質が将来にわたって確保できるよう、業界の担い手確保や人材育成と適正維持を求める、いわゆる担い手3法[7]の理念に反し、この間の各自治体や業界の努力と将来の可能性を無にしてしまうとの批判がなされている。

こうした状況は、自治体における契約制度の多面性を反映するものであり、入札制度を原則としている現行の契約制度の限界と

いったものを露呈している。

　例えば、予定価格の公表一つをとっても、事前公表は、情報公開に資することや職員に対し予定価格を探るなどの不正行為の防止になる等のメリットがある反面、積算能力が不十分な事業者でも、事前公表された予定価格を参考にして受注する可能性があるというデメリットの指摘もある。法令上の制約がないことから、地域の実情に応じて自治体の判断により行われており、荒川区では前述のように平成17年から事前公表を原則としている。

　しかし、予定価格の事前公表については、適正な競争が行われにくくなることや、談合が容易に行われる可能性があることなど、弊害が生じうるとされている。事前公表の適否を十分に検討した上で、弊害が生じた場合は速やかに事前公表を取りやめるなど適切な対応を行うよう、総務省からの要請があるのも事実である。

　透明性、競争性、公正性、経済性、履行品質の確保に加え、各地域の事業者の育成など、様々な要請に対して、各自治体が最適なバランスを模索しながら契約制度を運営しているというのが現状である。

　荒川区はこれまでも、区内業者の育成に配慮しながら、公平公正な入札制度に向けた見直しに取り組んできた。今後も、それらの経過を踏まえつつ、東京都の入札制度の改革など入札制度を取り巻く環境の変化を確実に捉えながら、適切に対応していきたいと考えている。

8. まとめ

　国と地方の税源配分と歳出額の割合のねじれを是正し、公共サービスを地方自治体自らの権限と裁量で執行できるように改めるには、例えば、地方税財源の拡充に向けて、国による制度改正実現へと、粘り強く活動を継続していくことが必要である。しか

し、これまでの制度の変遷を振り返る限り、そうした抜本的な制度改正には、相当に長い時間を要することが容易に想像できる。

　制度改正を求める傍ら、当面の財政運営を着実に行っていくには、現行制度を所与の条件として受け止め、その中でいかに最善を尽くすかが肝要である。

荒川区の財政構造の特徴と財政運営上の課題

　荒川区の財政構造の最大の特徴は、自治体にとって最も基本的な自主財源である区税収入が少なく、一般財源の多くを都区財政調整制度に基づく財政調整交付金[8]という依存財源で確保していることにある。また、自主財源が豊かでないという特徴を背景に、当区では特定財源の確保、とりわけ国や都の補助金など依存財源の獲得に積極的であり、創意工夫に基づく新たな事業等の創設が旺盛なことも、ある意味で特徴と言える。

　自主財源の乏しい荒川区にとって、財政運営上の最大の課題は、やはり自主財源の涵養による財政基盤の強化である。近年、再開発等による人口増などで区税収入は堅調に推移しているが、自主財源比率は未だ23区中で最下位にある。

　自主財源の増強は決して一朝一夕には成遂げられるものではなく、区税よりもはるかに多くの一般財源を財調交付金という依存財源で賄っている状況は容易に変え難い。その上、財調交付金はその原資に法人住民税を含むため、自主財源である個人住民税に比べて経済変動による影響を受けやすく、そうした財調交付金への依存度が高いほど一般財源が不安定になりやすい。

財政運営の基本的スタンス

　自主財源が乏しく、財調交付金への依存度が高い荒川区にとっては、一般財源の変動への備えを確実に行うことが安定的な財政運営の要となる。例えば、リーマンショックの時のように、急激

な景気後退等に伴って財調交付金が大きく落ち込んだ際には、その減少にただ翻弄されるような消極的な財政運営に陥るのではなく、区自らの意思で備えておいた基金を活用して行政水準を維持安定させるなど、どんな事態にも果敢に対応できるような積極的な財政運営を行っていきたいと考えている。

　常に時代の変化を敏感に捉え、その時々の喫緊の課題に迅速かつ的確に対応するよう努めるのはもちろん、常にその先を見据えた中長期的な視点での対応も欠くことのないよう、単年度の収支だけでなく時間軸を含めた、総合的なバランス感覚を持った財政運営が、今後益々必要になってくる。

9. 付論　東京特別区に特有の財源調整
—— 都区財政調整制度

　特別区を含む地域においては、大都市行政の一体性・統一性の確保の観点から事務配分や課税権の特例が存在している。都に留保される市町村事務の存在に対応した都区間の財源配分と、財源が著しく偏在する特別区相互間での行政水準の均衡を図る必要がある。

　都区財政調整制度は、大都市制度としての都区制度の特殊性を踏まえ、地方交付税制度が都区合算で適用されることを前提に、都区間の事務配分や税配分等の特例に対応して、都と特別区及び特別区相互間の財源を調整する制度である。

　制度自体は、昭和 22 年の地方自治法施行による特別区制度の成立とともに誕生し、何度かの改正を経てきた。平成 12 年の都区制度改革において、改めてその意義が確認され、存置されることとなった。

　制度改革においては、特別区の自主性及び自律性を高め、基礎的な地方公共団体にふさわしい財政制度とする見直しが行われた。従来、政令委任されていた事項が地方自治法に規定され、法律上

の財源保障制度として明確に位置づけられた。

　都区財政調整の目的は、都と特別区の間の財源の均衡化と、特別区相互間の財源の均衡化を図り、特別区の行政の自主的かつ計画的な運営を確保することである。その趣旨に従い、都が条例で特別区財政調整交付金を交付する旨が明確化された。

　都区財政調整の財源を、固定資産税、市町村民税法人分及び特別土地保有税の3税（調整三税）とし、そのうち都の条例で定める一定割合を特別区財政調整交付金の総額とすることが規定された。また、特別区がひとしくその行うべき事務を遂行できるよう、都が交付する特別区財政調整交付金の交付基準が規定された。都区間の役割分担に応じた財源配分の原則や、地方交付税制度に準じる財源保障制度の性格も明示された。

　法改正を通じて、調整3税が都と特別区の共有財源で、その一定割合は特別区の固有財源的な性格を有することが明らかになった。また、地方交付税制度にない仕組みとして、財源超過区から超過分を納付させ調整財源に加える納付金制度、算定上財源不足が生じた場合に都の一般会計から一時借り入れる、いわゆる「総額補てん主義」があったが、前者は納付区の課税権を制約するとして、後者は特別区の都に対する依存心を助長するとして、いずれも廃止された[9]。

　以下、都区財政調整制度の概要を整理した。

(1) 都区財政調整の目的[10]

　都は、都と特別区及び特別区相互間の財源の均衡化を図り、並びに特別区の行政の自主的かつ計画的な運営を確保するため、政令の定めるところにより、条例で、特別区財政調整交付金を交付するものとする。

(2) 特別区財政調整交付金の財源及び交付の基準[11]

　前項の特別区財政調整交付金とは、地方税法第5条第2項に

掲げる税のうち同法第 734 条第 1 項及び第 2 項第 3 号の規定により都が課するもの（固定資産税、特別土地保有税及び市町村民税法人分。以下「調整三税」という）の収入額に条例で定める割合を乗じて得た額が基準となる。特別区がひとしくその行うべき事務を遂行することができるように都が交付する交付金である。

(3) 配分割合の変更事由（都区制度改革実施大綱…平成 12 年 3 月 28 日都区協議会決定）

　調整三税の配分割合は、中期的に安定的なものとしている。大規模な税財政制度の改正があった場合、都と特別区の事務配分又は役割分担に大幅な変更があった場合、その他必要があると認められる場合に変更する。

(4) 制度の変遷

　制度の変遷は次の表 2 の通りである。

表 2

項目		平成 11 年度以前	平成 12 ～ 18 年度	平成 19 年度以降
制度の目的・内容の規定のし方		地方自治法で、政令の定めるところにより、条例で必要な措置を講じると抽象的に規定	地方自治法に、調整三税の一定割合を原資とした特別区財政調整交付金の交付により財源保障を講じることを明記	
交付金総額		・調整三税× 44% ・納付金 ・都一般会計からの借入	調整三税× 52%	調整三税× 55%
普通交付金の総額が財源不足額合算額を超えた場合の取扱い		翌年度の普通交付金に加算	超過額を特別交付金に加算 （平成 13 年度再調整から、1%ルール[※1]での運用）	
総額補てん制度[※2]		あり	廃止（不足額に応じて各区の需要を割り落とすように変更）	
納付金制度[※3]		あり	廃止	
交付金の種類・割合	普通交付金	95／100	98／100	95／100
	特別交付金	5／100	2／100	5／100

(5) 毎年度分の交付金の決定方法

毎年度の交付金は、以下のように決定される。

①交付金総額

| 調整三税の収入見込額 | × 55% ± | 前年度以前の調整三税決算額との精算額 |

調整三税の収入見込額は、都の予算額（補正のあった場合は、補正後予算額）。

②各区に交付される普通交付金の算定方法

| 基準財政需要額 − 基準財政収入額 ＝ 財源不足額 ＝ 普通交付金 |

普通交付金は、基準財政需要額が基準財政収入額を超える区に交付される。

③普通交付金の総額と財源不足額合算額とが異なる場合の調整方法

| 普通交付金の総額 ＜ 財源不足額合算額 → 不足額に応じて各区の基準財政需要額を割落[4] |
| 普通交付金の総額 ＞ 財源不足額合算額 → 超過額を特別交付金に加算[5] |

※4 地方自治法施行令第210条の12第2項但し書きにより算定。
※5 運用ルール（平成13年度再調整から）…前頁の※1に同じ。

④普通交付金の総額が引き続き財源不足額合算額と著しく異なることとなる場合

条例で定める割合の変更を行うものとする。（地方自治法施行令第210条の14）

(6) 普通交付金の当初算定と再調整

算定と再調整は以下の通りである。

①当初見込（フレーム）　前年度 12 ～ 2 月

各区各局への調査、物価変動、法令改正等の状況を踏まえ、都の当初予算案の確定、都区協議を経て、財政調整方針、当初見込、財調条例改正案を決定。

②当初算定　8 月

算定期日（4 月 1 日。一部例外あり）における測定単位の数値確認を行い、8 月 15 日までに区別の普通交付金の額を決定する。

③再調整　　12 ～ 2 月

都の最終補正予算の確定、都区協議を経て、必要に応じ普通交付金を再調整する。

(7)　普通交付金の交付時期、交付額

4 ～ 7 月の毎月	前年度の普通交付金の額 × 8 ／ 10 × 1 ／ 12
8 ～ 2 月の毎月	｜当該年度の普通交付金の額 － （4 ～ 7 月の交付額）｜ × 1 ／ 8
3 月	当該年度の普通交付金の額 － （4 ～ 2 月の交付額）

(8) 基本的仕組み（図1参照）

図1

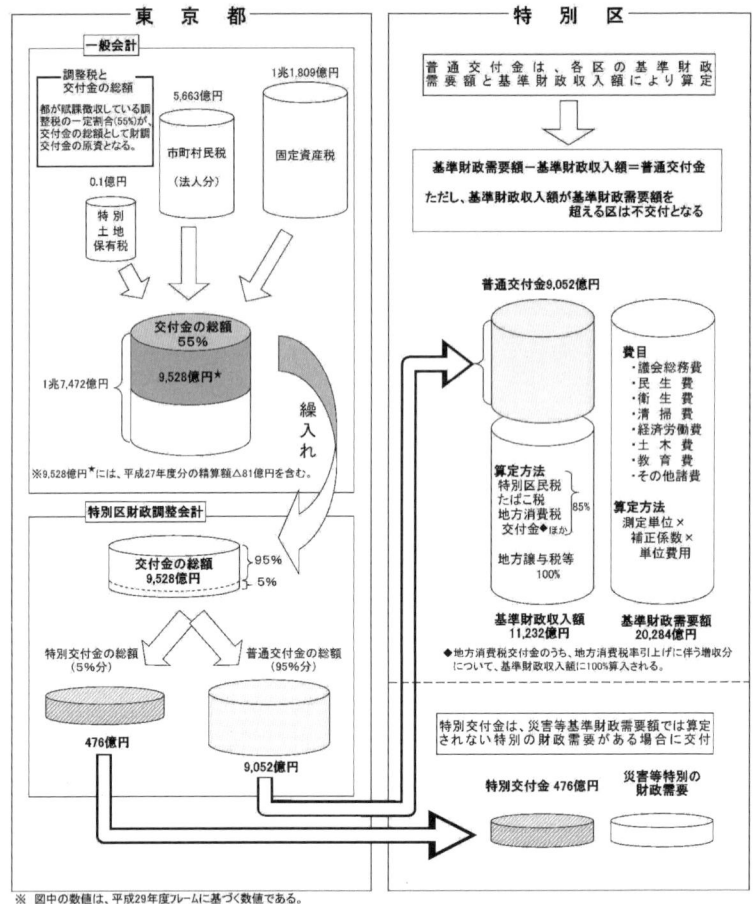

（特別区長会資料）

注記

1　総務省 HP（2009）『三位一体の改革の全体像』。

2　地方独立行政法人、地方公社、第三セクターなどをいう。

3　公債費充当一般財源の一般財源総額に対する割合。

4　起債のほか準元利償還金を含んだ一般財源返済額の標準財政規模等に対する割合。

5　都区財政調整制度の詳細については、「9. 付論　東京特別区に特有の財源調整」で詳説する。

6　細井平洲の『嚶鳴館遺草』にある「財用を用る法を、入を量りて出を制すと申候」。

7　公共工事の品質確保の促進に関する法律、公共工事入札契約適正化法、建設業法。

8　以下「財調交付金」という。

9　消費税率 10%段階（平成 31 年 10 月～）では、平成 28 年度税制改正で創設された法人事業税交付金（特別区分）が、平成 32 年度以降、調整財源に加わる予定。

10　地方自治法第 282 条第 1 項。

11　地方自治法第 282 条第 2 項。

参考文献

肥沼位昌（2007）『キーワードでわかる自治体財政』学陽書房。

特別区職員研修所（2017）『特別区職員ハンドブック 2017』ぎょうせい。

稲沢克祐（2010）『自治体歳入確保の実践方法』学陽書房。

第Ⅲ部
基礎自治体のダイナミズム

第4章

最大幸福の実現

第1節
目標設定と測定

上田望（荒川区管理部職員課長）

　荒川区では、区のドメイン（事業領域）を「区政は区民を幸せにするシステムである」と定めている。また、2007（平成19）年3月に現・基本構想[1]を策定し、概ね20年後に目指すべき将来像として「幸福実感都市あらかわ」を掲げるとともに、分野別に6つの都市像（生涯健康都市、子育て教育都市、産業革新都市、環境先進都市、文化創造都市、安全安心都市）を示し、様々な施策に取り組んでいる。

　2017（平成29）年度に実施した区の行政評価結果[2]では、翌年度に向け、それぞれを「区民の幸福実感の向上」という最上位目標に向かって実施していくこととしている。「幸福実感都市あらかわ」という最上位目標の下に6つの都市像、15の政策、86の施策、981の事務事業がピラミッド式につながっている。

　このように、荒川区では、区民の幸せのために事業を展開させるという、住民に最も身近な基礎自治体としては当たり前のことを、あえて明確に位置付けている。職員一人一人がその思いを胸に刻み、日々住民に接し、職務にあたっている。

1. 行政評価システムの導入と現況

　自治体における評価の取組は、1990年代後半から本格化し、その先駆けは三重県による「事務事業評価システム」と言われて

いる[3]。多くの自治体が財政状況の悪化に直面する中、新たな行革手法として関心を集め、導入する自治体が増え始めた。

　一方、国（中央省庁）においては、首相の諮問機関である行政改革会議が 1997（平成 9）年に提出した最終報告書の提言を受け、2001（平成 13）年に「政策評価制度」が導入された。2002（平成 14）年 4 月に「行政機関が行う政策の評価に関する法律」が施行されて以後、本格的な取組が開始された。

　総務省の調査[4]によると、2016（平成 28）年 10 月 1 日現在、行政評価を導入している自治体は、都道府県で 100％、市・特別区で 84.9％となっている。町村レベルでは、自治体規模の理由等から導入は 38.9％にとどまっているが、全国の市レベルではほとんどの自治体で導入が進んでいることがわかる。

　自治体における評価の対象は、多くの自治体が「事務事業」としている。事務事業とは、自治体が行う行政活動の最も基本的な業務の単位であり、荒川区においては現在 981 本、他の自治体においても都道府県でそれぞれ数千本、区市町村でそれぞれ数百から 2,000 本程度まで存在している。近年では、荒川区のように、事務事業の上位に位置する「施策」やさらにその上位に位置する「政策」についての評価を行う自治体も増えており、政策（基本構想）・施策（基本計画）・事務事業（実施計画）という政策体系に基づいた評価を行う傾向が見られる。

　評価の方法は、業績の測定が中心であり、評価の対象となる政策・施策・事務事業に対して評価指標と業績目標を設定し、それらが達成できたかどうか検証した上で、課題の抽出、改善・見直しの方向性、廃止も含めた今後のあり方等についての検討素材とする自治体が多い。ここでいう評価指標とは、具体的な指標・数値による定量的な評価の指標のことを指す。さらには、評価指標を導入している団体のうち約 6 割が、荒川区でいう区民総幸福度（Gross Arakawa Happiness：GAH）や住民満足度など、事

業実施の成果として数値で定量的に示される成果指標を導入している。

　荒川区では、掲げる6つの都市像の一つに「生涯健康都市」という分野がある。その中に、「生涯健康で生き生きと生活できるまちの実現」と「高齢者や障がい者が安心して暮らせる社会の形成」という2つの政策がぶらさがっている。また、「生涯健康で生き生きと生活できるまちの実現」という政策には9つの施策がぶらさがっていて、そのうち「青壮年期の健康増進」と「健康を支える保険・医療体制の適正な運営」の2つを重点施策に位置付けている[5]。さらには、「青壮年期の健康増進」という施策には16の事務事業がぶらさがっており、例えばそのうちの「がん検診」という事務事業については「重点的に推進」していくとしている。このように自治体の政策体系は、政策・施策・事務事業がピラミッド式になっている。多くの自治体は、政策・施策・事務事業ごとに評価指標を設定している。荒川区においてもこの場合、「生涯健康で生き生きと生活できるまちの実現」という政策では、「健康実感度」などのGAH指標をはじめ、「健康寿命」や「早世の全国比」、「健康状態がよいと感じる人の割合」などを成果指標に設定している。また、その下位に位置する「青壮年期の健康増進」という施策では、「運動の実施度」などのGAH指標や「健康寿命」などを成果指標に設定し、さらには、その下の「がん検診」という事務事業では、「がん検診の受診率」を事業の成果指標として設定している[6]。

２．評価指標の設定

　評価は測定できるものでなければならない。測定することで評価につながっていく。「測定」とは、「はかり定めること」[7]で、「対象の状態を定量的に把握すること」（田中、2014）である。

業績を測定する手段としては、評価指標を用いることが一般的である。行政評価は、客観的かつ公平な評価でなければならない。このため、行政評価を的確に実施し、有効なツールとしていくためには、評価指標の設定が重要になる。行政活動の社会的効果や成果を表す客観的な指標になっているのかという観点から設定する必要がある。

　行政評価を導入している自治体の約 8 割（78.5％）が行政評価の課題として「評価指標の設定」と回答している[8]ことからも、事業担当課にとって評価指標の設定は難問であることがわかる。行政活動の指標化は、行政評価システムにおいて大きな戦略的要素となるが、すべての行政活動を完全に指標化することは技術的にも限界がある。また、一つの評価指標のみでは、評価対象の一面を見ているに過ぎず、いくつかの評価指標を設定することが基本となる。

　評価指標には、インプット指標（選択〔投入〕指標）、アウトプット指標（執行〔活動〕指標）、アウトカム指標（成果指標）の 3 つがある。

　インプット指標は、その行政活動を実施するために利用・投入した行政資源の分量を計測するための指標で、予算額や事業費、従事した人員数、総労働時間数等が代表的なものである。アウトプット指標は、その行政活動自体の分量を計測するための指標で、具体的な活動量や活動実績となる講座や教室の実施回数や参加者数、相談件数などが一般的なものとされている。アウトカム指標は、その行政活動を実施したことによって実現した成果の量または質を計測するための指標で、例えば禁煙講座の修了者のうち禁煙に成功した者の数やその結果の発病率低下などが考えられる。荒川区では、このアウトカム指標に荒川区民総幸福度（GAH）アンケート調査結果や GAH 指標を用いており、例えば健康分野では、「健康実感度」や「運動の実施度」、「健康状態がよいと感

じる区民の割合」などを成果指標としている。

　行政活動の目的を明確にできる指標の設定が理想的だと考える。アウトカム指標は、住民から見た行政活動の効果であり、専門用語をできるだけ使用しないなど、分かりやすい指標の設定に努めていく必要がある。

　より適切で客観的な評価指標を設定するためにロジック・モデルを使って設定する方法がある。ロジック・モデルとは、行政活動をインプット（資源の投入）から結果（アウトプット）を経て、成果（アウトカム）に至る論理的過程で見ていくことで、それらの関係を表やフローチャートの形式で示す場合が多い。京都市では、行政評価を的確に実施していくための「客観指標の設定マニュアル」を公開しており、その中でロジック・モデルを使った指標の設定方法を推奨している。その中で、ロジック・モデルのフローチャート作成時に、①政策（PLAN）、②施策、③事務事業、④活動（Do）、⑤直接の結果（アウトプット）、⑥短期の成果（短期アウトカム）、⑦中期の成果（中期アウトカム）、⑧最終成果（最終アウトカム）と8つのステージごとに検証していくとしている[9]。

　評価指標を設定する際は、こうした論理的過程を踏まえた方法を用いることで、より適切な指標を設定することが可能となる。

3. 荒川区民総幸福度（GAH）指標について

　ここで、荒川区民総幸福度（GAH）指標について説明する。「幸福実感都市あらかわ」の実現を目指す荒川区では、荒川区民総幸福度（GAH）に関する取組を進めている。区民の幸福度を測る指標の測定や分析を通じて、区民の幸福実感上の課題や地域において起きている課題を把握することにより、行政行動のターゲットを明確化し、幸福度向上のための最適な政策・施策・事務

事業を実施していくとしている。

　GAH 指標は、表 1、2 のとおり、46 の項目からなる。指標は、6 つの都市像と関係づけられ「健康・福祉」、「子育て・教育」、「産業」、「環境」、「文化」、「安全・安心」の 6 つの分野ごとに、1 つの上位指標と 6 〜 8 個の下位指標がある。これらを総合する指標として「幸福実感」指標がある。荒川区では、これらの指標を用いて 2013（平成 25）年度から「荒川区民総幸福度（GAH）に関する区民アンケート調査」を実施している。それぞれの指標についての実感を 1（まったく感じない）から 5（大いに感じる）までの 5 段階で回答してもらい、調査結果を行政評価の成果指標として活用している。

表 1　荒川区民総幸福度（GAH）指標の体系

	分野	※上位指標		※下位指標
荒川区民総幸福度（GAH）指標	健康・福祉	健康の実感	体の健康	運動の実施
				健康的な食生活
				体の休息
			心の健康	つながり★※
				自分の役割
				心の安らぎ
			健康環境	医療の充実
				福祉の充実
	子育て・教育※1	子どもの成長の実感	「生きる力」	規則正しい生活習慣
				「生きる力」の習得
			家族関係	親子コミュニケーション
				家族の理解・協力
			子育て教育環境	子育て・教育環境の充実
				地域の子育てへの理解・協力
				望む子育てができる環境の充実
	産業	生活のゆとり	仕事	生活の安定★
				ワーク・ライフ・バランス
				仕事のやりがい
			地域経済	まちの産業
				買い物の利便性
				まちの魅力
	環境	生活環境の充実	利便性・ユニバーサルデザイン	施設のバリアフリー
				心のバリアフリー
				交通利便性
			快適性	まちなみの良さ
				周辺環境の快適さ★
			持続可能性	持続可能性
	文化	充実した余暇・文化活動、地域の人とのふれあいの実感	余暇活動	興味・関心事への取組
				生涯学習環境の充実
			地域文化	地域への愛着
				地域の人との交流の充実
				地域に頼れる人がいる実感
				文化的寛容性
	安全・安心	安全・安心の実感	犯罪	防犯性★
			事故	交通安全性★
				生活安全性★
			災害	個人の備え
				災害時の絆・助け合い
				防災性

幸福実感

※「上位指標」とは、各分野の総合的な実感を把握するための指標を言います。
※「下位指標」とは、各分野のより具体的な実感を把握するための指標を言います。
※★印の指標は、質問文で「孤独を感じますか」「不安を感じますか」「危険を感じますか」など、負の実感を尋ねています。

※1 子育て・教育分野は、18歳未満の子どもがいる方のみを対象とした設問（指標）になります。

表2　荒川区民総幸福度（GAH）指標の質問文一覧

	No.	指　標	質問文
健康・福祉	1	幸福実感	あなたは幸せだと感じますか？
	2	運動の実施	体を動かしたり運動したりすることができていると思いますか？
	3	健康的な食生活	健康的な食生活を送ることができていると感じますか？
	4	体の休息	体を休めることができていると感じますか？
	5	つながり★	孤立や孤独感を感じますか？
	6	自分の役割	家庭や職場、学校、地域などで、自分の役割があると感じますか？
	7	心の安らぎ	心が安らぐ時間を持つことができていると感じますか？
	8	医療の充実	お住まいの地域に、安心してかかることができる医療機関（病院や薬局など）が充実していると感じますか？
	9	福祉の充実	お住まいの地域では、高齢者や障がい者への福祉が充実していると感じますか？
	10	健康の実感	心身ともに健康的な生活を送ることができていると感じますか？
子育て・教育	11	規則正しい生活習慣	お子さんが規則正しい生活習慣を身につけていると思いますか？
	12	「生きる力」の習得	お子さんが、社会で生活していく上で必要な知識や技能、社会性、体力などを身につけていると思いますか？
	13	親子コミュニケーション	親子の間でコミュニケーションがとれていると感じますか？
	14	家族の理解・協力	あなたのご家族には、子育てに関する理解や協力があると感じますか？
	15	子育て・教育環境の充実	お住まいの地域における子育て・教育に関する事業・サービス・施設など（提供しているのが、民間か行政かを問わず）が充実していると思いますか？
	16	地域の子育てへの理解・協力	お住まいの地域に、子育て家庭に対して理解し、協力する雰囲気があると感じますか？
	17	望む子育てができる環境の充実	自分が望む子育てができるような環境があると感じますか？
	18	子どもの成長の実感	お子さんが健やかに成長していると感じますか？
産業	19	生活の安定★	生活を送るために必要な収入を得ていることに不安を感じますか？
	20	ワーク・ライフ・バランス	仕事と生活とのバランスが取れていると感じますか？
	21	仕事のやりがい	仕事に、やりがいや充実感を感じますか？
	22	まちの産業	荒川区の企業（お店や町工場など）は元気で活力があると感じますか？
	23	買い物の利便性	お住まいの地域での買い物が便利だと思いますか？
	24	まちの魅力	荒川区は、区外から人が訪れたくなる魅力のあるまちだと思いますか？
	25	生活のゆとり	経済的な不安がなく、買い物などに不便のない生活を送れていると感じますか？
環境	26	施設のバリアフリー	お住まいの地域の商業施設や公共施設が、バリアフリーの面から、誰もが使いやすいと思いますか？
	27	心のバリアフリー	お住まいの地域には、困っている人を見かけた時に、声を掛けたり協力したりしやすい雰囲気があると感じますか？
	28	交通利便性	お住まいの地域は交通の便が良いと感じますか？
	29	まちなみの良さ	お住まいの地域のまちなみ（景観・緑など）は良いと感じますか？
	30	周辺環境の快適さ★	お住まいの地域で、生活する上での不快さを感じますか？
	31	持続可能性	あなたは、節電やごみの減量など、地球環境に配慮した生活をしていると思いますか？
	32	生活環境の充実	お住まいの地域が、バリアフリーの状況や交通の便、まちなみの良さ、快適さ等の点から総合して暮らしやすい生活環境であると感じますか？
文化	33	興味・関心事への取組	興味・関心のあることに取り組むことができていると感じますか？
	34	生涯学習環境の充実	生涯にわたって学習できる環境が充実していると感じますか？
	35	地域への愛着	荒川区の文化や特色に愛着や誇りを感じますか？
	36	地域の人との交流の充実	お住まいの地域の方と交流することで充実感が得られていると感じますか？
	37	地域に頼れる人がいる実感	お住まいの地域に頼れる人がいると感じますか？
	38	文化的寛容性	お住まいの地域には、文化や言語が自分と異なる人々を理解しようとする雰囲気があると感じますか？
	39	充実した余暇・文化活動、地域の人とのふれあいの実感	充実した余暇・文化活動や地域の方とのふれあいのある生活が送れていると感じますか？
安全・安心	40	防犯性★	お住まいの地域で、犯罪への不安を感じますか？
	41	交通安全性★	お住まいの地域で、自動車や自転車などの交通事故の危険を感じますか？
	42	生活安全性★	家庭や学校・職場などで、転倒、転落、落下物などの危険を感じますか？
	43	個人の備え	災害（地震・火災・風水害）に対する備えを十分にしている安心感がありますか？
	44	災害時の絆・助け合い	災害時に近隣の人と助け合う関係があると感じますか？
	45	防災性	お住まいの地域は災害に強いと感じますか？
	46	安全・安心の実感	お住まいの地域は犯罪や事故、災害などの点から総合して安全だと感じますか？

4．業績目標の設定

　業績測定を行うには、評価指標の設定と並び業績目標を設定する必要がある。業績目標は、評価指標ごとに設定するもので、実績値の水準の基準となる。業績目標の機械的な設定方法は存在し

ないため、設定の際は、目標値の設定根拠が明確かどうか、明確な目標水準が設定されているか、経年変化を把握できるか、合理的な説明が可能か、などの視点で行っていく必要がある。具体的には、国や当該自治体における計画に基づき目標値を設定する、過去と現況の数値から将来目標値を推測する（トレンドによる設定）ほか、財政状況や住民ニーズ、外的要因を踏まえて設定するなどの手法が考えられる。

　目標を設定する際の共通の原則として、人事管理上の業績目標設定等と同様に、「努力すれば」、「頑張れば」現状水準を上回り達成できるという目標を設定することが肝要である。これをストレッチ・ターゲットという。現状の能力に比べて高すぎる水準では、達成する意欲に欠けることになりかねない。努力によって達成可能な水準の目標を設定することで、継続的な成長や向上が期待できる。

　業績目標の設定は非常に難易度が高い。イベントや講座の開催数が何回であるべきか、参加者や受講者のうちどのくらいの割合の人が参加・受講目的に近づけばよいのか、など明確な答えがないものが多い。また、自治体の姿勢として設定せざるを得ないものもある。保育所に入所したくても入所できない「待機児童数」という評価指標を取り上げたい。

　荒川区では、国家戦略特区制度を活用した全国初の都市公園内保育所の整備など様々な手法により、保育定員の拡大を行ってきた。2014（平成 26）年には待機児童数実質ゼロを実現し、日経DUAL と日本経済新聞社における「共働き子育てしやすい街ランキング 2015」で全国第 1 位という評価を得た。しかしながら、その後も共働き家庭の増加や子育て家庭の転入などにより、保育需要が増加し、待機児童が存在する。こうした状況の中、2017（平成 29）年度から 2026 年度までの 10 年間を計画期間とする『荒川区基本計画』において最終年度の目標を「待機児童数 0 人」

とする。また、2017（平成29）年度から2020年度までの4年間を計画期間とする下位計画『荒川区実施計画』においても、「各年度待機児童ゼロを目標」としている。2017（平成29）年度は待機児童数181人と、目標であるゼロを達成することはできなかったが、次年度以降も毎年ゼロを目標に引き続き保育定員の拡大に取り組んでいくこととしている。このように、実際はなかなか達成が困難な状況にあっても、住民に最も身近な基礎自治体である区の姿勢としてあくまでゼロを目指す、それも毎年ゼロを目指し取り組んでいくということを計画上示すことが求められるのである。

5．業務の目的の明確化

　既述したように、行政評価における評価指標や業績目標の設定は複雑かつ困難を伴うものである。しかし、これらの設定はPDCAサイクルを回していく上で欠かせず、業務の目的の明確化が求められる。政策・施策としての目的を明確に示すことにより、目標の設定が容易になる。業務の目的の明確化が基礎自治体をマネジメントする重要な要素になる。

　荒川区は、「区民の幸福実感の向上」を究極の目的としている。自治体の役割は住民の幸せの実現であるということを起点とし、そこからそれぞれの分野にブレイクダウンされていく構造になっている。逆方向から見れば、それぞれの事務事業がそこ（「区民の幸福実感の向上」）に向いているか、またそこに至る中間アウトカムやアウトプットに因果関係はあるか、といった視点で見ていく必要がある。先に述べたロジック・モデルを使い論理的に分析・検証することが有効である。

　評価指標や業績目標は、定量的に把握可能なものが基本になるが、業務の目的は定性的なものでも構わない。「〜の状態にある」、

「～になっている」というような定性的な表現は、成果（アウト
カム）の状態を表す場合や業務の目的を明確化する場合などに多
く使われている。定量的な目標と定性的な目標、経済的な価値と
そうでない（例えば幸福実感向上など）価値、短期的な目標や中
長期的な目標など、行政活動の目的を考える場合は様々な視点、
多角的な視点から見る必要がある。目的の実現に向かう道がはっ
きりと照らされていなければ、間違った方向に進んで行くことに
なりかねない。

注記

1　『荒川区基本構想』（2007、荒川区）。

2　『平成 29 年度　荒川区行政評価結果（平成 28 年度決算版)』（2017、
　荒川区)。

3　本節の記述にあたっては稲沢克祐『増補版　行政評価の導入と活用』
　（2012、イマジン出版)、高寄昇三『自治体の行政評価システム』（1999、
　学陽書房)、田中啓『自治体評価の戦略』（2014、東洋経済新報社）を
　参考にした。

4　総務省『地方公共団体における行政評価の取組状況等に関する調査結
　果』（平成 28 年 10 月 1 日版)。

5　『荒川区基本計画（平成 29 年度から平成 38 年度まで)』（2017、荒川
　区)。

6　『荒川区実施計画（平成 29 年度～平成 32 年度)』（2017、荒川区)、
　『荒川区健康増進計画（平成 29 ～ 33 年度)』（2017、荒川区)。

7　『広辞苑　第六版』。

8　総務省『地方公共団体における行政評価の取組状況等に関する調査結
　果』（平成 28 年 10 月 1 日版)。

9　京都市ホームページより『客観指標の設定マニュアル』（平成 28 年 6 月
　改訂)。

参考文献

稲沢克祐 (2012)『増補版　行政評価の導入と活用』イマジン出版。

高寄昇三（1999）『自治体の行政評価システム』学陽書房。

田中啓（2014）『自治体評価の戦略』東洋経済新報社。

『荒川区基本計画（平成 29 年度から平成 38 年度まで）』（2017、荒川区）。

『荒川区基本構想』（2007、荒川区）。

『荒川区健康増進計画（平成 29 〜 33 年度）』（2017、荒川区）。

『荒川区実施計画（平成 29 年度〜平成 32 年度）』（2017、荒川区）。

『平成 29 年度　荒川区行政評価結果（平成 28 年度決算版）』（2017、荒川区）。

第２節
施策の策定と現実

猪狩廣美（荒川区自治総合研究所所長）

1. 国や広域自治体に依存してきた政策立案

　これまで多くの自治体で実施に移されてきた事務事業を眺めて
みると、その多くは、国や広域自治体が財源的な裏付けとともに
示したひな形に沿った事業が多くを占める。ある意味では、全国
ベースで取り組みが期待される事業を誘導的に進めていこうとす
る国等の意向に応えるもので、必ずしも否定的に評価されるべき
ものではない。

　しかし、自治事務である以上、単なるひな形通りの事業設計に
とどまらず、自らの地域での必要性や、地域特性を前提とした実
施形態など、自ら考え、自らの事業として組み立てていく努力は
必要だと思う。限られた人材と時間の中で、定例的業務をこなし
ながら、事務事業に係る現状把握から企画立案を行っていくのは
容易ではないのも現実であるが、地域住民の期待に応えることを
使命とする自治体として、主体的に機能していこうとするならば、
この企画立案能力は、職員そして組織の能力として、どうしても
涵養していかなければならないものである。

　以下、前節の内容を踏まえたうえで、自治体における施策策定
のプロセスの現状とその課題について具体的に考えていく。

2. 目指そうとする状態の想定（目的・目標の設定）

　各自治体の政策立案過程を見ていると、前述の国主導の取り組み以外では、新規施策の発案が首長の一言に依存していたり、或は議会での質疑に端を発するものに限られていたりすることを間々見かける。勿論、所謂政治家主導型の政策形成は決して否定されるべきではなく、かえって、歓迎、奨励されるべきことでもある。しかし、そのことだけに施策実施の根拠がおかれ、実施方法についても先行自治体の単なる模倣であったりすることがある。それで良いのだろうか。地域・自治体には、それぞれに異なった文化や風土、生活習慣や価値観がある。これら地域住民の現状を前提としない企画は、決して功を奏することは無い。発端や発案が如何にあろうと、それを契機として、原則に沿って施策・事業としての企画立案作業を着実に積み上げながら進めていくことが大切である。

　政策立案担当者は、日頃から、自らの担当職務全体の目的、目標を明確に意識しておくことが重要である。例えば、産業経済振興の担当者であれば、「域内経済活動総量の拡大」であったり、その中の観光振興担当であれば、地域経済を潤す、観光客を中心とした消費者としての「来街者の拡大」などであったりする。様々な地域での出来事や状況などを見つめ、地域の人たちから多くの情報を聞き取っていく。その積み重ねが、施策・事業を企画立案していくうえでの言わば滑走路になるのである。

　この滑走路を走っていると、次第にこの地域にとって、そしてこの地域の人たちにとって、今後どのようになっていくのがより良いことなのか、或はどんなことに困っているのか、などが見えてくる。それが、目指していく、実現していこうとする「あるべき姿」である。

例えば、地域スポーツ振興部門の企画担当者であれば、表現はどうであれ、全ての人が健康で活き活きとした生活を続けていってほしいという価値観、視点で仕事に向き合っているに違いない。そんな視点で地域や住民の生活を見たり聞いたりしていると、様々なスポーツ競技の愛好家団体等の活動が活発な一方で、子育て世代、働き盛り世代の人たちの参加が少ないことに気付いたり、"ふくよか"な人が多いことに気付いたりするかもしれない。そして、少しでも多くの人が適切な運動習慣を身に付けられたら良いのに、と考えるようになった時、目指す姿が描ける状態になっている。

首長から、又は議会から様々な指示や提案が投げかけられたときも、きちんと滑走路を走っていると、その背景にある課題認識や実現しようとしているものが見えるはずである。もし見えにくいのであれば、確認することから始めて良いだろう。

目指す姿は、到達イメージである。大切なことは、可能であれば定量的に、そうでない場合は定性的であっても、到達したか否かが判断できるような到達イメージを描くことである。そして、様々な努力によって実現可能であることが大切である。この条件にあてはまるよう自分自身で考え、組織として議論をしてまとめていってほしいと思う。

そしてもう一つ、何時を到達時点として想定するのかも重要である。いずれは実現できるだろう、では施策・事業の目標ではない。時間的な意図を明確に持つことが大切である。更に、ステップを設定するとすれば、ステップごとの到達イメージ、或は時点ごとの実現ボリュウムを定めることになる。

3. 現状把握と理想とのギャップ認識

目指すものをはっきりさせることができたら、次は設定した目

標を実現するという視点から、現状をつぶさに把握する。目指すべき姿と対比的に、対象となる事象を客観的に観察、調査することで、現状は見えてくる。

　前述の地域スポーツ振興を例に考えてみよう。「一人ひとりの住民にはそれぞれ事情があるのだろうが、少しでも多くの人が適切な運動習慣を身に付けられたら良いのに」との思いから、「全ての住民がそれぞれの状況の中で、それぞれに見合った適切な運動習慣が身に付いている状態」が理想の状態なのだと設定して良さそうである。しかし、これでは抽象的に過ぎるので、ブレイクダウンしていく必要がある。例えば、「全ての住民」と言ってもひとくくりに捉えることはできない。少なくとも、発想のきっかけになった子育て世代、働き盛り世代だけでなく、比較する意味からも、子ども、若者、壮年、熟年（定年後世代）、高齢者には分けておきたい。「それぞれの状況」についても、身体的状況、時間的状況、経済的状況、家族環境等には目を配っておきたい。そして目指していく「運動習慣」は、例えば１週間を単位にして反復して一定量の運動を行うこと、程度の定義をしたうえで、進めて行こう。

　現状把握は自身の手と足で調査するのが最も確かだろうが、現実的でないかもしれない。アンケート調査の実施や既存の世論調査から現状が把握できるかもしれない。地域の実情そのものではないかもしれないが、国の生活実態調査や各種統計、シンクタンクなどの研究調査から推定することもできるかもしれない。運動習慣が身に付いていない世代はどの世代なのか、或はどのライフステージにある人たちなのか。運動に対する意識はどうだろう、意識と行動は結び付いているのか、等々できるだけ客観的に運動習慣等の実情を把握することである。これによって、あるべき姿と現実とのギャップが明らかになってくるのである。

4. ギャップを最小にし得る方策の模索が政策プランニング

　ギャップを捉えられたら、次に①なぜそのギャップが生じているのか、原因を探っていく。そして、②たくさん考えられる原因の中で主要なものは何かを考える。どの原因であれば解決可能か、どれが最も効果的か、と検討を進めて行く。次にセレクトした原因をターゲットにして、③幾つもの解決方策を考え、その中から④より効果的で実現可能なものを選んで⑤実行計画を作っていく。これらの一連の工程が施策・事業のプランニングプロセスである。「そんなに回りくどいのか」と思う人も、「そんなこと頭の中で一瞬のうちに整理がつくものだ」と思う人もいるかもしれない。いずれの感想も正しいのだとは思うが、この際、これらのステップを一つひとつ実際にやってみることをお勧めする。思いもよらない発見があるはずである。

　以下、各プロセスを具体的にトレースしてみよう。

(1) ギャップの原因探し

　ギャップの原因といわれても、これだと言えるような原因がそう簡単に見つかるとは思えない。現実は単純ではないからだ。先人たちは様々な工夫をしてそれを見つけ出そうとしてきた。多くの手法が提案され、現実に活用されているが、ここでは、3つのオーソドックスな手法の概要を紹介する[1]。

　第一に、発想を広げていく手法としてのブレーンストーミング（BS法）があげられる。BS法は米国の広告会社の副社長だったアレックス・オズボーン氏が創始したとされる手法で、会議形式で発想を膨らませていくものである。具体的には、複数のメンバー（10名以内が適当とされている）が、具体的なテーマにつ

いてアイデアを出し合っていく。その際のルールは4つ。「批判厳禁」「自由奔放」「質より量」「結合（便乗・連想）改善」である。他の人の意見は決して批判せず、自由に発想して、内容よりも数で勝負、他の意見に触発されたり、連想ゲームのようにつなげていくのも大歓迎。そうすることで、発想を広げていこうとする手法である。原因を探していくとき、まずはこの手法で頭を柔軟にして、発想を広げて、可能性を追求していくことは、大変効果的である。

　BS法は複数人で取り組む手法とされているが、筆者の経験からすると一人であっても有効だと感じている。頭の中だけでやろうとしても上手くいかないが、書き出してみると意外と発想は広がっていくものである。自由に発想しようとか、連想してみようなどと、矢印等を使って、連想を引き出してみたり、意識的に膨らませていくことはできる。是非試してみてほしい。

　第二に、発想を収斂していく手法として、KJ法がある。これは、文化人類学者の川喜田二郎氏（東京工業大学名誉教授）が考案した、たくさんの情報を収斂していく手法で、氏の頭文字をとって命名された。具体的には、BS法等で集められた発想を1件につき1枚のカード（付箋なども適している）に記入していき（発想する時からカードに記入しておくのが効率的）、類似したもの同士、或は上位概念でまとめることが可能なもの同士をグループ化・統合化して、タイトルを付けていく。これらを一つのチャートに作図していくと、発想の全体が構造化して見えてくる。

　三番目として、なぜそうなるのだろう、更にその原因はと、なぜを繰り返して、原因を掘り下げていく手法、特性要因図を紹介する。これは、QCサークル活動の生みの親と言われる石川馨氏（東京大学名誉教授）が考案したと言われ、川崎製鉄葺合工場での活用成果によって知られるようになった。フィッシュボーン・チャート（魚の骨図）とも呼ばれている。因果性を念頭に置きな

がら、なぜなぜとひたすら原因をブレイクダウンしていく手法で、具体的な課題解決を目指す場合に適している。

　具体的には、背骨にあたる大骨の先頭に、原因を追究していくテーマ（特性）を設定し、大骨の矢印はこのテーマに向けておく。このテーマを、例えば、「窓口での客待ち時間が短くならない」のように「理想の状態になっていない」と否定的に表現しておくと原因のブレイクダウンがしやすいと言われている。ブレイクダウンが狙いであるから、可能な限り具体的なテーマ設定が好ましいのは言うまでもない。次に、大骨に向けて中骨を描く。テーマの原因と考えられる事象群である。前述の KJ 法で発想された原因をグループ化したタイトルをこの中骨にするのも良い方法である。あるいは、「人」「もの」「金」「情報」など一般的な活動資源に分けるのも一つの方法である。次に、中骨の原因と位置付けられる事象を小骨として中骨に向かわせる。その小骨の原因と位置付けられる事象を細骨として小骨に向かわせる。このようになぜなぜを繰り返して、これ以上細かくはならないと思われるところまで積み上げていくのである。中骨には幾つもの小骨が向かい、小骨には幾つもの細骨が向かう。細かくなればなるほど、対応すべき具体策が発想しやすくなる。こうやってフィッシュボーンが出来上がると、ギャップを発生させている要因の体系化が出来上がる。

図1　特性要因図の例

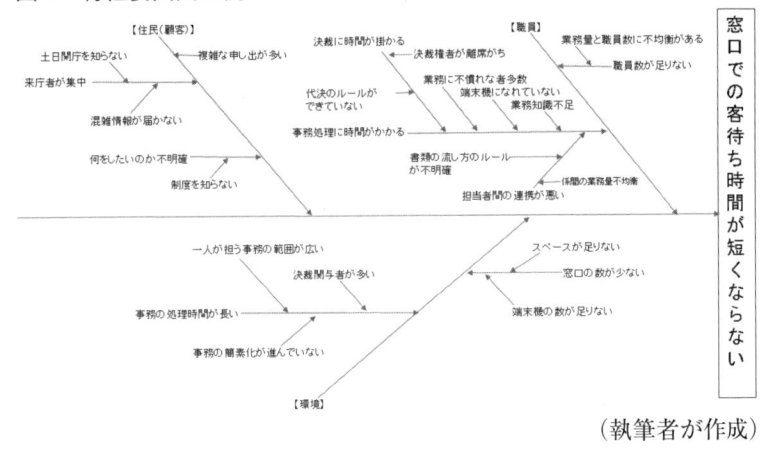

（執筆者が作成）

(2) 主要な原因の抽出

　フィッシュボーンの最末端に記述されている原因がテーマの原因群なので、次の作業として、この中から主要なものを抽出する。

　抽出に際しては、ギャップを生じさせている要因として何が重要だろうかという視点からの重要性、ギャップを生んでいることにどれだけの影響を与えているだろうかという影響度、ギャップが生じている対象者のなかで最も関係者数の多いのはどれだろうかなど、幾つかの視点から考えてみると良い。選んだものには、○印などを付けておく。

　次に、○を付けた原因一つひとつについて、その原因を自治体の努力で解決できることか否かを検討する。例えば、天候などの自然現象や、法律による義務付けなど、自らの努力では解決できない、或は困難なものに付けた丸を斜線等で消していく[2]。

　そして、それぞれの原因がなくなることでどの程度の改善が見込めるかを検討する。

　ここまで考えてくると、主な原因とそのプライオリティが見えてくるので、順番を付けてみる。勿論、厳格である必要はない。同順位があっても差し支えない。

(3) 解決策の立案

　抽出した主な原因をどうしたら克服できるかを考えるのが解決策の立案である。一つの解決策ですべての原因を解消できるのがベストかも知れないが、欲張ると無理が生じる。まずは、プライオリティが最も高いと位置付けた原因に集中して考えるのが良いと思う。解決策を考える道のりは決して一つではない。幾つもあり、従って解決策も幾つもある。思いつく限りイメージを膨らませ、リストアップしていくことが良いアイデアを導く早道だ。

(4) 解決策の選択

　採用する解決策には必須の条件がある。それは、解決しようとする原因にたいしてどれほど有効であろうとも、他の課題やその原因を拡大・増幅するものであってはならないということ。いわば当然のことだが、現実に検討を進めていると、間々陥ってしまう罠のようなもので、気が付かないことがある。是非意識的に考えるようにして欲しい。

　さて、解決策選択の視点についてである。如何に効果的、効率的に、或は確実に目的を実現できるか、が重要である。即ち、有効性は課題解決の広がりの大きさや解決度合いの深さなどから考えてみる。効率性は、解決までに要する時間、掛かるコストや従事する人員数や業務負担から判断する。もし、テーマが完全な解消を必要とするような場合には、対策として確実に目的を達しうるものであるか、という視点も必要になるだろう。これらの視点から、総合的に判断して、解決策として採用するものを決めていくことになる。

(5) 事業計画の作成

　実行に移していくべき解決策が決まったら、これを実現する準備にかかる。これまでの検討の中で、イメージとしてはほぼ出来

上がっているだろうが、いざ実行となると詰めていかなければならないことが沢山出てくるものである。確認の意味を含めて、事業計画作成のプロセスを辿ってみる。

- まずは、「事業の目的」をはっきりと明文化しておくこと。担当者がいつまでも替わらないということは無いと考えて、明確な文章で示しておくことが大切である。
- その際に、「到達目標・到達すべき状況」とそれを「いつまでに実現するのか」を併せて示しておくことが重要である。
- 次に事業の中心的な「対象者」を明確にすること。ターゲットの明確化である。行政である以上、排他的な設定の仕方は好ましくないであろう。事業推進者として、主にどのような人にサービスを受けてもらいたいかをはっきりさせようという意味である。
- これらを前提として、「どのようなサービスを」、「誰が」、「周知・PR」を含めて「どうやって供給するのか」、そのための準備開始から実行までを、工程表のようにまとめる。

　以上の作業を通して、必要な人員と所要経費等が明らかになり、はじめて事業計画を作成することができる。現場の職員の間では、「予算が確保できてから詳細を詰めればよい」という声をよく耳にするが、実現可能で効果的な事業実施が担保できなければ、新規事業の予算を確保することはできないと心得るべきである。財政担当者ときちんと議論できる計画の作成が、事業実施の前提になる。

　そして忘れてならないのは、この段階で、成果の適切な検証方法を想定しておくことである。成果測定の重要性は前節で述べているので、ここでは繰り返さないが、事業計画の段階で検証方法を定めておかないと、事後の検証は困難を極めることになる。

　なお、予算編成についてのみ触れたが、他に行政計画への掲載や場合によっては議会との調整などが必要になることも想定して

おきたい。

5. PDCA　マネジメントサイクルのオペレーション

　本節で述べてきたことをマネジメントサイクル PDCA に当て
はめると、ここまでがプランニング（P）の内容である。

　プランニングが完成すると、いよいよ実施段階（D）へと駒を
進める。

　実施段階で気を配るべきは、事業実施自体が目的にならないよ
うにすることである。事業が継続され、担当者も代替わりしてい
くなかで、常に目的と目標、そして目指すべき成果を意識し、こ
れらを反芻していくことが重要である。

　特にマネジャーにとっては、意識的に繰り返し関係者・関係部
署に提示することが求められる、事業の実施マネジメントのポイ
ントでもある。可能であれば、より効果的な方法の模索や、執行
方法の工夫を促し、イノベーションの楽しさ、達成感を味わわせ
るような指導・誘導ができれば、人材の育成にも繋がり、組織マ
ネジメントの成果にも繋がっていく。

　チェック（C：評価・検証）については本章第 4 節を参照して
欲しい。

　アクション（A）は、これまでの P - D - C を踏まえて、次
のサイクルに向かう大切なブリッジである。アクションプランニ
ングの段階で意識し大切にすべきことは、より高い成果を目指し
た新たなプランへのイノベーション（見直し）の機会であるとい
うだけでなく、担い手である人材の育成機会でもあるということ
である。

　事業の見直し、アクションプランの作成は、当初の机上のプラ
ンニングと異なり、現実という大きな要素を加味して、短い時間
で高い密度で進めることになる。職員としてこれに携わるという

ことは、自らの職務姿勢や業務能力、対象者（顧客）との接し方など、更にはその集大成としての職務成果等に直接向き合うことであり、これほどの成長機会は他にはないといっても良い。マネジャーとしては、この機会にどれだけの成長を引き出せるか、職員とともに試される機会でもある。本人の能力向上と組織としての能力向上のチャンスとしてこのアクションプラン作りを有効に活用して欲しい。

注記

1　以下本節の本文作成にあたり、高橋誠（1999）pp.67-72、pp.117-121、pp.129-131、及び、特別区職員研修所（2017）pp.540-542 を参照した。

2　外部への働きかけにより進展可能なものの場合、扱いは異なる可能性があるが、ここでは、それについては扱わない。

参考文献

高橋誠（1999）『問題解決手法の知識』日経文庫 341、日本経済新聞出版社。

特別区職員研修所編（2017）『特別区職員ハンドブック 2017』ぎょうせい。

第3節
施策遂行への住民参加

猪狩廣美（荒川区自治総合研究所所長）

1. 基礎自治体にとって地域住民は顧客であり 出資者（オーナー）

　地方自治が憲法に定められ、日本に現代的地方自治制度ができて約70年。この間、地方制度改革が少しずつ進められ、いわゆる自治権の拡充が図られてきた。

　日本の地方公共団体は、明治憲法下において国の統治機構の一部と位置づけられたのとは異なり、地域住民のための自治機関である。

　自治とは、「自らのことは自ら決め、自ら行動して、その責任・負担は自らが負う」ことである。これをグループ・地域の次元では、「自分たちのことは自分たちで決め、自分たちで行動して、その責任と負担は自分たちが負う」ということになる。地方自治とは、それぞれの地域の住民がその地域で自治の機能を発揮することであり、そのための制度とその制度を活かす実態とが、共に整って初めて実現すると言える。地方自治体は、地方自治を機能させるための自治の機関であり、住民と一体となって地方自治を担っていく存在である。

　さて、地方自治の当事者である自治体と住民との関係に視点を移す。

　住民は、税という負担を前提に自治体に対して様々な期待を寄せる。自治体は、その期待に応えようとサービスを提供する。そ

して住民がそのサービスを受け取って満足する。不満の場合には、新たな期待が自治体に寄せられることになる。自治体がサービスの供給者である一方、住民は、あたかも自治体にサービスを提供させる出資者（オーナー）のようなものであり、同時にサービスを受け取る顧客でもある。

２．基礎自治体の事業は全てが住民参加

　意思形成に参加するという意味での住民参加については、第2章第3節で述べてきた。例えば、法定されている選挙権や住民請求などの参政権、そして課題解決に向けての参加である。後者は、地域住民が、自治体の主体的構成員としての役割を担い、その能力を高めていくための取り組みに見られる参加である。以下では、自治体が供給するサービスのあり方や実態に着目して、住民参加を考えてみる。

　まずは、サービスの受け手である一人ひとりの住民とサービス供給主体としての自治体との関係をとりあげる。

　自治体が供給するサービスは、自助、共助で実現できないことを公助として提供するものである。

　住民から寄せられる期待が、顕在的であると潜在的であるとを問わず、認知した住民の期待に応えようとするところから自治体の仕事は始まり、住民がサービスを受け取って満足する（期待に応える）ことで完結する。構成員である住民がサービスを受け取らないと自治体の仕事は完成・完結しない。従って、住民は当事者なのである。

　資金提供者が提供する資産を元手に、利益獲得を目指して、その仕組みを作り、事業展開して、顧客を作り、利潤を手にする、このことによって完結をみる民間の企業活動とは根本的に異なる[1]。

　民間事業の場合は、提供するサービス（製品）を買ってくれる

のは誰でも良い。「誰が」ではなく「買ってくれる」ことが重要なのである。しかし、自治体の場合は、「住民」の期待が実現することが大切である。住民がサービスを受け取り満足して初めて完結する。住民以外へのサービスの提供について論ずることはしないが、住民の参加とサービスの享受なくして自治体の事業は成立しない。

3. 新たな公共サービスの供給形態の展開 ― 住民参加

　自治体サービスの基本的な構造は、「住民の税負担とサービス供給の期待から始まって、これに応えようとする自治体によるサービスの提供が行われ、このサービスを住民が受領し満足することで完結する」と表現できる。

　しかし近年は、核家族化や少子化、高齢化、情報化社会への急速な変化など、社会経済状況の変化に伴って、生活様式や価値観等の多様化が進展し、自治体サービスへの期待は、量的にも質的にも拡大の一途をたどっている。従来のように、画一的サービスを一律に提供する言わば少品種大量型の供給体制だけでは対応しきれなくなってきている。少量多品種のサービス提供が必要になってきている。

　期待の拡大は、サービス供給者である自治体の供給能力の量的・質的な不足を顕在化させている。更に、小規模化した多数のサービス受領対象者グループへの対応要請がそれに拍車をかけている。

　直面する供給力不足に、自治体はただ困惑している訳ではない。現行制度の限界は前提としつつも、職員による直接執行という従来型のサービス供給手法を超えて、新たな手法によるサービス供給への模索が積み重ねられている。

　その大きな柱の一つが、施策遂行への住民参加である。

例えば、都市で公園や公共施設の定期清掃を地域の住民に委託して実施する取り組みを挙げることができる。荒川区では、路面電車（都電荒川線）の沿道に植えた 15,000 本のバラや区内各地に設置した街中花壇への水やりなどの管理を住民有志のグループに依頼している。また、高齢者の転倒予防のために考案した「荒川ころばん体操」の実施会場の運営・指導は地域住民に担われている。その実現のためには、仕組み作りが欠かせない。指導員養成講座を開催して指導員としての資格を設け、継続的なフォローミーティングで円滑な運営を図っている。現在区内には 26 か所のころばん体操会場があり、毎日どこかでころばん体操が行われている。会場の設営・管理、指導も区民、参加者も区民である。そしてこの転倒予防の取り組みが、荒川区民の寝たきり防止に、介護予防に大きく寄与し、健康寿命を延ばしたいという区民の期待の実現に大きく寄与している。区民の参加なくして実現しなかった取り組みである。

　一方で、必ずしも自治体からの依頼に基づかない自主的な活動が、自治体サービスの実質的な代替になっているものもある。例えば、各種スポーツ団体の活動は、青少年の健全育成や青壮年世代の運動習慣の拡大に寄与しているし、文化団体等の取り組み等は地域の文化の向上に寄与している。これらの取り組みの前提は、みなそれぞれの団体の自主性・自立性である。自治体による直接執行に比べれば、その普遍性や寛容性に課題が無いとは言えないが、その課題を克服していくのが自治体の役割だと整理すれば、全体として住民の期待に応える取り組みとなる。全体を自治体のサービス供給能力を補う仕組みとして捉えたうえで、縛るのではなく、全体を上手にマネジメントすることが重要である。

　次に、自治体サービスの受領対象者が少数である場合について考えてみる。

　かつては、一般に対象となる住民が少ないものについては優先

順位が低く、どうしても後回しにされてきた。しかし、前述の通り、多様化・複雑化が進む現在、ルールに従った一律なサービスでは満足に至らず、きめ細やかな対応、場合によっては臨機応変な対応が求められるのも少なくない。自治体は自ら対応に取り組もうとしている。例えば、荒川区の子育て支援の一環として、母子手帳の交付から始まる、妊婦定期健診14回分の費用助成等の一連の取り組みが挙げられる。更に胎児の順調な発育と新生児の健全な発育、そして母親の適切な心身の回復をフォローする保健師等による妊産婦の全数訪問と相談。これらの取り組みの中で、将来の児童虐待等の萌芽を発見し未然に摘み取っておこうとする、保健所と子ども家庭支援センターの連携フォローチームの取り組み等は、まさにケースに応じた臨機応変な対応である。

　しかし、これらの取り組みにも限界がある。この限界を住民有志が補完してくれる取り組みが始まっている。例えば、荒川区には、何らかの理由で、自分の居場所を見つけられずにいる地域の子供たちに、居場所を提供しようという活動がある。具体的には、有志の一人が家を開放し、別の有志が食事を作り、また別の有志は学校の宿題の面倒をみ、別の有志は子供の相談相手、遊び相手になる、そんな『子供の居場所』活動が始まっている。最近マスコミでも報道され全国で同種の取り組みが広がってきた『子ども食堂』の取り組みの原点である。これらは、言うまでもなく、地域の住民が地域の子供たちのために取り組む公共サービスの提供である。自治体の役割は、これらの活動を見守り、求めに応じた支援を行うことである。一律のサービスの提供を得意とし、個別の案件にも応じようとするが十分な能力をなかなか持ち得ない自治体と、個別の対応を得意とする住民とが、それぞれの強みを出し合い、弱みを補完しながら、住民のためのサービス提供を実現する仕組みが大切である。

　自治体と住民が協力しサービスを供給する例は、変化を求めら

れる自治体サービスの一つの新しい供給形態である。いかなるコラボレーションが可能なのか、そこにおける自治体の本来の役割とは何なのか、新しい課題に向き合うことが求められている。

　新しい課題の具体例を見てみよう。

　例えば、自治体（公共）サービスであるが故に求められる統一性（均一性）をどうやって確保していくのかが問われる。地域住民有志の取り組みとして始まる場合、当然のことながら、当初は統一されないことが問題になることは無い。しかし、趣旨に同感して、或は同様の思いを抱いた別のグループが新たに取り組みを始める等で、供給主体が複数になると、当然のことながら不均一が問題となる。

　また、継続性も課題の一つになる。様々な取り組みは、住民個人やグループという供給主体の継続性・継続力に依存することから、自治体自体が担う場合と比べて継続性の確保が問題となる。需要と供給の均衡が崩れたとき、特に問題となる。

　そして責任担保力の問題。住民の心意気や善意に活動の原点がある場合、サービス供給に関する責任をどこまで負担させられるか、不測の事態への対応力を担保できるかなど、必ず付いてくる課題である。ボランティア保険の活用などで一定の補完はできても、根底にある課題は大きい。

　課題解決は自治体の役割である。自治体サービスは地域全体で提供され、受領されていく。住民参加、それ自体が『自治』の姿である。

注記
1　第2章第5節「2.各論」参照。

第4節
評価と行政へのフィードバック

上田望（荒川区管理部職員課長）

　第4章第1節で行政評価の目標設定と測定について述べた。ここでは、行政評価の目的と評価の実施体制、活用方法（フィードバック）について考える[1]。

1．行政評価の目的

　行政評価を行う目的は、主に3点ある。

　第一に、行政活動の合目的性と効率性である。自治体が実施する行政活動の一つ一つが、自治体が目指すべき姿、目的に合致していることが重要である。板橋区の外部評価委員会報告書では、施策を構成する事務事業の中に、施策の目的を達成する上で有益でないものがあったことが報告されている[2]。行政評価を通して合目的性が検証されたケースである。他方、行政評価は、住民本位で効率的な質の高い行政を実現していくためのツールの一つでもある。評価を通じ、民間ができるものは民間に委ね、行政が関与する必然性がある分野に重点を置き、住民が求める行政サービスを必要最小限のコストで提供する。効果的かつ効率的な行政運営の実現が重要である。

　第二に、行政活動の有効性を高めることである。政策・施策・事務事業等の行政活動の内容や実施方法、実施結果等を評価することにより、問題点や課題を抽出し、目的を果たすために改善に

つなげていくことが可能となる。例えば、ある事務事業がその上位の施策目的を意識して設定されているか、成果（アウトカム）とその到達度や達成度を測る上で評価指標や成果指標は適切か、などの視点から評価を行うことで当該事務事業の存在意義を問うことができる。改善・見直しやスクラップも必要ではないかなどの議論につながり、行政活動の有効性を高めることが可能となる。

　第三に、自治体の説明責任（アカウンタビリティ）の確保である。地方自治法第2条第14項は、自治体は「最少の経費で最大の効果を挙げるようにしなければならない」と規定している。住民は、その生命・財産の保全、公共の福祉の増進などを税金を払うことによって自治体に信託している。自治体には受託者としての責任が生ずる。受託責任を負う自治体は、信託者である住民から預かった税金を使って「最少の経費で最大の効果」が挙げられたかどうかについて、説明責任（アカウンタビリティ）を負う。この説明責任を果たすための手段の一つとして、行政評価がある。

2. 行政評価は誰がするか ── 外部評価の有用性

　行政評価は、行政職員自らが評価を行う内部評価が基本となっている。その上で、質の確保と多様な観点の確保から、外部評価を導入している自治体も多い。

　総務省の調査[3]によると、評価の実施及び体制について、行政評価を導入している自治体のうち約5割（46.5％）が、内部評価に加えて、外部有識者による評価、すなわち外部評価を実施している。この外部評価は、政策・施策・事務事業について、外部有識者の特性や専門性を十分に活用しつつ、より効果の高い政策等に改善することを目的とするもので、実施する自治体は増加傾向にある。また、内部評価を実施するにあたっては、約5割（52.0％）の自治体において、事業を担当する課のみならず、行

革担当課等による評価が行われている。さらには、議会への報告・説明を行う自治体、住民等から意見を取り入れる仕組みを設ける自治体も増加する傾向にある。様々な「目」を通じて評価を行い、改善・見直しにつなげる取組が進められている。

外部評価の多くでは、有識者や住民等から構成される第三者評価機関が設置され、内部評価の過程や結果などの妥当性が検証される。行政職員では気づかなかった観点からの評価でもある。国（中央省庁）においては、法に基づき、全ての府省で専門家や実務家を擁する第三者評価機関を設置している。

東京特別区においては、23 区中 17 区で何らかの形の外部評価が実施されている[4]。杉並区では、「区における行政評価制度を第三者の立場から充実させて、その客観性を高めるとともに政策実現手段としての入札及び契約手続の公正性、透明性を確保することを目的」[5]に外部評価委員会を 2002（平成 14）年に発足させた。2016（平成 28）年度の報告書によれば、学識経験者や公認会計士、行政経営コンサルタント等 5 名で構成される外部評価委員会を年間 5 回開催し、施策・事務事業評価の対象として 32 施策及び全事務事業の中から 5 施策及び 4 事業を選定し、評価を実施した。施策や事業の実際の状況を的確に把握し、評価の客観性を高めるとともに、各所管課において、外部評価前に非公開で所管課ヒアリングも実施した。こうした進め方により、例えば「就学前における教育・保育の充実」という施策において、23 区の中でも低い状況にある「認可保育所整備率」を成果指標化してはどうかなどが指摘された。所管による自己評価にはなかった視点で外部評価としての意見が示された。これに対して所管側も「成果指標として設定を検討する」と対処方針を述べた。

他方、言及しなくてはならないことは、自治体組織が主体的に自己改善や自己改革を進めていくためには、あくまで内部評価が主軸であるべきことである。事業の実施担当者が自ら評価し、そ

の全てを公開していくことで、責任の主体性が生まれる。外部評価はあくまで内部評価を補完するものである。

　杉並区同様、外部評価委員会を設定している板橋区では、2017（平成29）年度の報告書の総評において、委員長である内藤二郎大東文化大学経済学部教授が、以下のように述べている。「個別の事務事業の問題点や改善方法を指摘するのではなく、施策の目的やそれに対する事務事業の在り方についての確認を通じて各施策や事務事業を自らの手で見直し改善していく取り組みを継続的に行うよう各所管部署に促すことが、委員会の重要な任務であるということである。まさに区のPDCAサイクルをさらに充実させるためのサポートであると言える。これが内部では見えにくい問題について気付きを得てもらう、という外部評価の重要な役割であろう」。[6]

3. 行政評価の活用方法

　活かされない行政評価は、労力と経費、時間の無駄そのものである。そして、この活かし方に創意工夫が必要となる。

(1) 予算編成への活用

　総務省の調査[7]では、行政評価を導入している自治体のうち76.3％が評価結果を予算要求に反映させた、または参考としたとし、88.8％が予算査定に反映または参考としたとしている。行政評価の取組が、元々NPM（ニュー・パブリック・マネジメント）による改革の一環としてスタートしたことを考えれば、公共サービスの効率化や質の向上を目指すとともに、財政の健全化を一つの目標として予算編成に活用していこうという動きになることは当然のことと言える。

　しかしながら、多くの自治体において、行政評価の事業単位と

予算の事業単位が一致しておらず、また行政評価の時期と予算編成の時期にずれが生じていることが課題として挙げられる。

　まず、行政評価の事業単位と予算の事業単位が一致していないことについて考える。予算管理上、予算事業は小規模なものから大規模なものまで多様である。このことは、適切な評価指標を設定し評価を行っていくという観点からは、不都合である。予算事業と評価事業を一致させるための整理が必要となる。以下の（3）で扱うが、荒川区においては東京都方式による新公会計制度の導入により、財務会計システムと行政評価システムを連携させることで、一定の整理ができた。荒川区でも元々は、予算事業と評価事業の対応関係は統一されていなかった。予算事業1に対して評価事業1の関係で対応しているものもあれば、複数の予算事業が一つの評価事業に対応しているもの、またその逆で一つの予算事業が複数の評価事業に跨っているものなど様々であった。特に問題となるのが、一つの予算事業が複数の評価事業に跨っているもので、評価結果が異なる場合がある。こうした状況を踏まえ、区では、新公会計制度の導入に合わせて、原則として評価単位を「1対1」、もしくは「1評価事業 対 複数予算事業」となるよう整理を行った。

　次に、行政評価の時期と予算編成の時期にずれが生じている課題についてである。多くの自治体において、毎年6月頃に確定する前年度の決算数値を基にして行政評価を行うことが多く、評価の公表が例年9月頃となる。例えば、2017（平成29）年度に行う行政評価は、2016（平成28）年度の決算数値に基づき行い、2017（平成29）年の9月頃に公表される。この評価に基づき、次年度（2018年度）予算要求に反映させることとなり、1年間のブランクが生じる。この問題を解決するために、事後評価のみでなく、「事中評価」を行っている自治体もある。埼玉県秩父市がそうであり、行政評価制度の実効性をより高めるため、「事中

評価」の実施により翌年度予算への反映を可能にする仕組みを整えている[8]。

(2) 総合計画への活用

自治体の計画には、総合計画と個別の事業計画とがある。総合計画は従前、地方自治法において、総合計画の基本部分である「基本構想」について、議会の議決を経て定めることが義務付けられていた。2011（平成23）年に法改正がなされ、基本構想の法的な策定義務がなくなり、自治体の独自判断に委ねられることとなった。

総合計画は、一般的には基本構想、基本計画、実施計画の3層に分類されることが多い。特別区では、23区中15区がこの3層制を採用している。残りの8区については2層制を採用している。これらの区では、基本構想は全ての区で策定しているが、基本計画と実施計画についてはどちらか一方を策定、もしくは合わせた形で策定している[9]。

総合計画を策定する際には、住民意識調査などから住民ニーズの把握を行うことはもとより、財政状況やコスト分析の結果を基に、優先課題を整理し、重点的に行う施策を明確化する必要がある。そのためには、これまでの政策・施策・事務事業の行政活動における実績や成果を分析し、更なる拡充を図っていくべきものや改善・見直しを行うべきものを整理することが求められる。政策体系の再構築も必要となろう。総合計画策定においては行政評価の活用が重要となる。

また、策定時のみならず、計画の進捗管理においても行政評価の活用が欠かせない。荒川区の場合、分野別の6つの都市像及び15の政策を基本構想[10]（計画期間20年間）で掲げ、基本計画[11]（計画期間10年間）において、15の政策にぶら下がる86の施策のうち、重点的に行っていくべき施策について、それぞれ現状と

課題、今後の方向性を示している。これらに基づき、実施計画[12]（計画期間3〜4年間）において重点計画事業の実績目標を掲げ、併せてアウトカム指標（成果指標）を示している。政策・施策・事務事業の行政評価が、自動的に総合計画の進捗管理に結びついている。

(3) 荒川区における新公会計制度（東京都方式）導入と行政評価

　荒川区では、基本構想に掲げる目指すべき将来像「幸福実感都市あらかわ」の実現のためには、限られた財源を重点的かつ効果的に投入するとともに、真の費用対効果を見極め、徹底した事業の見直しによる行財政運営の更なる効率化・適正化が不可欠であるとの考えの下、公会計改革に取り組んできた。2007（平成19）年3月に「自治体公会計改革宣言」を行い、2008（平成20）年には総務省方式改訂モデルによる財務書類を作成、公表した。その後も行政分野別の財務情報の分析を付加するなど、分かりやすい情報開示に向け改善を行ってきた。さらに2016（平成28）年度から、日々仕訳による本格的な複式簿記を導入し、より精緻な分析が可能となる東京都方式による新公会計制度に移行した[13]。この新公会計制度に基づく決算状況を行政評価と連動させることで、事業の課題の整理を行い、改善策を予算編成に反映させる。PDCAサイクルを確固たるものとしていこうという考えである。

　具体的には、政策・施策・事務事業分析に使用する各シートに財務諸表を掲載した。政策・施策分析シートには行政コスト計算書及び貸借対照表を、事務事業分析シートには行政コスト計算書を掲載し、減価償却費や退職手当引当金繰入など、現金支出を伴わないコストまでを含めたいわゆる「フルコスト」による評価・分析を可能とした。これまでの現金主義による会計処理方法では、実際に発生しているコストでも、現金支出を伴わないコストは集計されず、行政評価を実施する際にも含まれていなかった。フル

コスト情報をもって行政評価を行うことで、より実効性のある適切な評価が可能となった。例えば、人件費比率が高い事業、固定資産が多い事業、受益者負担がある事業などにおいて、より精緻なコスト把握が可能となることで職員のコスト意識も変わる。また、財務情報と非財務情報を掛け合わせるなどして作成した新たな指標（例えば、利用者一人あたりの開館費用など）により、事業や施設の状況をより明確にし、効果的な分析ができるようになった。

　加えて、基本構想で示した分野別の6つの都市像（生涯健康都市、子育て教育都市、産業革新都市、環境先進都市、文化創造都市、安全安心都市）ごとに有形固定資産や行政コストを算出する試みも行い、公共資産形成の比重や行政サービスを提供するために消費したコストの比重を把握することができるようになった。

　フルコストによる評価・分析等が可能となったことで、投入資源の有効性や効率性の分析により、新たな政策立案や改善・見直しにつなげることが可能となり、行政改革への活用が期待できる。また、外部的には、フルコストによる評価結果等を積極的に広報し、区の情報の透明性や説明責任の向上を図ることができる。

注記

1　本節の記述にあたっては稲沢克祐『増補版　行政評価の導入と活用』（2012、イマジン出版）、高寄昇三『自治体の行政評価システム』（1999、学陽書房）、田中啓『自治体評価の戦略』（2014、東洋経済新報社）を参考にした。

2　『平成29年度板橋区行政評価委員会報告書』（2017、板橋区行政評価委員会）。

3　総務省『地方公共団体における行政評価の取組状況等に関する調査結果』（平成28年10月1日版）。

4　各特別区ホームページより筆者調べ。

5　杉並区ホームページより。

6　『平成 29 年度板橋区行政評価委員会報告書』(2017、板橋区行政評価委員会)。

7　総務省『地方公共団体における行政評価の取組状況等に関する調査結果』(平成 28 年 10 月 1 日版)。

8　秩父市ホームページより。

9　各特別区のホームページ、電話調査による (2017〔平成 29〕年 1 月現在)。

10　『荒川区基本構想』(2007、荒川区)。

11　『荒川区基本計画 (平成 29 年度から平成 38 年度まで)』(2017、荒川区)。

12　『荒川区実施計画 (平成 29 年度〜平成 32 年度)』(2017、荒川区)。

13　『平成 28 年度荒川区包括年次財務報告書』(2017、荒川区)。

参考文献

稲沢克祐 (2012)『増補版　行政評価の導入と活用』イマジン出版。

高寄昇三 (1999)『自治体の行政評価システム』学陽書房。

田中啓 (2014)『自治体評価の戦略』東洋経済新報社。

『荒川区基本計画 (平成 29 年度から平成 38 年度まで)』(2017、荒川区)。

『荒川区基本構想』(2007、荒川区)。

『荒川区実施計画 (平成 29 年度〜平成 32 年度)』(2017、荒川区)。

『平成 28 年度荒川区包括年次財務報告書』(2017、荒川区)。

第5章
一層の展開のための基礎自治体間連携
——「幸せリーグ」

第1節
「幸せリーグ」の意義と展望

広井良典（京都大学こころの未来研究センター教授）

はじめに ── 幸福度指標をめぐる展開と「幸せリーグ」

　「幸せリーグ」とは「住民の幸福実感向上を目指す基礎自治体連合」の略称で、東京都荒川区の呼びかけのもと、幸福度に関する指標づくりや政策展開を進めようとしている全国の市町村が集まり、互いに情報交換や連携を行うネットワークである。2013年に52の自治体が参加して発足し、現在では参加自治体は90余りにまで増えており、連携の輪が広がっている。私自身は顧問の一人として当初から関わりをもたせていただいている。

　基本的な確認となるが、そもそもこうした「幸せリーグ」という組織がどのような背景から生まれたかというと、一つの出発点はやはりブータンの「GNH（国民総幸福）」をめぐる動きだった。すでに広く知られるようになっているが、ヒマラヤ山麓の小さな仏教国ブータンにおいて、当時の国王が「GNP（国民総生産）」では人々の本当の豊かさは示せないという考えのもと、「幸福」を基本にすえた新たな豊かさの指標として「GNH」を提唱し、特に2000年代に入って以降はそれを精緻な指標として体系化していった。

　こうしたブータンでの展開は国連などでも取り上げられ、広く世界各国に影響を及ぼすようになった。東京都荒川区では、2004年に区長に就任した西川太一郎氏がブータンの提唱する理念に共鳴して翌年「GAH（グロス・アラカワ・ハピネス、荒川

区民総幸福度）」を提唱するに至る。

　荒川区の動きで興味深いのは、単にそうした理念を掲げるにとどまらず、2009 年には区のシンクタンクとして荒川区自治総合研究所（RILAC）を設立し、住民の幸福度に関する本格的な調査研究や指標づくりに着手した点である。2012 年には 6 領域、46 項目にわたる独自の幸福度指標を策定し公表した（6 領域とは「健康・福祉、子育て・教育、産業、環境、文化、安全・安心」を指す）。また関連の調査を行うことと並行して、「子どもの貧困」、「地域力」、「子どもの自然体験」といったテーマを順次取り上げ、幸福度に関する研究を具体的な政策につなげる試みを行ってきている。

　そして、こうした荒川区での展開に共鳴した全国の自治体が、先述の「幸せリーグ」を発足させるに至ったのである。ちなみに荒川区や「幸せリーグ」以外でも各地の自治体等が幸福度に関する政策展開を行う例は見られ、高知県の経済同友会が進める「GKH（グロス・コウチ・ハピネス）」、岩手県での幸福度指標策定など、各地で様々な動きが活発化している。

　もちろん、後でも整理するが、幸福度に関する指標を策定することにそもそもどのような意義があるのかという点については様々な議論があり、単に指標づくりで終わっては道半ばにも至らないだろう。しかし上記のように様々な関連調査等を並行して行うことで、ともすれば事業の羅列になりがちな行政の施策メニューを住民の視点から再評価ないし優先づけたり、住民のニーズのどこに政策が十分及んでいないかを発見したりするツールとして、幸福度指標は重要な意味をもっている。

　さらに、そうした指標づくりに住民が関与することで、自分たちの地域をどのような地域にしていきたいか、「地域の豊かさ」とはそもそも何かということを考える契機にもなりうるだろう。これらは現在盛んに議論されている地方創生や人口減少をめぐる

テーマともつながることになる（実際、「幸せリーグ」においては幸福度と地方創生、少子高齢化などの関係がテーマとして取り上げられ議論されている）。

　ここで、GAH や「幸せリーグ」の意義を考えるにあたっての重要な点を指摘しておきたい。それは「ローカル」なレベルあるいは地方自治体が策定する幸福度指標（及びそれに関連する政策展開）という点である。

　すなわち、先述のように幸福度指標に関する動きは国際的にも広く展開しているが、海外の場合は国つまり中央政府が中心になって進める場合が多く、また OECD が出した「地域の幸福（regional well-being）」に関する報告書においても、基本となっている発想は主として国が定めた共通の幸福度指標を地域にあてはめて調査したり地域間の比較を行うという点が中心となっている（OECD 2014）。つまり日本の「幸せリーグ」のようにローカルな自治体が独自の幸福度指標の策定や政策展開、相互連携を行うというのはあまり見られないのであり、この点は日本における幸福度指標関連の政策展開の特徴の一つと言えるように思われる。

　まさに「幸せはローカルから」ということであり、なお試行錯誤を多く含み、課題も様々に存在するが、新たな視点で「地域の幸せ」、「地域の豊かさ」をとらえ直す試みが各地で立ち上がろうとしていることは、意義深いことではないかと感じている。

　本節では、以上のような関心を踏まえ、まず「幸せリーグ」参加自治体へのアンケート調査をもとに幸福度指標と「幸せリーグ」をめぐる意義と課題について整理し（以下の 1.）、続いてより大きな視野に立って「幸福政策」の可能性とそこでの自治体の果たすべき役割について考え（2.）、最後に若干のまとめを行ってみたい。

1. 幸福度指標と「幸せリーグ」をめぐる意義と課題
──「幸せリーグ」参加自治体へのアンケート調査から

　「幸せリーグ」に関する意義や課題を明らかにするため、私は2016年7月8日に荒川区で行われた「幸せリーグ」実務者会議の場において、参加自治体を対象に「幸福度指標と関連政策に関するアンケート調査」を実施し、幸福度関連政策に関する課題の総括的なレビューを行った（回答自治体数59。回答は組織としての見解ではなく個人としての見解）。以下ではその結果の一部を紹介してみたい。

　まず、幸福度指標の前提として、各自治体において現在直面している政策課題のうち特に優先度の高いものは何かという設問については、図1のような結果となり、やはり「少子化・高齢化の進行」そして「人口減少や若者の流出」が特に多いという結果となった。

図1　貴自治体において現在直面している問題ないし政策課題で、特に優先度が高いと考えられるものを以下のうちからお選びください。（3つまで複数回答可）

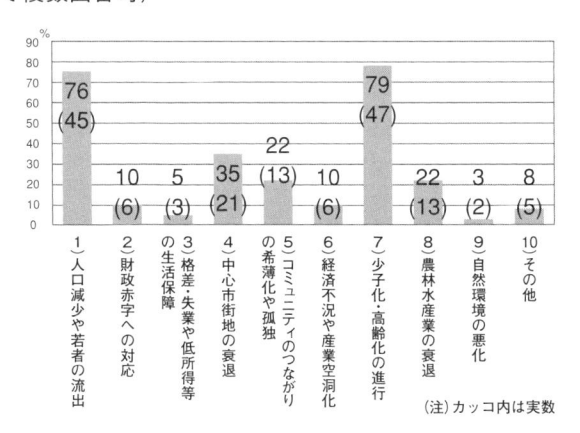

（注）カッコ内は実数

　「少子化・高齢化の進行」「人口減少や若者の流出」が特に多いが、「中心市街地の衰退」「コミュニティのつながりの希薄化や孤独」「農林水産業の衰退」も一定程度みられる（地域差あり）。

続いて、幸福度指標を策定することの意義に関し、「そもそも『幸福』は定量的に指標化できるか？」という点をどう考えるかという基本論を問うた設問については、図2のような結果となり、「『幸福度』の定量的な指標化には様々な問題があるが、しかしできる限り指標化に取り組むべきである」という回答がもっとも多くを占めた（46％）。ただし、そうではない意見（幸福度の定量的な指標化は困難とするもの、既存の住民意識調査等を活用すれば足るとするもの）も一定割合存在している。

図2 「幸福度」指標の策定に関し、「そもそも『幸福』は定量的に指標化できるか?」ということが論点になりますが、この点についてどのようにお考えでしょうか。

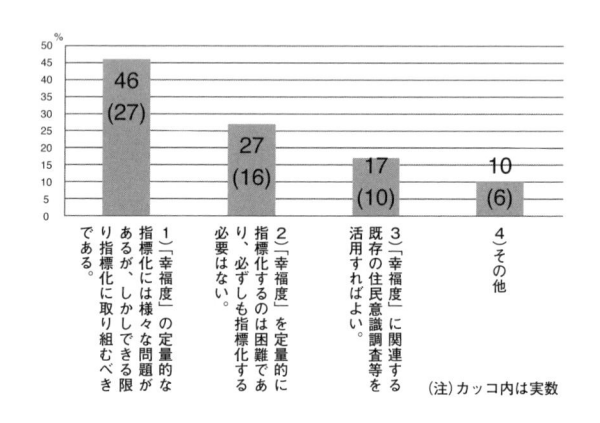

（注）カッコ内は実数

「できる限り指標化に取り組むべき」が最も多いが、そうでない意見もある程度見られる。

また、自由回答欄で見られた次のような意見も興味深いと思われる。

・幸福度の指標化はするべきだが、その幸福は地域の事情により異なるので、比較できるようなものではなく、独自の基準で行うべき。

・他との「比較」に使用し、向上、追求へ突き進むと経済と同様となるのでは？

・指標化により、ある程度幸福度を測ることは可能であるが、

指標化が費用その他の面で効果的か、取り組むべきか否かについては今はわからない。

・定量と定性（グループインタビューなど）を併用し、実態をはかるべき。

さらに、幸福度指標の策定や関連政策を行政が行うことについての基本的なテーマとも言える、「行政が取り組むべきは『幸福を増やす』ことよりも『不幸を減らす』ことではないか」という問いを投げかけたところ、その回答は図3のようなものとなった。

図3　「『幸福』は個人によって」多様であり、行政が一律に定められるものではないので、「行政が取り組むべきは『幸福を増やす』ことよりも『不幸を減らす』ことである」という考え方があります。こうした考え方についてどう思われますか。

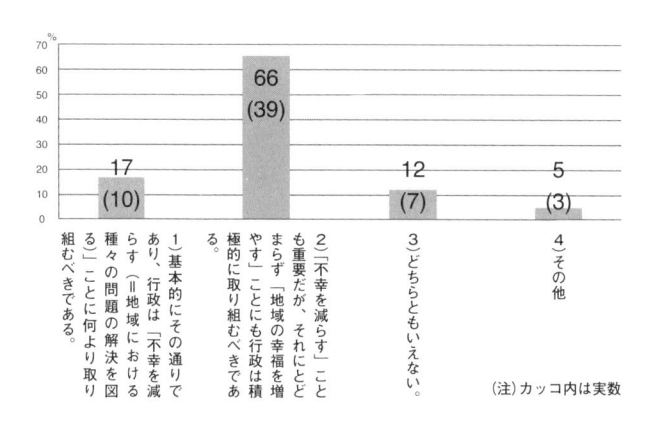

「『地域の幸福を増やす』ことにも行政は積極的に取り組むべき」との回答が最も多い。

「不幸を減らす」ことのみならず、「幸福を増やす」ことにも行政は積極的に取り組むべきとの回答が、約3分の2（66%）という多数を占める結果となったのは興味深い。また、自由回答欄では次のような多様な意見が寄せられていた。これは後でも整理するように、そもそも行政ないし公的部門の果たすべき役割は何かという、根本的なテーマにつながる論点と言えるだろう。

・これまでの現実的な行政のカタチから夢を見る行政のカタチ

に切り替えていかないと元気な自治体はできない。

・表向きは逆にして考えたい。行政として不幸を前提にしている（前面に出す）とはうたいにくい。ただし財政等制約から「不幸減」が主体にならざるを得ない。

・不幸を減らす内容も行政だけでなくコミュニティで解決できるものもあり、幸せにすることも行政、コミュニティ、各々でできることがあるのでそちらを明確にし協働していく方法ですすめていくことはできないのでしょうか？

・行政は、私人間の争いではなく、住民の総合的な「不幸」を見つけ、解決していくべきである。

　そして、幸福度指標を策定する意義ないし効果は何かという、このテーマに関する中心的な問いに対する回答は図4のような結果となった。

図4　かりに自治体が幸福度指標を策定する場合、その意義あるいは効果はどのような点にあると考えるでしょうか。特に重要と思われるものを以下のうちからお選びください。（3つまで複数回答可）

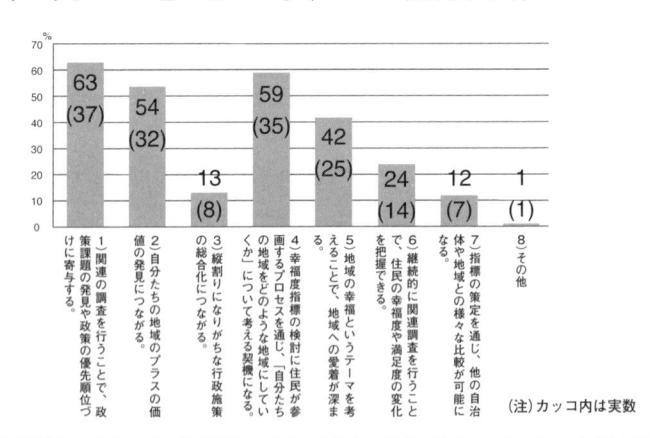

（注）カッコ内は実数

「政策課題の発見や優先順位づけ」「住民が参画するプロセス」「地域のプラスの価値の発見」「地域への愛着が深まる」が多い。

　比較的多かったのは、①「政策課題の発見や優先順位づけに寄与する」、②「住民が参画するプロセスを通じて地域について考えていく契機になる」、③「地域のプラスの価値の発見につなが

る」、④「地域への愛着が深まる」で、大きくは①のような課題発見と、②③④のような地域のポジティブな面の発見、ということになるだろう。幸福度指標の策定とそれに関する政策展開において基本となるこの話題については、次節においてさらに深めてみたい。

　最後に、「幸せリーグ」そのものの意義については図5のような結果となり、「性格の異なる多様な地域の新たな交流につながる」がもっとも多かった。また自由回答欄では、「幸福度という今までにない視点から行政の住民サービスを考える上で新たな知見を得ることができる」、「様々な自治体の状況を外から見る、開くことにより自分の自治体の『幸せ』を見つけることができる」といった意見が示された。

図5　「幸せリーグ」にはどのような意義があるとお考えですか。特に重要と思われるものを以下のうちからお選びください。（2つまで複数回答可）

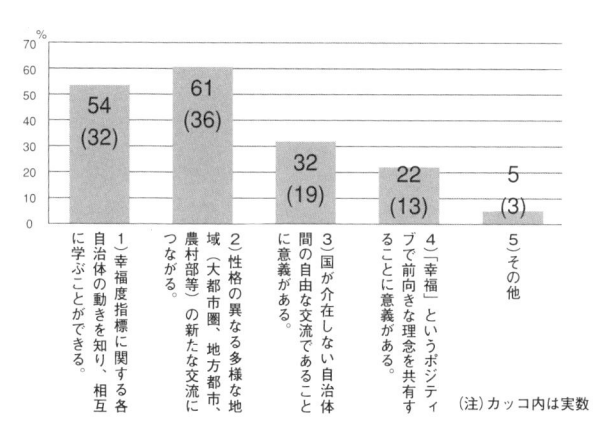

「多様な地域の新たな交流」がもっとも多い。

2.「幸福政策」は可能か？──自治体の果たすべき役割とは

　以上、「幸せリーグ」参加自治体へのアンケート調査の概要を

見たが、こうした結果も踏まえながら、本項では幸福度あるいは「幸福政策」という新たなテーマにおいて、自治体はいかなる役割を果たしうるかという基本的なテーマを考えてみよう。

幸福度ないし「幸福政策」をめぐる様々な議論

　さて、私自身が荒川区の GAH や「幸せリーグ」などをめぐる展開や議論に参加させていただく中で、こうした政策展開に関心をもつ人からしばしば発せられてきた問いないし疑問がある。それは、

(1)「幸福」はきわだって個人的（私的ないしプライベート）、主観的かつ多様なものであり、それに行政あるいは政府が関与するのは問題ではないか？

(2)「幸福を増やす」のは、民間企業など「私」の領域に委ねればよいのであり（たとえばディズニーランドが多くの人々の"幸福"を高めているように）、行政が積極的・優先的に対応すべきことがあるとすればむしろ「不幸を減らす」ことであって（格差是正ないし再分配など）、こちらはある程度客観的な基準が可能ではないか？

といった形に要約できるような疑問である。

　ここには大きく二つの論点が含まれており、一つは「幸福を増やす」と「不幸を減らす」の対比、もう一つはそこで対応する、行政を含めた「主体」の役割分担のあり方（行政ないし自治体、民間企業、地域住民ないしコミュニティ等）である。

　このうち前者について、「幸せリーグ」の顧問の一人である月尾嘉男・東京大学名誉教授は、トルストイの小説『アンナ・カレーニナ』の冒頭にある「幸福な家庭はいずれも類似しているが、不幸な家庭はそれぞれに不幸である」という一節を引きつつ、しかし実際はむしろ逆に幸福のかたちのほうが多様であり、政策としては不幸を除去していくことが優先課題ではないかと指摘して

いる（月尾嘉男「地域から実現する幸福」、「幸せリーグ」事務局編 2014 所収）。

たしかに、考えの筋道としては、政府ないし行政がまず取り組むべきは、あるいは社会が全体としてまず優先的に実現していくべきは「不幸を減らすこと」であるという主張は妥当なものと言えるだろう。

実際、こうした考え方は、政治思想あるいは公共哲学的に言えば、アメリカの政治哲学者ロールズの正義論に重なるものである。ここではロールズの論そのものには立ち入らないが、彼の議論の中心は、“社会の中でもっとも不遇な状態にある人をそこから抜け出させることを最優先とする”という内容であり、（アメリカ的な用語法での）「リベラリズム」の理念に呼応するものである。

この場合、リベラリズムがこのような思考法をとるのは、それが「個人の自由」を最優先の価値と考え、しかも「自由」の中身は個人によって多様であるから、「幸福」や「善（good）」「徳（virtue）」といった、個人の内面に及ぶような、実質的な価値の内容そのものには（行政あるいは政府は）立ち入るべきではないと考えるからである。これはある意味できわめて“近代的”な思考の枠組みと言える。

これに対し、いわゆる「コミュニタリアニズム」の考え方では、むしろそうした「幸福」「善」「徳」といった内面的価値について語ることを積極的にとらえる。またそこでは、コミュニタリアニズムという言葉が示すように、「個人」というものを完全に独立した存在としてとらえず、共同体あるいはコミュニティ、ひいてはそこでの人と人との関係性を重視する。

以上から示唆されるように、「幸福」というテーマを政策（公共政策）との関わりでとらえていくと、それはいま述べた「リベラリズムとコミュニタリアニズム」という政治哲学ないし公共哲学の対比と深く関わってくる。そして、既に明らかなように、や

や単純化して整理すると、

- ・リベラリズム→「幸福」について積極的に語ることには慎重で、むしろ「不幸を減らす」ことに重点を置く。
- ・コミュニタリアニズム→「幸福」について積極的に語ることを前向きにとらえ、またコミュニティや内的倫理を重視する。

という対比が可能となる。

　こうした基本的なテーマについて、私たちはどう考えるべきだろうか。ここではやや結論を急ぐことになるが、筆者自身は、人間には「個人」としての側面と「コミュニティ（の成員）」としての側面の両方があり、リベラリズムとコミュニタリアニズムはその一方のみを強調するものであって、しかし上記のようにそれらは二者択一のものではなく、相互補完的にとらえるべきものと考える。「リベラル・コミュニタリアン」という、両者を総合化した言い方もあるが、大きく言えばそれが妥当な理解であるだろう（広井編 2017 参照）。

「不幸を減らす」と“幸福の分配”
──幸福政策のリベラリズム的側面

　以上を踏まえて、話題を「幸福」をめぐる政策のあり方に戻すと、荒川区が進めているような幸福に関する政策展開においては、当然「不幸を減らす」ことも含まれるのであって、「幸福政策」とは決して“幸福とは何かを行政が一義的に決めてそこに人々を誘導する”ような政策になるのではない。そしてこれはいわば「幸福政策のリベラリズム的側面」ということもできるだろう。

　実際、「はじめに」でもふれたように、荒川区が GAH の関連で最初期に取り組んだのは「子どもの貧困」に関する課題だった。また、たとえば「幸せリーグ」のメンバーでもあった石川県加賀市では、幸福度に関する政策を進めるにあたり、幸せを「不幸をなくす」こととととらえ、やはり子どもの貧困問題を重点化すると

ともに、スクールソーシャルワーカーの配置と関連施策（生活保護や不登校、非行問題が比較的多い地区を対象に、不登校児の居場所づくりや職業体験などのサポート、朝がゆなどの朝食の提供活動への支援などの事業）を始めた（朝日新聞2013年7月28日）。

　なお、以上の例が示すように、幸福度を手がかりに政策を展開することの一つの意義は、タテワリになりがちな個々の政策を総合化するとともに、幸福や生活満足度等に関する丹念な調査を行い、様々な政策の中での「優先順位」（プライオリティ）を吟味し、何が率先して行われるべき施策ないし対応であるかを見極めていくことにあると言える。

　思えば、幸福政策が単に"総幸福量"つまり人々の幸福の「総和」を増加させるというだけのものだとしたら、それはまさに（思想家ベンサムの）「最大多数の最大幸福」と同じになり、また「幸福量増加」という目標は「GNP（GDP）増加」という目標とあまり変わらなくなるだろう。つまり幸福の総量にとどまらずその「分配」のあり方──いわば"幸福格差"の是正──が重要なのであり、「不幸を減らす」という方向はこうした意味でも重要なのである。

「コミュニティ政策」の可能性
──幸福政策のコミュニタリアニズム的側面

　さて、いま幸福政策は（ロールズのリベラリズム的な）「不幸を減らす」施策や対応を含むことを述べたが、加えて、先ほどリベラリズムとコミュニタリアニズムの両者は補完的であるとしたように、同時にそれは積極的に「幸福」とは何かを語るものであってもよいはずである。これは「幸福政策のコミュニタリアニズム的側面」とも言うことができる。

　実はここで重要になってくるのが、「コミュニティ」と「ロー

カル」という視点である。つまり、国という大きな単位で考えた場合は、なかなか国全体の「幸福」について規定することは難しいが、たとえば荒川区のような（ローカルな）地方自治体であれば、住民もある程度まとまった空間の中で生活を営んでおり、"自分たちの暮らす地域の幸せ"を考えることは一定程度可能なことだろう。こうした意味で、幸福に関する政策は地方自治体レベルにおいてこそなじみやすい面がある。

以上は主に「ローカル」に関する点だが、「コミュニティ」という側面に関しては次のような把握が重要である。それは、現代においては、「公－共－私」あるいは「政府－コミュニティ－市場」の3者がクロス・オーバーしているという点だ。これは自治体のマネジメントという本書のテーマともつながる話題である。

議論の前提として確認すると、近代社会においては、「公（パブリック）と私（プライベート）」あるいは「政府と市場」という二元論的な枠組みが基調をなし、しかも両者は明確に峻別されるべきものとされた。法的理念としては「私的自治の原則」という考え方があり、政府あるいは行政は、私的な領域には例外的な場合を除いて極力関与しないということが基本原則とされたのである（例外的な場合とは、警察など夜警国家的な側面か、生活保護のような最低生活保障など）。

ところが現代においては、「コミュニティ」または「共」の領域という、近代的な「公－私」の二元論では視野の外に置かれていた領域が、実は人間社会において重要な意味をもつことが再認識されるようになった（それは近代社会の展開の中でそうした「共」の領域があまりにも希薄になっていったことの帰結でもあった）。

そして、そうしたコミュニティの積極的な価値に関心が集まるとともに、失われた「古い（伝統的）コミュニティ」を現代的な形で新たに再構築していく試みがなされると同時に、それら「公

－共－私」ないし「政府－コミュニティ－市場」の3者がダイナミックに融合したり、相互に連携したりするようになっている。前に少しふれた「新しい公共」という理念が登場するのもこうした文脈であり、また「ソーシャル・ビジネス」といった公共私の融合形態が浮上するのもこのような流れと関わっている。図6はいま述べたような「公－共－私」の歴史的展開を示したものである。

図6　「公－共－私」の役割分担のダイナミクス

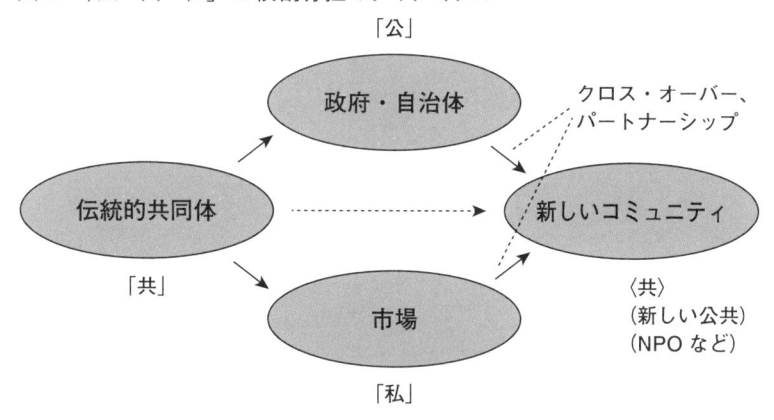

こうした点が再び幸福政策とつながってくる。たとえば荒川区の場合、"下町的"な性格あるいは自営業などが比較的多いこととも関連するが、いわゆる町会（自治会）活動が盛んであり、高齢者の見守り活動や緊急通報の仕組みなどが積極的に行われ、孤独死もほぼゼロであるとともに、行政サイドも幸福度関連施策の一環として「地域力」ということを重視し、町会などと連携したり支援策を講じたりしている。

　このような意味において、近代的な公私の二元論を超えた、「コミュニティ政策」という発想とその展開が自治体にとって新たな課題になっているのである。

おわりに――ポジティブな価値の発見の時代

　最後に、幸福度指標や幸福政策ということへの関心が高まっている大きな時代的背景について考えてみたい。

　近年、「ポジティブ」、つまり（マイナスではなく）プラスの何かを積極的に見つけていこうという考え方が様々な分野で浮上しているように思われる。

　たとえば心理学の領域では、少し前から「ポジティブ心理学」と呼ばれる分野が台頭している。これは従来の心理学が、どちらかというと人間のネガティブな面やその治療ということに主たる関心を向けていたのに対し、もっと一人ひとりのもつプラスの側面や可能性に目を向け、それを伸ばしていくことに重点を置こうとする考えである（セリグマン 2014 等）。

　同様に、福祉の分野では「ポジティブ・ウェルフェア」という理念があり、これもやはりそれぞれの個人のもつプラスの可能性を引き出していくという発想のものだ。

　一方、しばらく前から地域再生などの分野で「"ないものねだり"ではなく"あるものさがし"が重要」という見解が主張されている。これは、自分たちの地域には「あれもない、これもない」というふうにマイナス面ばかりに目を向けたり嘆いたりするのではなく、むしろ「そう言えば自分たちの地域にはこれがある、あれもある」という具合に、今まであまり注目していなかった地域の社会的資源や長所、価値を発見し、それを発展させていこうという考えである。「地元学」という言い方がされることもある。

　以上のように近年、様々な分野でいわば"同時多発的"に、「ポジティブ」あるいは新たなプラスの価値を発見したり作っていこうという動きが活発化している。

　ではそもそもなぜ今、そのような動きが現われているのだろうか。

　それは高度成長期に象徴されるような、経済成長あるいは物質

的な富の拡大の時代が次第に過去のものとなり、人口減少ということも含めて、「ポスト成長」の時代に日本や世界が移行しつつあるという時代状況と関係していると思われる。

　つまり高度成長期のような時代には、物質的な富やGDP（国内総生産）などの経済指標が急速かつ半ば自動的に増加していくので、とりたてて「ポジティブな価値」といったことを考える必要はない。しかしモノがあふれ人々の物質的な需要も大方飽和し、経済もかつてのように成長しないという時代を迎えると、単なる生産の拡大やモノの増加とは異なる、新たなプラスの価値を見つけたり創造していくことが重要になるのだ。

　いまGDPにふれたが、本節で論じてきた幸福度指標がまさにそうであるように、近年ではGDPに代わる「豊かさ」や「幸福」の尺度に関する研究や政策展開も活発になっている。そして荒川区のGAHや「幸せリーグ」の展開の基本にあるのは、自分たちの身近な地域の幸福や豊かさの意味を新しい視点で考え、つくっていこうという発想だ。

　人口減少を含めてポスト成長の時代は、放っておけば"マイナスの話題"であふれがちで、昨今の日本社会はまさにそうなりつつある。そのような時代だからこそ、日常の中の小さな事柄を含めて、ポジティブな価値を発見していくことが重要になっている。

　未開拓の領域であるためなお試行錯誤の面を多く含むものではあるが、幸福度指標や「幸せリーグ」に象徴されるように、これからの時代における自治体の大きな使命は、そうした新たな価値の創造にあるのではないだろうか。

参考文献
「幸せリーグ」事務局編（2014）『「幸せリーグ」の挑戦』三省堂。
マーティン・セリグマン（2014）『ポジティブ心理学の挑戦』ディスカバー。
広井良典編（2017）『福祉の哲学とは何か——ポスト成長時代の幸福・価値・

社会構想』ミネルヴァ書房。

OECD (2014), *How's life in your region?　Measuring Regional and Local Well-being for Policy Making.*

第 2 節
「幸せリーグ」の挑戦

檀上和寿（荒川区管理部人材育成担当課長
兼荒川区職員ビジネスカレッジ担当課長）

1.「幸せリーグ」の設立の経緯

　本節で改めて「幸せリーグ」設立の契機から述べることにする。
　「幸せリーグ」設立の契機となったのは、荒川区の幸福度研究
に関する取り組みである。荒川区では、2004（平成 16）年 11 月、
西川太一郎区長の就任時から、積極的に「住民の幸福実感向上」
に取り組んでいる。住民に最も身近な政府として、住民の悩みや
願いを把握し、それらを受け止め政策に反映させていくことこそ
が基礎自治体の使命であるという信念から、西川区長は就任直後
に『区政は区民を幸せにするシステムである』というドメイン
（事業領域）を掲げた。このドメインは、住民の幸福に「役所だ
からこそ寄与できる」という発想を全職員が持てるように、職員
の意識改革を促す役割を果たしており、以来住民の幸福は荒川区
にとって重要なキーワードとなっている。
　そして、主観的な幸福を増進するためには定量化が必要になる
との考えから、「荒川区民総幸福度（Gross Arakawa Happiness、
通称 GAH）」の研究を始めた。GAH 導入の目的は、区民の幸福
度を指標として表し、その動向を分析して政策・施策に反映させ
ることにある。そのため、2009（平成 21）年には財団法人とし
て荒川区自治総合研究所を立ち上げ、これまで様々な立場の専門
家や学識経験者を客員研究員として招き、職員とともに海外の先

進事例や指標の作成等、GAH の本格的な研究に取り組んでいる。

　このような先駆的な取り組みは、全国の自治体やメディア、研究機関等から注目され、荒川区には国内外から多くの視察者が訪れることとなった。そうした視察者とのやりとりの中から、地域を問わず各地の地方自治体は同様の問題意識を持っていることを区として改めて認識するに至った。そして、自治体間の学び合いを通じて日本中に幸せの輪が拡がっていくことを願い、茨城県つくば市長、京都府京丹後市長とともに荒川区長が発起人となって全国の基礎自治体に呼び掛け、52 自治体の参加を得て設立されたのが「幸せリーグ」である。

図1　「幸せリーグ」第 5 回総会集合写真

2.「幸せリーグ」の目指すもの

基礎自治体の連携と人材育成

　「幸せリーグ」の意義は何か。西川区長は、基礎自治体ならではの連携と人材育成の二点を挙げている。

　基礎自治体間の連携は、これまでも近隣の地域ブロックを単位とした連合体や全国市長会・町村会のような全国組織まで、様々なレベルで実施されてきた。また、特定の自治体同士で、文化や産業などの都市間交流を主な目的とした友好交流都市や防災協定

の締結が行われている。

　一方、「幸せリーグ」は、こうした既存の枠組みに留まらず、住民の幸福実感の向上を目指した政策に関する意見交換や、参加自治体の職員同士が学びあう人材育成などを目的として、より密接な基礎自治体相互の協力や連携を深めている。

　近年、基礎自治体を取り巻く環境は大きく変動しており、2000（平成12）年の地方分権一括法による機関委任事務の廃止をはじめ、道州制導入の是非をめぐる一連の議論、そして2005（平成17）年にピークを迎えたいわゆる平成の大合併など、枚挙にいとまがない。基礎自治体は、こうした環境変化によって揺らいだアイデンティティを取り戻そうと模索しており、「幸せリーグ」のようないわば新しい切り口の連合体は、全国の自治体が抱える課題解決の手法を示しうると考えられている。さらに、参加自治体は地域も規模も様々で、参加しなければ関わりがなかったであろう自治体の職員同士が直接意見を交わすことができる機会となる。人「財」育成の理念の実現の一つである。

「幸せリーグ」顧問

　「幸せリーグ」には、7名の有識者が顧問に就任している。月尾嘉男東京大学名誉教授、小宮山宏前東京大学総長・三菱総合研究所理事長、神野直彦東京大学名誉教授・日本社会事業大学学長、原丈人アライアンス・フォーラム財団代表理事、広井良典京都大学こころの未来研究センター教授、坂田一郎東京大学教授、藁谷友紀早稲田大学教育・総合科学学術院教授の、それぞれ地方自治に関する専門性を有する識者である。講演会の講師や後述する実務者会議の成果発表に対する講評など、様々な場面で強力なバックアップを受け取っている。

3.「幸せリーグ」の活動 —— 連携と人材育成を求めて

総会と実務者会議

　「幸せリーグ」では、総会と実務者会議を開催している。

　「幸せリーグ」の総会は、年1回、各自治体の首長が一堂に会して開催される。会の運営に関する事項の決定や、住民の幸福実感向上に関する意見交換、有識者による講演を行うほか、実務者会議がグループごとに議論を重ねた成果を発表する場でもある。なお、全国市長会総会の日に合わせて開催することで、出席に際し参加自治体の負担を軽減するようにしている。

　実務者会議は、参加自治体の実務担当者によって構成される会議体である。「幸せリーグ」の参加自治体は、北は北海道から南は九州まで、また人口数十万人の大都市から数千人の町村まで、地域も規模も多様である。そうした各自治体の職員が実務者会議を構成し、協力しながら議論を進めている。普段なら接点のない自治体の、独自の取り組み等の情報を得る機会となり、新たな取り組みにつながる可能性も高い。

　また、実務者会議で取り上げるテーマについては、全参加自治体へのアンケート調査を行い、共通点をいくつかのグループに集約して決定している。これまでに、幸福度調査の実施に役立つ自治体職員向け事務マニュアルの作成や、町おこしなどの特色ある政策に関するケーススタディを取り上げ議論してきている。実務者会議は、2年を目安に議論をまとめ、総会の場で成果発表を行うこととしている。テーマについても、幸福度に関する議論に限定せず、国による地域創生の提起に合わせてその指標の設定方法を議論するグループや、子育て支援のあり方を考えるグループなど、参加自治体の関心の高い分野を取り上げている。

　参加自治体の実務担当者は、会議の場だけでなく、時にメール

等も活用しながら、活発な情報交換や意見交換等を積み重ね、政策の互換性を高めている。「幸せリーグ」を契機として、他へ影響していく拡がり、つながりにこそこの取り組みの意義があると言えるだろう。

図２　実務者会議風景

図３　実務者会議成果発表

4．評価と課題

具体的な連携の例

　今、「幸せリーグ」は同じ「志」を持つ基礎自治体の首長のリーダーシップのもと、都市と農村、全国と東京といった様々な捉え方でより良い連携を目指している。国においても、地域の活性化を重要な課題と位置づけ「地方創生」に力を入れているが、幸福実感向上の取り組みは、まずは住民の願いや悩みに最も近い基礎自治体が行うべきものと言えるだろう。「幸せリーグ」では、各地域の自治体がもつ豊かな自然や固有の文化・技術力などと、東京の巨大消費地としての集客力や情報発信力などを相互に活用するといった地方連携の在り方を模索している。

　一例として、特別区長会が事務局を務める全国連携プロジェクト事業の一環として、「幸せリーグ」参加自治体の物産展「日暮里マルシェ」出店を挙げることができる。2015（平成27）年10月の北海道釧路管内自治体による『北海道釧路！旬！秋の味覚市』をはじめ、2016（平成28）年8月に長野県麻績村、11月に

は北海道広尾町がそれぞれ地域の特産物を販売した。また、2017（平成 29）年 3 月に荒川区が開館した複合施設「ゆいの森あらかわ」において、参加自治体の観光情報や関連書籍を配架、来館者が閲覧可能なコーナーを設け参加自治体を P R している。このように、「幸せリーグ」そのものの活動とともに、互いの相乗効果が期待される。

幸福度の理念の浸透

　さらに、幸福度の理念が広まることにも大きな意味がある。幸福度やその構成要素を指標化し、行政評価や施策の立案等に活用することができれば、「どれだけ住民の幸福に寄与したか」或いは「住民の役に立ったか」といった、これまでとは異なる視点からの評価が可能となる。そして、幸福度を政策の基点とした行政という考え方が全国に広まれば、より住民本位の地方自治が実現できるのではないだろうか。

ABC の聴講生

　荒川区では、組織内大学である「荒川区職員ビジネスカレッジ（通称 ABC）」を実施しており、各分野の第一線で活躍する専門家を講師として招へいして教養講座を開催するなど、職員の育成に力を入れている。この ABC に、「幸せリーグ」参加自治体の職員が研修生として参加している。さらに、ABC を参考にした業務終了後の人材育成プログラムを実施している自治体もあるなど、新たな広がりを見せている[1]。

5．今後の展望

連携の強化

　2017（平成 29）年 6 月に開催された総会において、「幸せリー

グ」顧問である神野直彦氏は次のように述べている。

　「今日、世界中で人間の歴史が方向性を失って混乱しており、本質を見失わないことが重要である。地方自治体の任務、使命はそもそも地域住民あるいは地域社会の悲しみを幸せに変えることであり、当たり前の根源的な事実を忘れないということが重要なのではないか。他者への関心を失うと、私たちの命を育んでくれている環境への関心が無くなり、環境が破壊されると幸せが破壊されるということである。私たちは、地域社会における人間と人間の絆を取り戻す必要があり、『幸せリーグ』の取り組みをますます発展させていかなければならない」

　この発言には参加した多くの首長が共感を寄せ、大きな反響があった。

　「幸せリーグ」に参加している基礎自治体の取り組みは、それぞれ地域特性を反映し多様性に富んでいる。そうした取り組みの根底にある独自の発想やアイデアは、他の基礎自治体においても参考にできるのではないか。学び合いの中から新たなアイデアの創出が期待され、その地域にあった幸福実感の向上が図られていくことにより、幸福実感向上の輪が身近な政府である基礎自治体に広がりつながっていくことが求められている。

注記
1　ABC の詳細については、第 6 章参照。

参考文献
「幸せリーグ」事務局編（2014）『「幸せリーグ」の挑戦』三省堂。

第6章
ダイナミズムを生み出す人的資源管理

第1節
採用の仕組み

関千里（愛知学院大学経営学部教授）

1. はじめに

企業における採用は、自社の競争力を維持し、将来にむけて一層発展させていくために行われる人事施策である。企業における人的資源管理の枠組みにしたがって、採用活動の位置づけを行うとすれば、実務上、人事の出発点となるものが「採用」である。

企業が仕事のための組織であり、職務のシステムであるとすれば、職務に適合した人材の募集・採用・配置を行うことが不可欠である。人的資源管理の理論にしたがえば、募集・採用の前段階として、職務分析が実施されることになる。とりわけ、欧米企業においては、職務分析を行ったうえで募集・採用のプロセスに移るのが一般的であり、仕事を軸として組織と人材との関係が構築される。しかしながら、日本企業の経営においては、職務について必ずしも分析的ではなく、採用についても特定の職務を念頭に行われることは多くないと言われている。

その理由として挙げられるのが、日本企業、とりわけ大手企業における採用の特徴、「新規学卒者定期一括採用」ならびに日本における人事慣行である「長期安定雇用（ないし終身雇用的慣行）」である。日本企業の多くはいわゆる「メンバーシップ型雇用」を行っており、それを前提として人事施策が1つのシステムとして動いている（青木・奥野 1996、濱口 2013）ため、たと

えば採用の部分のみ変更することには困難が伴う。

中村（2016）は、日本企業における採用の特徴である「新規学卒者一括採用」について、「入社後数年から十数年後の活躍が本来の目的であるにもかかわらず、年度ごとに繰り返される活動であるため、成果が判明する前に次の採用の設計を行わなくてはならない」ということを指摘し、採用の成否の評価、採用活動の変更の難しさを論じている。

しかし、企業行動が、企業理念、目標、戦略、組織、インプリメンテーションとの整合性をもって展開されることに鑑みれば、人的資源管理ならびにその一領域である採用もまた、戦略や組織との整合性を有することが求められる（二神 2000）。

２．採用管理の難しさ

採用管理の難しさは、それが生身の人間（ヒト）に係る領域であるということに尽きるかもしれない。対象が生身の人間であるという点において、人的資源管理はモノを扱う生産管理、カネを扱う財務管理、情報を扱う情報管理という、企業における他の管理諸活動と異なる意味を有する。

企業その他の組織において、活動の源泉となるのが「経営資源」である。経営資源は一般に、「ヒト・モノ・カネ・情報」という要素から構成される。採用管理を含む人材マネジメント（ないし人的資源管理）は、それら経営資源のうちで「ヒト」に関して行われる企業におけるマネジメント活動の総称である。

1980 年代以降、米国企業を中心に経営資源における「ヒト」の重要性に改めて注目が集まるようになり、Human Resource Management（HRM）という用語が人事・労務管理の領域を指すものとして使用されるようになった。そうした潮流を受けて、欧州および日本の企業経営において、用語・概念が伝わり、「人

的資源管理」と訳されている。

　人的資源管理の対象である「ヒト」の特徴について、上林 (2012) では、①経営資源のうち、最も重要な構成要素であること、②ヒトは生身の人間であり、感情を持ち、高度な思考をする主体であること、③ヒトの管理の領域には新たなパラダイム、新たな管理手法が出現しにくいこと、を指摘している。

　具体的に見てみると、ヒトという存在が「経営資源のうち、最も基本的で重要な構成要素であること」は論を俟たないように思われる。物的資源、金銭的資源、情報資源それぞれは、ヒトがそれら資源を使用することによって本来の力を発揮すると考えられる。モノ・カネ・情報のそれぞれは、実際に利用する「ヒト」がいなければ意味を成さない。

　「ヒトは生身の人間であり、感情を持ち、高度な思考をする主体である」という特徴も、その他経営資源（モノ・カネ・情報）との比較を通じて理解することができる。私たちは喜怒哀楽様々な感情をもち、日々様々に考え、行動する主体である。したがって、組織のなかで、上役から命令され、指揮されるだけの仕事には飽きたらない。組織人として、組織のオーダーにしたがうのは当然であるが、職場での仕事において、自由裁量の余地や自律性を持って働きたいという心性を有している。このように行動の自由や自律性を求めるヒトを、組織にとって有効に作用させるためのマネジメントが必要となる。

　このように考えると、「ヒト」のマネジメントすなわち人的資源管理の領域では、新規性のある管理手法は出現しにくい。モノを扱う生産管理、カネを扱う財務管理、情報を扱う情報管理という、企業における他の管理諸活動の領域において、新たな手法や新たな視角の定立が見られることと対照的である。生身の人間、「ヒト」のマネジメントは常に古くて新しい課題である。

3. 人材マネジメントの領域と採用

　このように、感情や主体性をもったヒトを採用し、モチベート
し、組織目標の達成へ向けてマネジメントしていく一連の流れが
人的資源管理である。

　人的資源管理には、①企業の労働サービス需要の充足、②労働
者の就業ニーズの充足、③労使関係の調整と安定維持、という 3
つの機能がある（白井 1992、佐藤・藤村・八代 2007）。

　第一の機能は、企業の労働サービス需要の充足である。企業に
は、その目標を達成するために必要とされる仕事、すなわち労働
サービスの需要が存在する。その仕事を遂行するために必要な量
と質を担保する労働サービスが、必要なときに過不足なく、一定
のコストの範囲にて提供されなければならない。そのために人材
マネジメントをつうじて、企業内外の人材を確保し、人的資源の
利活用を行うことが求められるのである。

　第二の機能は、労働者の就業ニーズの充足である。企業で働く
ヒトは、企業に対して労働力を提供し、それによって報酬を得て
いる。同時に、それぞれの立場や状況に応じて、働くことおよび
勤務のあり方、労働条件などについての希望・要望を有している。
人材マネジメントにはそれらの充足が求められる。

　「もっと高い給与が欲しい」と思ったり、育児のために「勤務
時間を変更したい」と思ったり、親の面倒をみるために「地元を
離れられない」と思ったり、従業員には様々な事情や背景による
さまざまな希望・願望が存在する。それら全てにこたえることは、
たとえば「高い給与」を求めるという要望 1 つにしても人件費な
どの制約により容易ではない。だからこそ、人材マネジメントを
つうじて、労働者がもつ就業ニーズを汲みとり、労働条件の整備
や人事施策の展開を行うことが重要である。

第三の機能は、労使関係の調整と安定維持である。ここで言う「労使」とは、働くヒトすなわち「労働者」と、かれらが働くある企業すなわち「使用者」を指す。労働者と使用者、働くヒトと企業の間には次のような力学が存在する。

図1

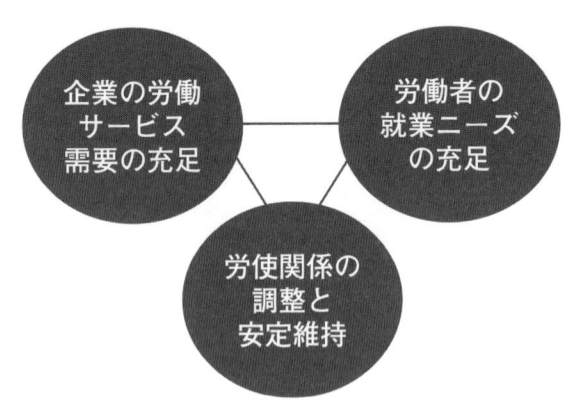

（出典：佐藤・藤村・八代（2007）p.3 図 1-1 を一部修正）

　企業は「儲けを多くしよう」として行動し、そこで働くヒトは「労少なくして、得るものを大きくしよう」として行動するため、一定の緊張感をはらむ。また、語義から見ると、企業は労働者を「使用」するのであるから、雇用という関係において相対的に強い立場にある。ここに労使間調整の必要が存する。

　企業はその立場において、提供可能な報酬の額や労働環境、人材の活用方法などについて提示する。一方で、企業で働くヒトもまたその立場において、労働サービス提供に係る労働環境や報酬、人的資源の活用のされ方などについて要望する。両者はそれぞれ、それぞれの立場において合理的であろうとするわけだが、時にその主張がかみ合わないこともある。その際に、もっと言えばそうした齟齬が先鋭化しないように、労働者や労働者によって構成される集団、たとえば労働組合などがもつ要望と、企業が提示する人事施策についての利害調整を図り、安定を維持していくことが必要になるのである。これもまた、人材マネジメントの重要な役

割である。

　なお、企業は利潤極大化行動に導かれるのであり、第一義として利益を追求しようとする。したがって、企業における人材マネジメントは、その目的から外れるものではあり得ないし、企業目標の達成に資する合理的なものでなければならない。

　より詳細に人的資源管理の領域を見てみると、米国人的資源管理協会（Society for Human Resource Management）では、(1)人的資源計画、募集、採用、(2)人材開発、(3)報酬とベネフィット、(4)労使関係、(5)安全衛生、(6)人的資源調査、という6つの機能領域が提示されている。

　第一の領域には、企業内の職務要件を確定するための職務分析、企業目標の達成に必要な人材の（量と質）予測、それらに係る計画策定とインプリメンテーション、人材の募集、人材の選抜と採用、などが含まれる。第二の領域には、人材のオリエンテーションと訓練、組織開発プログラムの設計とインプリメンテーション、チームの有効な編成、人材評価システムの設計、キャリアプラン策定に対する支援、などが含まれる。第三の領域には、従業員に対する報酬・ベネフィット制度の設計とインプリメンテーション、報酬とベネフィットの公平性および一貫性の確保、などが含まれる。第四の領域には、企業と労働組合との仲介、それに係るサービス提供、ルール作りや苦情処理制度の設計が含まれる。第五の領域には、社内の人材の安全衛生の設計とインプリメンテーション、個人的な問題を抱える従業員の支援（メンタルヘルス対策など）が含まれる。第六の領域には、人材データベースの整備、従業員とのコミュニケーションシステムの設計とインプリメンテーションなどが含まれている。

　上林（前掲）では、人事セクションが携わっている人事制度に照らして、企業が行う人的資源管理について、(1)雇用管理制度、(2)人材育成制度、(3)評価制度、(4)報酬制度、(5)労使関

係制度、という5つの領域に亘るマネジメントであると説明している。

　第一に「雇用管理」すなわち、人員の募集・採用や部署への配置・異動、昇進の決定などに係る諸制度の設計、運用に係るマネジメントである。採用の仕組みについては、次項にて詳述する。

　第二に、「人材育成」すなわち、雇用したヒトを自社にとって有為な人材へと育て上げるために行われる教育・訓練に係るマネジメントである。この領域には、新入社員、管理職など階層別の教育、昇進・昇格に伴う教育・訓練、技術変化に対応するための研修、などの展開が含まれる。近年の人材育成は、組織のメンバーである従業員のキャリア全般を見据えたキャリア・ディベロップ・プラン（CDP）の設計と運用に力点が置かれつつある。

　第三に「評価」すなわち、組織のメンバーがどの程度、組織へ貢献したかの評価に係るマネジメントである。具体的には、人事考課制度がその代表格である。近年、成果主義的な人事管理へのシフトに伴い、人事考課制度の評価尺度に変化が見られる。すなわち、従業員各自の保有する能力を評価尺度とするやり方から、従業員それぞれが実際に企業に貢献した業績を評価尺度とするものへの移行が見られる。

　第四に「報酬」、すなわち、従業員の評価に応じた賃金・給与の支払いに係るマネジメントである。組織メンバーの貢献をいかに評価するか、そして客観的・公平に報酬を付与するかは難しい問題である。年功序列型賃金体系は、従来の日本企業に多く見られた慣行であったが、上述の成果主義的人事管理の進展に伴い、新たな賃金制度の設計が求められている。

　第五に「福利厚生」、すなわち従業員に対する賃金以外の個人的利益となるベネフィット（フリンジ・ベネフィット）の付与に係るマネジメントである。福利厚生のなかに含まれるものとしては、年金制度や雇用保険制度、健康保険制度、社宅・寮、貸付制

度などが挙げられる。これらは、賃金以外の個人的利益となるため、従業員の意欲、職場への定着率の向上等がもたらされる。その意味において、企業にとって福利厚生は、従業員を自社に統合するための重要な機能を果たしている。さいごに、「労使関係」すなわち労働組合との関係性のマネジメントである。人的資源管理の諸制度は、企業経営者（トップマネジメント）の専権事項ではなく、労働者サイドの理解を得て進める必要がある。労働組合が形成されている多くの日本企業の場合、経営者は労働組合との団体交渉や労使協議を通じて人的資源管理に係る諸制度の運用を決定していく。

　このようにして、企業は人的資源管理をつうじて、人事諸制度の設計・運用を行うとともに、企業に属するヒトの効果的な活用に取り組んでいる。

4．採用管理の仕組み

　企業が財・サービスの生産・販売を通じて利益を獲得するために必要な生産要素の1つは「労働力」であり、その保有主体としての「ヒト」である。募集・採用・選抜という、人材の獲得に係る一連の活動は、継続事業体としての企業が存立するために必要な労働力を（外部）労働市場から調達する手続きであると考えられる。これらの総称が「採用管理」である。

　経営資源の取引は市場をつうじて実施されるが、労働力の取引が行われる場は「労働市場」と呼ばれている。この労働市場を、外部労働市場と内部労働市場に分けて議論する場合もある。外部労働市場では、賃金というシグナルを媒介とする労働市場のメカニズムに基づき、労働サービスの売り手と買い手の均衡、労働力需給の調整がもたらされる。採用管理は専ら、外部労働市場との関連のなかで展開される。一方、企業組織内の内部労働市場にお

いては、企業内における労働力の配分が行われる。この配分には、各企業における組織、制度や慣行、および種々の契約が大きく影響する。

　募集・採用・選抜からなる採用管理の前段には、中・長期的な経営戦略・計画にもとづく要員計画が存在する。要員計画は、将来自社にとってどのような人材がどの程度必要になるかの算定によって導出され、これに基づいて採用人数や採用方針の決定が行われる。要員計画は、短期的要員計画と長期的要員計画とに大別される。

　前者は、直近の経営見通しに基づく欠員補充や戦術的対応に伴う人材ニーズから導出される。後者は、人件費総額（経営財務面を考慮し適正に負担できる額）から算定される雇用可能数である「計画要員総数」と、各職能部門の業務に必要な人員を積み上げて算定される「要求要員総数」を擦り合わせて策定される。

　長期的要員計画の策定に際しては、業務効率化、IoT の活用などによる省力化、外注化（アウトソーシング）の可能性も加味される。長期的要員計画のスパンは将来に及ぶため、様々な経営環境の変化を織り込む必要がある。同時に、企業その他の組織が目指すべき目標（売上高や付加価値額などの KPI 指標）や、経営戦略上必要となる業務（量と質）に関する判断も求められる。同時に、長期的要員計画期間内の（社内）労働力の変動を考慮する必要がある。すなわち、定年退職や自発的な離職等に伴う人員減の予測、昇進・昇格の対象となる人材の確認、人材育成計画との関連を考慮に入れることが肝要になる。

　このように、長期的な要員計画と短期的な要員計画、直近の経営見通しに基づいて、次の内容が決定される。第一に、募集人員の量と質の決定であり、具体的には、どのような資質・能力を持った人材をどの程度採用するのか、に係る決定が行われる。第二に、供給元の決定であり、どのような労働市場にアプローチす

るのかに係る決定が行われる。第三に、選抜手段の決定であり、どのような選抜基準・方法を用いて採用を行うのかに係る決定が行われる。これらのプロセスを通じて採用予定人員の総数が打ち出される。

　採用予定人員の総数が決定したとしても、各部署や事業所の事情に鑑みて増員要求を行うことが制度的に可能となっている場合も少なくない。しかし、各部署や事業所による増員要求の全てを通すことは困難であり、人件費管理の観点からはほとんど不可能である。そのため、採用管理においては各部署や事業所からの増員要求について、調整を行うことが必須となる。増員要求の調整においては、要求があった部署・事業所について増員の必要性、緊急性を精査し、その結果に応じたウェート付けを行うことが一般的である。

　採用予定人員の総数が決定されたら、採用対象者の種類や割合を決定するステップに移っていく。ここでは、安藤（2008）にもとづき、採用対象者の決定過程について、3つの段階で説明を行う。

　第一のステップは、雇用形態に係る決定である。すなわち、正規従業員の採用を行うか、非正規従業員の採用を行うか、ということである。正規従業員とは、雇用期間に定めのないフルタイム勤務の従業員、非正規従業員とは雇用期間に定めのある従業員のことを指す。一般的に、企業の基幹業務や経営戦略上重要な仕事に携わる従業員を採用する場合には正規従業員の採用が計画されることが多い。一方、定型的な業務や比較的軽微な業務内容であったり、業務に季節や時期に応じた閑繁がみられる場合、労働力供給の柔軟性を高めるために非正規従業員の採用が計画されることが多い。

　第二のステップは、即戦力を採用するか否かの決定である。すなわち、新規学卒者採用を行うか、中途採用（経験者採用）を行

うかの選択に係る決定である。新卒者を採用するか、中途採用で経験者を採用するかは、企業における人材ニーズと、人材戦略に依存する。

　前者の場合には、即戦力というよりも将来の伸びしろに期待し、自社の文化・価値観、行動様式に合わせて計画的に人材開発・育成が行っていけるという利点がある。他方、新規学卒者を育てるには時間とコストを要するため、即戦力を期待する現場のニーズは満たし得ないかもしれない。後者には、即戦力を確保できるという利点がある。要員計画に照らして、企業が求める人材が内部労働市場から得られない場合や、当該職務を担い得るスキルやノウハウの習得に時間とコストがかかると判断される場合、中途採用が選択される。

　第三のステップは、組織内の人員構成、学歴や専門性に鑑みた採用割合の決定である。業務分掌、長期的職務遂行能力形成といった観点に立脚し、校種（大学・短大卒、専門学校卒、高校卒など）のバランスを取りながら採用管理が行われている。

　当然のことながら、組織はよい人選をしなければならない。その際に考えておくべきは、採用に係る意思決定は、雇用する側と選考される人たちの側、双方で行われるということである。採用・選考のプロセスを通じた相互期待の構築は、心理的契約の一環をなす。そしてそのことは、採用されたヒトの組織に対する態度と感情に影響をおよぼしていく。

　そのために、これから採用されるヒトに向けたメッセージ、採用後に行う仕事についての情報などをはっきり表し、適切なメディアを用いて伝えていくことも重要である。

　これら企業における採用管理のやり方は、地方自治体のそれとは様相を異にする部分も多くみられる。たとえば、自治体における人事の場合、採用には競争主義的な側面が見られるが、採用後についてはある程度平等的な傾向が見られるかもしれない。

　自治体の業務において、ヒトという資源（人的資源）の重視が増している。いうまでもなく、自治体の職員は公務員であり、公務労働に携わっている。それゆえに、企業で働く人材とは異なる業務、その業務に伴うメンタリティ（たとえば「汗・涙・誠」など）を要請されることも少なくない（田尾 2015）。公務労働に公人として従事するうえでは、法令準拠が必要であり、相応の合理性が期待されるであろう。一方で、公務労働に従事するヒトも、感情や主体性をもって仕事に臨んでいる。その意味において、組織のミッション・ビジョン、目標、戦略およびドメインにしたがって、意欲のあるヒトを採用し、モチベートし、教育・研修を通じて育成組織を図り、目標の達成へ向けてマネジメントしていくことが不可欠である。

参考文献

青木昌彦、奥野正寛（1996）『経済システムの比較制度分析』東京大学出版会。

安藤史江（2008）『人的資源管理（経営学コア・テキスト⑥）』新世社。

今野浩一郎、佐藤博樹（2009）『人事管理入門（第2版）』日本経済新聞社。

上林憲雄、厨子直之、森田雅也（2010）『経験から学ぶ人的資源管理』有斐閣。

上林憲雄（2012）「人的資源管理論」『日本労働研究雑誌』No.621, pp.38-41。

金井壽宏（2006）『働くみんなのモティベーション論』NTT 出版。

白井泰四郎（1992）『現代日本の労務管理（第2版）』東洋経済新報社。

佐藤博樹、藤村博之、八代充史（2007）『新しい人事労務管理（第3版）』有斐閣アルマ。

財団法人神戸都市問題研究所編（2005）『季刊 都市政策』第120号、勁草書房。

ジョン・ブラットン、ジェフリー・ゴールド（2009）『人的資源管理 —— 理論と実践 ——（第3版）』（上林憲雄・原口恭彦・三崎秀央・森田雅也 訳）

　文眞堂。

田尾雅夫（2011）『市民参加の行政学』法律文化社。

田尾雅夫（2015）『公共マネジメント』有斐閣ブックス。

濱口桂一郎（2013）『若者と労働「入社」の仕組みから解きほぐす』中央公
　論新社。

服部泰宏（2016）『採用学』新潮社。

二神恭一（2000）『企業と人材・人的資源管理（現代経営学講座 8)』八千
　代出版。

二村敏子（2004）『現代ミクロ組織論』有斐閣。

中村天江（2016）「採用変革に関する考察—包括的理論モデルの構築を通
　じて—」『*Works Review*』, Vol.11, pp.44-55, リクルートワークス研究所。

渡辺三枝子編著（2007）『新版 キャリアの心理学』ナカニシヤ出版。

第2節
質的能力向上・人材開発 ── 基礎自治体の人材育成

小林直彦（荒川区総務企画部参事　総務企画課長事務取扱）

1. これからの基礎自治体に必要な人材育成

　今後、基礎自治体が発展できるか否かは、人材育成の成否にかかっていると言える。地方分権時代における自治体は、かつての定型的な事務事業を執行することを中心としていた「事業官庁」から、政策力、調整力、実行力を兼ね備えた「総合官庁」へと質的な変化が求められている。基礎自治体の職員の役割も変容し、法令の適用や書類作成、内部調整を中心とする仕事から、区民一人ひとりの声に真摯に耳を傾け、その信頼に応えるために必要とされる政策を創造し、対外的な調整を行い、よりよい形で実行していく能力が求められる割合が格段に大きくなっている。

　こうした時代の要請に的確に応えていくためには、行政運営の担い手である職員一人ひとりが、一人でも多くの住民の幸福の実現に寄与するという高い志と使命感を持って職務に向き合うことが何よりも重要となる。職員が、住民の幸福を形作る公務のプロフェッショナルとして、日々研鑽を積み、住民の切実な声を政策に転化して行政サービスを提供し、そのサービスを享受した住民から感謝されることを通じて、更に研鑽を積み重ねて能力向上を図り、質の高い行政サービスの提供を図る。そのような「志」と「能力」の好循環が絶え間なく続く組織風土づくりが基礎自治体には求められている。

基礎自治体の人材育成システムは、住民生活全般にわたる広範な業務を所掌している組織の特性上、より多くの行政分野で様々な経験を積ませるゼネラリスト養成型が一般的となっている。そのような視点は、今なお有用であるが、少子高齢化や人口減少等、基礎自治体がかつて経験したことのない大きな課題に直面している現状においては、これまで以上に、得意分野（コアコンピタンス）を持ち、幅広い視野と知識の総合知を兼ね備えた職員の育成が急務となっており、更に創意工夫を重ねて人材育成に精力的に取り組んでいく必要がある（図1参照）。

図1

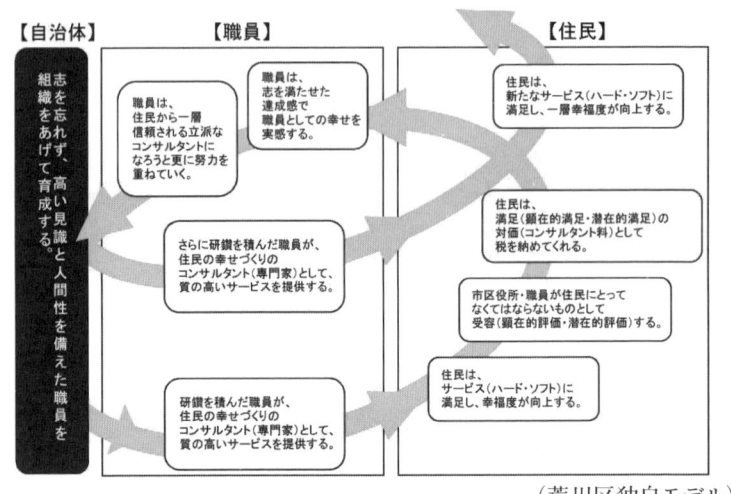

（荒川区独自モデル）

2．荒川区の挑戦

　基礎自治体における人材育成は、業務遂行を通した知識・経験の蓄積のほか、職場内研修、定期的な人事ローテーション、職場外研修等により、中長期的かつ重層的に取り組んでいる。荒川区においても、人事制度[1]のほか、職種、職層等を勘案した網羅的な研修体系の下で計画的な育成を図っている。中でも、近年、特

に力を注いできたのが、組織全体で学ぶ風土の醸成と次代を担う若手職員の計画的・重点的な育成である。ここでは、荒川区が行っている人材育成の取組のうち、特徴的なものをいくつか取り上げてみたい（図2参照）。

(1) 組織全体で学び、公務のプロとしてのマインドを育てる組織内大学　——　荒川区職員ビジネスカレッジ（ABC）

　従前の区の人材育成プログラムは、人事制度をベースとする職層毎の研修を中心に構成しており、より意欲的に向上心を持ってスキルアップを目指す職員の要請に十分に応えきれていない側面があった。人材を重要な経営資源の一つと捉えるリーダーが首長に就任したことを機に、「人財[2]育成元年」と位置付けた平成17年度に、新たな職員の能力開発の取組として、組織内大学として荒川区職員ビジネスカレッジ（以下「ABC」という）を創設した。

　ABCは、入庁1年目から係長級までの職員を対象とした自主研修プログラムである。1年次は教養課程、2年次はゼミ課程の計2年間のプログラムの「本課課程」、更には管理職がリーダーシップ論や経営理論を学ぶ「大学院」、資格取得を含めて専門分野の実務能力を身に付ける「実務専門課程」、自分のペースで学べる「通信教育支援コース」で構成されている。

　「本課課程」は、勤務時間終了後の夜間時間帯に実施している。1年次の教養課程では、企業、NPO、大学、公的機関等、様々な分野から講師を招聘し、通常業務ではなかなか触れることのできない教養や価値観を身に付け、広い視野で物事を捉える力を養うことを目的としている。2年次のゼミ課程では、区の管理職を教授・准教授として、行政職員としての生き方や仕事の進め方等を学んでいる。

　これまで、ABCでは、区職員の4割を超える700名以上の職員が学んできた。また、区職員のみならず、区内団体、友好都市、

外部機関の職員も聴講生として受け入れており、平成29年度は5団体が参加している。様々な機関、部署、職種の職員が同じ机で学び、異なる見方、考え方に触れることで、互いを触発し、新たな視点を生み出す効果が期待される。

(2) 挑戦する組織であり続けるためのイノベーションシステム
—— 学び直し研究所

　ABCの取組に加え、平成28年12月から新たな取組として開始したのが、"学び直し"をキーワードとする「学び直し研究所」の取組である。ABCが主に若年層から中堅層の職員を対象としているのに対し、学び直し研究所の取組は、中堅層以上の職員を対象とし、現在は管理職向けに実施している。行政の枠にとらわれない様々な分野の最新動向や最先端の研究に触れることにより、これまで培ってきた能力や知識を見直し、時代の変化に対応できる鋭敏な感性を磨き、高度な知識を習得することを目的としている。これまで、「第4次産業革命の動向」「成人の学び直しとその支援」「地域包括ケアシステム」「発達障害支援」等のテーマを学んできた。

　荒川区においては、以前から、ABCを始め組織全体で学ぶ風土の醸成に取り組み、職員が能力を磨き、持てる力を発揮するための環境づくりに注力してきたところである。また、区政運営を牽引する管理監督者層の職員が、新たな知見に触れることで、組織全体の更なるレベルアップを図ることを目指している。

　近年、官民問わず、65歳までの継続雇用の取組がなされ、公務分野においても定年延長の検討がなされるなど、キャリアデザインの再構築が求められている。意欲と能力のあるベテラン職員が学び直し、これまで培ってきた豊富な経験に、新たな知見を融合させ、区民によりよいサービスを提供することができるような環境を整備していくことは、時代の要請に適った取組であると認

識している。

(3) 将来の区政を担う人材の早期育成システム
—— 次世代リーダー研修

　ABCや学び直し研究所は、区を取り巻く環境が変化し、区民ニーズが複雑・多様化する中で、広範な視野、既存の手法にとらわれない感性や知識を養い、政策形成能力の向上等を図ることを目的としている。これに加えて、10年後、20年後の区政を見据えたときに重要となるのは、若手職員が、将来的に区政の中核を担うという強い自覚の下で、今からリーダーとして自分の果たすべき役割を認識し、必要な準備を行っていくことである。そうした問題意識を踏まえて創設したのが「次世代リーダー研修」である。

　次世代リーダー研修は、将来のリーダーと目される職員の中から毎年度6名程度を選抜し、2年間のカリキュラムで育成するプログラムである。プロジェクトマネジメントや社会調査等、政策立案に必要な知識のほか、区政の各分野の重要課題について、所管の部課長との意見交換を行い、最終的に政策提言につなげることを内容としている。このような早期選抜による育成システムは、民間企業では当たり前のように行われているが、公平な人事制度を旨とする基礎自治体の下ではある種の挑戦的な取組とも言える。

　平成21年度から開始し、現在は8期生が学んでいる。研修を通じて様々な管理職の考え方に触れ、次代を担うリーダーとしての自覚の醸成が着実に実を結んでおり、初期メンバーは、現在、係長や課長等の管理監督者として、区政の各分野において活躍する等、大きな成果を上げている。

図2 荒川区における研修体系モデル

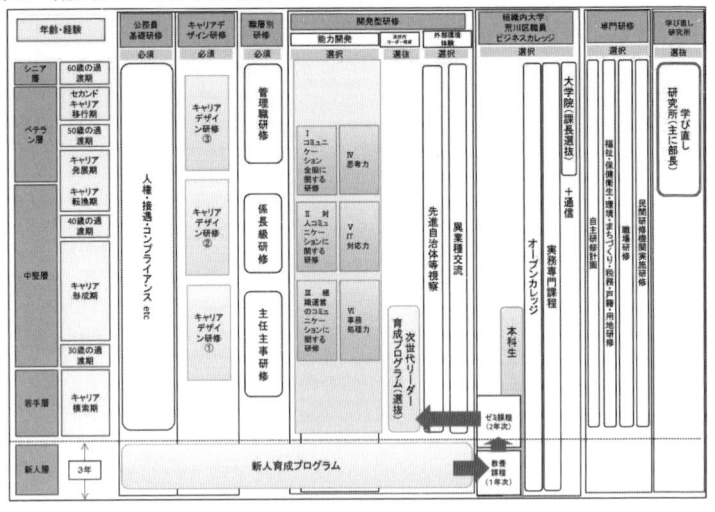

3. 未来へ紡ぐ人材の育成

　荒川区では、新たな発想による人材育成に着手した平成17年度から十有余年が経過し、その成果は着実に芽吹きつつある。全国的にも注目を集めた、国家戦略特区を活用した都市公園内における保育施設整備のアイデアは、若手職員から提案されたものであり、平成29年4月に実現の運びとなった。また、数年前までは、管理職や係長といった管理監督者への昇任に二の足を踏む職員が多かった中で、若手職員の昇任意欲も着実に増加傾向に転じている等、目に見える効果も表れ始めている。これもひとえに、トップの強力なリーダーシップの下で、人材育成に注力してきた結果にほかならない。

　人材育成は、一朝一夕になせるものではなく、中長期的な息の長い取組が必要である。また、一部の職員だけが取り組むものではなく、組織に属するすべての構成員の中で高い意識の共有を図り、取り組んでいく必要がある。組織全体として学ぶ気運を醸成

し、職員一人ひとりが志と能力の好循環を図る取組を継続することが、幸福を実感できる地域社会の実現に寄与するためには欠かせない。

注記

1　係員から部長までの8職層から構成する人事制度であった。平成30年度から、管理監督者の育成・確保を図る仕組みを反映した6層制（「係員」「主任」「係長」「課長補佐」「課長」「部長」）に制度改正を行った。

2　職員は、自治体を構成する単なる材（材料）ではなく、自治体の発展に寄与する様々な可能性を秘めた財（財宝）という意味を込めて、「人財」という表記とした。

参考文献

青山佾（2007）『自治体の政策創造』三省堂。

『新しい時代に対応した人事戦略構想』（2007、荒川区）。

第3節
組織外組織と人材の活用

猪狩廣美（荒川区自治総合研究所所長）

1．内部資源活用の量的・質的限界

　昭和58年の行政改革大綱から平成17年の集中改革プラン[1]に至るまで、人事政策の主要課題は職員数の適正化に置かれていたと言って過言ではない。

　総務省の調査[2]によれば、地方公務員の総数は平成6年の3,282千人から同28年には2,737千人になっており、率にして16.6%減少している。

　一方で、社会経済状況が目まぐるしく変化する中で、核家族化は一層進み、生活様式も大きく変化している。これらに伴って、住民ニーズは多様化・高度化し拡大の一途を辿っている。当然のことながら、これらのニーズに直接対応していくのは自治体の役割である。

　急増するニーズは単に量的な拡大ばかりではなく、ニーズ拡大の背景を反映して、その内容は複雑であり困難性が高く、専門的な能力が求められるものが多い。これらに対応する職員の育成には多くの時間を要するなどの課題がある一方で、常勤の職員として人員を確保するには、その人員に見合うだけの業務量が求められるなどの課題があり、適時適切な対応能力を組織として確保できないのが現実である。

２．民間専門家の適切な活用

　この間、絶対的に不足するマンパワーを補うために、PPP や PFI など、民間事業者の参入を促す新たな制度を活用した取り組みをはじめ、指定管理者制度や業務委託の拡大など、様々な努力が重ねられてきた。これらについては、第Ⅱ部 第２章を参照されたい。

　もう一つの課題は、専門性である。職員の専門性を高める努力はなされてきてはいるものの、限界はある。自治体の規模にもよるが、法曹資格や公認会計士資格を持つ職員がいる団体は限られている。建築士や電気主任技術者も確保できずにいる自治体もあるのが現実である。

　弁護士についていえば、しばしば市民相談所等での法律相談業務を担う非常勤職員として委嘱することがある。近時、日本弁護士会が自治体への協力を謳い、弁護士活用の促進を働き掛けていることもあり、徐々にその活用の広がりがみられる。例えば、児童相談所の児童保護活動や不良債権化した私債権の回収業務などは、法律上の争いに直結する業務であることから、弁護士の活用が適切な業務と考えられる。前者は都道府県や児童相談所設置市に限られたものであるが、弁護士を任期付専門職員として雇用する事例が見受けられる。一方、後者はどの自治体でも抱える課題である。公債権については強制的な徴収権限を自治体が有するものであることから、その徴収についてのノウハウは各自治体が十分に積み重ねてきている。しかし、奨学金貸付債権や公立住宅利用料債権などの私債権については私法に基づいてその確保を図らねばならず、時効期間を徒過してしまうケースも多い。自治体によっては、億単位で毎年度繰り越しているケースも見受けられる。これら私債権については、訴訟などの法的回収手続きまで視野に

入れつつ回収交渉を進める必要があり、専門的知識、経験が求められる。業務委託などを講じて、弁護士としての能力・資格をフルに活用した適切な債権管理を実現したい。

　近年、総務省は、財政マネジメントの強化と公会計の透明性向上を目的に、公会計制度の改革に積極的である。平成29年度までには、総務省方式の新公会計制度による決算関連資料の作成が全ての自治体に求められている[3]。従来の単式簿記現金主義から複式簿記発生主義への移行は、基本的な会計哲学が異なることでもあり、専門的な知識経験が求められる事柄である。単に形式的に事務処理を変えるだけでは、公会計改革の目的は実現しない。公認会計士等の専門家の能力を適切に活用して、改革の意義を理解したうえで、事務処理の在り方を見直していくことが重要であると考える。

　自治体に寄せられる期待は、今後一層専門的になるであろう。職員の育成を怠ってはならないが、プロフェッショナルを活用していくことも一つの選択肢である。他にも、中小企業診断士や土地家屋調査士など、協力を仰ぐべき分野は多くある。

3. 大学等の研究機関の活用

　組織外組織、人材の活用を考える時、忘れてならないのは大学等の研究・教育機関である。

　これまで、少なからぬ自治体が職員の自己研鑽意欲を支援する形で大学院等への就学支援を行ってきた。私立大学が、社会人コースの一つとして公共政策をテーマとする大学院のコースを開設したこともその大きな要因である。また近年、学業研究への専念を求める公共政策大学院大学に職員を派遣する自治体も出てきている。

　一方で、研究機関としての大学と協力して行政需要に応えてい

こうとする事例も多くなっている。土木や建築、都市計画など高度な専門領域において、あるいは調査・解析などの分野では、大学との協力、連携が有効になっている。

４．荒川区における組織外組織、組織外人材の活用事例（民間事業者以外）

　以下、荒川区における組織外組織、組織外人材の活用事例を紹介する。

（1）いくつかの専門家活用事例

　弁護士を、区民相談所における非常勤の法律相談員として委嘱し、区民の相談に応じてもらっている。また、顧問弁護士として委嘱し、各所管部局が抱える法律上の相談に定期的に応じてもらっている。最近では、いわゆるモンスターペアレントへの対応や、トラブルの未然防止など、顧問弁護士への相談件数は増加してきている。

　中小企業診断士は、産業政策の要ともいえる企業相談員として区内事業者の経営相談や融資相談などを担う。最近では入札に代えて行われているプロポーザル（提案競技）の審査に加わり、提案者の経営状況についての適切性について意見を述べている。

　近時、活用の機会が増えているのは社会保険労務士である。区が発注する業務委託が拡大する中、中小企業診断士による経営状況の確認と併せて、社会保険労務士に受注企業等の従業員の適正な労働環境が維持されているか等の確認調査を依頼している。更に、指定管理者制度の運用の中でも、指定管理者となった企業等の労働環境調査も依頼している。

　臨床心理士や消費者相談員などによる相談業務も多岐に亘っている。

（2）組織外組織の活用事例

女子栄養大学と「満点メニュー」

　まず、平成18年度に女子栄養大学短期大学部と連携して取り組み始めた「満点メニュー」事業である。

　荒川区は区民の健康寿命を延ばすことを目標として掲げ平成17年度に「生涯健康都市」宣言を行い、健康増進施策の展開に力を注いできた。働き世代の早世割合が全国平均を上回っていたことが背景にある。その原因を探ると専ら生活習慣病によるものであることが分かった。また、食事において味が濃く、好きな物に偏りがちな外食が多いことも分かった。食習慣を変えるのは容易なことではなく、何よりも、本人が改善意識を持たなければ実現しない課題である。そこで浮かんだアイデアが、区内の食堂やラーメン屋、蕎麦屋などの外食店舗で健康に配慮したメニューを出してもらい、来店する区民の食生活改善の意識づけをしようというものである。肉が続いたから今日は野菜にしようとか、そんな発想を誘発できれば改善に向けた第一歩が踏み出せると考えた。

　しかし、いざお店に伺って、趣旨の説明をしてみても反応はいま一つ。売れ行きに直結するのだから、当然の反応である。そこで栄養士である職員が、店の主人、料理長、シェフと根気よく意見交換を重ね、お店のカラーを尊重しつつ、健康に優しいメニュー作りを進めた。交渉開始から6か月、ボリュウムが売りのお店では、ボリュウム感を損なわずに、脂肪分と塩分を控えて繊維質を多くした新たなメニューが出来上がった。「美味しくて、安くて、ヘルシー」な「満点メニュー」の誕生であった。

　「満点メニュー」を提供するお店が1店だけでは目的達成は程遠い。そこで、全庁挙げての候補店舗探しのローラー作戦が始まり、可能性がありそうなお店情報を保健所に集めた。しかし、対応できる栄養士の数は全く足りない。そこで、栄養指導に定評が

あり、栄養士養成の雄である女子栄養大学に連携の相談を持ちかけた。区長と学長の後押しを得て、研究室とそこに属する栄養士が荒川区の外食店舗に出向いてくれた。多くの店で満点メニューができていく。

　それから 10 年、この間、寿司、そば、和定食、洋食、中華、ラーメン、お好み焼き、もんじゃ、居酒屋、弁当等まで、延べ120 店舗、248 のメニューが開発、販売されてきた。他の事業との相乗効果もあって、65 歳健康寿命は男女とも改善してきており、特に女性は 23 区中 21 位から 7 位にまでランクアップしている。

早稲田大学との「学力向上共同調査研究」

　子どもたちの教育は自治体の基本的で中心的な使命の一つである。荒川区では、学校教育の活性化や学力の向上などを目的に掲げて、早稲田大学と共同研究を行い、多くの挑戦の成果を、区内各校、各教師に提供してきている。

　具体的な内容の一例を挙げると、大学教授による理科出前授業（科学実験）やキャンパスツアー、科学コンテストの追体験などを内容とする「次世代科学者養成講座」や「プログラミング教育」「投資・金融教育」「法教育」などである。多彩なプログラムが展開され、多くの子供たちに夢と希望、そして志を与え続けている。公立学校での義務教育という制度的枠組みを前提としつつも、大学との連携で、その新しい可能性を広げる挑戦である。

秋田県公立学校法人国際教養大学と「中学校ワールドスクール」

　荒川区は、平成 15 年に英語教育特区の指定を受けて、全小学校で英語教育に取り組んできた。小学校 1 年生から英語に触れる経験は子供たちの英語に対する感覚を大きく変え、身近なものにしている。そんな子供たちが四六時中英語に浸かって生活する

経験をさせようと、平成16年から、夏休みの5日間、英語だけを話す合宿「ワールドスクール」をスタートした。当初から予定人員を大きく超える申し込みが殺到し、子供たち、そして保護者の期待を痛切に感じる結果となった。そして、中学生対象のワールドスクール開催を求める声も多数寄せられた。一時的に中学生も受入れた合同実施としたものの、運営の困難性から小学生のみでの実施に戻した。中学生のコースとなると、そのプログラム内容や指導に当たる人材の確保などの課題は大きかった。

　そんな時期に、国の地方創生事業や特別区で取り組む全国連携事業に関して秋田市との協議が進み、秋田の国際教養大学が中学生を対象とした「英語村イングリッシュビレッジ」と共に取り組んではどうか、とのアドバイスを得た。秋田市の担当者と同大学と一緒に連携に向けての協議を開始した。そして平成27年8月、「荒川区中学校ワールドスクール」第1期生が秋田の地を踏んだ。

荒川区自治総合研究所（RILAC）の設立と客員研究員制度

　荒川区における組織外組織・人材活用を象徴する取り組みは、荒川区自治総合研究所（RILAC）の設立であろう。

　RILAC は、「荒川区が基礎自治体として政策形成力の向上及び質の高い区民サービスの提供を図るために、区が抱える課題等について多角的かつ中長期的な視点に立って調査研究を行い、区に対し政策提言等を行うことにより、地域社会の健全な発展に寄与することを目的[4]」に荒川区が出捐して平成21年10月に設立された。調査研究、助言・提言、政策立案支援、人材育成等の事業を展開している。平成23年8月には公益認定を受け、公益財団法人となっている自治体シンクタンクである。

　特徴は、その研究体制である。研究員6名のうち、3名は区からの派遣職員である。いずれも修士の学位を持つ若手職員であり、他の3名は、大学等から推薦された修士・博士たちで、それぞ

れの研究分野を活かして自治体政策に寄与したいとの志をもって、非常勤研究員としてその職を担う。

　研究所の主要な研究テーマの一つは「区民総幸福度（GAH）」の研究であるが、それに限定されず、幾つもの個別テーマについて研究を進めてきた。「子どもの貧困・社会排除問題研究」「親なき後の支援に関する研究」「CS と職員のモチベーションに関する研究」「自然体験を通じた子どもの健全育成研究」等である。GAH をはじめ、何れの研究においても、関連する分野の大学教員などその分野を専門とする研究者を客員研究員として迎えて学術的な視点からの議論、検討を行ってきた。その際には、区の関連部署の職員をメンバーに加えたワーキングチーム等を作り、実務的な検討を併行、或は統合して研究を進める、という手法をとってきた。これによって、現場感覚も踏まえた現実的な研究成果に結びつけてきた。

　RILAC を設立したことで、柔軟で効果的な人材の活用や研究が実現している。

5．組織の内外を超えて、人的資源を開発・活用する

　組織外の組織や人材の活用について述べた。自治体としての使命を達成していくためには、組織の構成員である職員の「志」と「能力」を一層高めていくことが重要である。しかし、そこにはおのずと限界があるという現実にもきちんと目を向ける必要がある。

　新たな課題に直面した時、できない理由を挙げるのではなく、できる方策を考えなければならない。困難な理由が人材にあるとすれば、外に求めることに躊躇してはならないと思う。"外部頼み"の先行は慎まなければならないが、内部でやれるだけのことをやるとして、そこに限界があった時、外部人材を活用すること

を積極的に考えてよいであろう。

　内部人材だけでは実現できないことを外部の人材に託した場合には、いずれは内製できるような取り組み方の工夫が是非とも必要だということである。

注記
1　総務事務次官通知 2015.3.29「地方公共団体における行政改革の推進のための新たな指針」。
2　総務省 2017.3「平成 28 年地方公共団体定員管理調査結果」。
3　総務大臣通知 2015.1.23「統一的な基準による地方公会計の整備促進について」。
4　2009.8「公益財団法人荒川区自治総合研究所定款」。

第 7 章

現代的課題と基礎自治体

東京オリンピック・パラリンピックに向けての準備[1]
── 東京オリンピック・パラリンピック組織委員会の構成と役割を中心に

酒井久雄 （エリーパワー(株) 取締役常務執行役員）
平山哲也 （東京オリンピック・パラリンピック競技大会
組織委員会役員室長〔当時〕）

　2020 年に開催される東京オリンピックは「オールジャパン」
での取組が謳われている。その準備の中核を担うのが組織委員会
である。基礎自治体である東京都特別区では、区長会が「オリン
ピック・パラリンピックを成功させる特別区 23 人の区長会議」
を設置し、取組に向けた体制づくりを進めている。そこでは関連
施策としてスポーツ振興及び環境の整備、障がい者スポーツの普
及促進、観光拠点の整備と防災力向上、地域振興、そして関連事
業実施のための特別区に対する財政支援や補助事業整備等につい
て、取組や要望がなされている。また、具体的には、準備委員会
への区職員の派遣、選手団受け入れと地域住民との交流、それら
を地域文化として創造するための施策が論じられ、進められてい
る。

　本節では、こうした背景の中で改めて組織委員会のありようを
示し、基礎自治体を含めた「オールジャパン」の姿について説明
する。

1．組織委員会の沿革と推移

　東京都にとってオリンピックとパラリンピックの開催は、戦後
2 回目の開催であり、その招致は関係者の悲願であった。1964
年に開催された東京オリンピックを目の当たりにした世代の人た

ち、たとえば石原東京都知事（当時）をはじめとする年代の人たちは、開催が国民に自信と勇気をもたらしたことを、そして開催効果の大きさを肌で感じていた。招致への強い思いは、2016年開催招致の失敗後、ただちに2020年開催の招致活動について動き始めたことからもわかる。

開催都市東京は2010年7月、都スポーツ行政の総合的な推進を図るために、3つの組織に分かれていた部を統合し、福祉保健局が担当していた障がい者スポーツをも一元的に所管するスポーツ振興局を設置し、続けて局の中に招致推進部を設けた。13年9月の開催決定を受けて、招致推進部はオリンピック・パラリンピック大会準備部と改称された。14年に局は、オリンピック・パラリンピック準備局として改組・改称されることになり、現在に至っている。他方、2020年大会の準備及び運営に関する事業を行い大会の成功に資することを目的に組織委員会が創設された。

この委員会は14年1月に、国際オリンピック委員会（IOC）との開催都市契約に基づきIOCから委任を受け、一般財団法人として設立された。東京都及び共同設立者である日本オリンピック委員会（JOC）が拠出し、基本財産は3億円（東京都1億5,000万円、JOC1億5,000万円）である。15年1月には公益財団法人東京オリンピック・パラリンピック競技大会組織委員会に移行された。

都は、財政を安定化させるために、57億円を追加拠出した。一方で組織委員会は、スポンサー選定を順調に進め、財政安定化を確保し、57億円は16年に東京都に返還された。

組織委員会の具体的な活動として、開閉会式を含めた大会全般の競技運営、仮設施設の準備、選手村の運営、大会関係者（選手、IOC委員、国際競技連盟関係者など）および顧客の輸送、大会関係施設の業務警備などが挙げられる。

2. 組織委員会の構成と機能・役割

(1) 組織委員会の構成

　組織委員会は、評議員会、理事会及び12局の局体制及び監事等からなる。各委員会の役割は以下の通りである。

①「評議員会」は、理事や監事の選任及び解任、定款の変更等を行う。JOCから2名、東京都副知事2名、有識者2名の計6名で構成される。

②「理事会」は、大会運営の計画・準備・実施に係る最終意思決定機関としての役割を担う。予算・決算の承認をはじめ、重要事項の決定、理事の職務執行の監督、役職の選定及び解職等を掌る。JOC、日本パラリンピック委員会（JPC）、東京都、政府、経済界、競技団体、アスリート等計35名で構成される。

③「監事」は、理事の職務の執行を監査する。JOC1名、東京都1名の計2名で構成される。

④「顧問会議」は、組織委員会運営に各界から幅広く助言を得るための会議であり、各界の代表者177名で構成される。

⑤「参与」は、事務総長に対して、組織委員会事務局の組織運営や大会開催に当たって、個別専門的な識見が必要な分野に関し、個々人からの助言を行う。法律、IT等について専門的な識見を有する12人に委嘱している。

⑥「専門委員会」は、大会運営や関連プログラムを成功させるための様々な取組について、専門的な見地から事務局に対して助言を行う機関である。アスリート委員会、街づくり・持続可能性委員会、文化・教育委員会、経済・テクノロジー委員会、メディア委員会の5つの専門委員会を設置している。

　また、2016年9月、小池都知事就任以来、開催されてこ

なかった調整会議がある。2018年1～3月には開催される模様である。

図1　調整会議と組織委員会（2018年3月現在）

　組織委員会はIOC・国際パラリンピック委員会（IPC）が提示する以下の6つの分類の下に、大会運営に必要な52のファンクショナルエリアを設置する。12の事務局の指導・統制のもと効率的運営を図る。

6つの分類は、以下の通りである。

①大会プロダクツと経営

②クライアントサービス

③会場とインフラ

④大会サービス

⑤ガバナンス

⑥コマーシャルとエンゲージメント

図2　大会組織委員会　ファンクショナルエリア

IOC・IPC が提示する6つの分類の下に、大会運営に必要な52のファンクショナルエリアを設置。

大会プロダクトと経験	クライアントサービス	会場とインフラ
◆競技 ◆セレモニー ◆都市活動・ライブサイト ◆文化 ◆教育 ◆聖火リレー	◆放送サービス ◆IF（競技に含まれる） ◆マーケティングパートナーサービス ◆NOC・NPC サービス ◆オリンピック・パラリンピックファミリーサービス（要人へのプログラム・プロトコール含む） ◆人材管理 ◆プレスオペレーション ◆観客の経験	◆エネルギー ◆会場マネジメント ◆会場・インフラ（会場設営・一般的なインフラ含む） ◆選手村マネジメント
大会サービス	**ガバナンス**	**コマーシャルとエンゲージメント**
◆宿泊 ◆アクレディテーション ◆出入国 ◆清掃・廃棄物 ◆ドーピングコントロール ◆イベントサービス ◆飲食 ◆言語サービス ◆ロジスティックス ◆メディカルサービス ◆セキュリティ ◆標識・サイン ◆テクノロジー ◆輸送	◆都市運営調整 ◆コミュニケーション・コーディネーション・コマンド・コントロール ◆財政 ◆国・自治体調整 ◆情報・知識マネジメント ◆レガシー ◆法務 ◆運営実践準備管理 ◆パラリンピックインテグレーション ◆計画・調整 ◆調達（レート・カード含む） ◆リスクマネジメント ◆持続可能性 ◆テストイベントマネジメント	◆大会のブランド・アイデンティティ・ルック ◆ブランド保護 ◆ビジネス開発 ◆コミュニケーション（デジタルメディア・出版物含む） ◆ライセンシング ◆チケッティング

(2)　都と組織委員会のそれぞれの役割と主な取組事項

　都は、開催都市として組織委員会が行う東京2020大会の準備を全面的にバックアップするとともに、大会中の都市活動が正常

に行われるように責任を持って対策を講じることと、大会を契機に、都民共通の財産として真に価値のあるレガシーを残していくことを取組の基本的な考えとしている。

　組織委員会が取り組む東京 2020 大会の準備及び運営の内容は、図3に示される。

図3　東京都の取組・組織委員会の取組

	事項	東京都の取組	組織委員会の取組
1	競技会場等の整備	➤ 新規恒久施設の整備及び後利用の検討、既存都立施設の改修 ➤ 組織委員会の仮設施設整備への支援、工事中の交通対策の調整	➤ 仮設施設の整備
2	選手村	➤ 宿泊施設・基盤の整備及びレガシーの検討 ➤ 組織委員会の仮設施設整備への支援	➤ 仮設施設の整備、大会時の運営・サービス
3	セキュリティ	➤ 開催都市として、都内全域の治安・サイバーセキュリティ・災害・感染症等への対策	➤ 大会の会場・施設の警備全般に係る関係機関との調整など
4	輸送	➤ 経済活動・都民生活への影響を最小化する交通需要マネジメント、インフラ整備	➤ 輸送運営計画の策定、大会時の輸送運営全般、車両・運転手の手配
5	ボランティア	➤ ボランティアへの参加気運の醸成・裾野拡大 ➤ 空港・主要駅や観光地などで観光・交通案内を行う「都市ボランティア」の募集・育成・運用	➤ 競技会場や選手村などの大会関係施設において大会運営を担う「大会ボランティア」の募集・育成・運用
6	多言語対応の推進	➤ 交通機関、道路、飲食店、宿泊施設などにおける表示・標識等の多言語表記の推進	➤ 競技会場内部及びその周辺における多言語対応の検討
7	事前キャンプ	➤ 都内区市町村や被災地の事前キャンプの誘致を情報提供や PR 活動で支援	➤ 国際競技連盟の技術要件を満たす競技施設などをまとめた候補地ガイドを公開
8	開催気運の醸成	➤ オール東京での開催気運盛り上げのための事業実施、平昌大会での開催都市 PR、ライブサイトやシティドレッシングの展開、区市町村等との連携	➤ 大会エンブレムや大会マスコットの決定、平昌大会での東京大会 PR
9	パラリンピック	➤ ハード・ソフト両面のバリアフリー化の推進、障害者スポーツの普及拡大 ➤ メディアを活用した広報	➤ 大会の準備全般、メディアの注目と露出の最大化

(3) 都、組織委員会、国、関係自治体の経費分担

2017年5月31日に開催された「2020年東京オリンピック・パラリンピック競技大会に向けた関係自治体等連絡協議会（第2回）」において、都、組織委員会、国、競技会場が所在する自治体（以下「関係自治体」という）の四者は、大会準備の円滑な実施のため、組織委員会が作成するVersion2（V2）予算の枠に従い、経費の縮減・効率化を図りながら、必要な財源の確保に努めるとされた。同時に、役割分担及び経費分担の具体化が図られる。なお、関係自治体の業務内容については、立候補ファイル及び大会開催基本計画に示された役割を基本として、今後精査していくことになる（図4参照）。

また、大会の成功に向けて、情報の共有と公開に努め、相互に緊密な連携を図っていく。

図4　役割（経費）分担

主体	役割（経費）分担
1　東京都	大会の開催都市としての責任を果たす。 • 大会経費のうち、会場関係については、都及び都外自治体所有施設における仮設等、エネルギー及びテクノロジーのインフラ並びに賃借料等に係る経費を負担する。 • 大会経費のうち、大会関係については、大会時の都市活動や都民生活に与える影響を最小化するよう、都内会場周辺に関わる輸送及びセキュリティ対策に係る経費を負担する。 • 大会経費のうち、パラリンピック経費（※）については、その四分の一相当額を負担する。 • 必要な新規恒久施設の整備や都が所有する既存施設の改修を進める。
2　組織委員会	大会運営の主体としての役割を担う。 • 大会経費のうち、会場関係については、オーバーレイ並びに民間及び国（JSCを含む）所有施設における仮設等、エネルギー及びテクノロジーのインフラ並びに賃借料等に係る経費を負担する。なお、経費分担に関わらず、オーバーレイ、仮設等、エネルギー及びテクノロジーのインフラの整備を実施する役割を担う。 • 大会経費のうち、大会関係については、輸送、セキュリティ及びオペレーション等に係る必要な経費を負担し、業務全般の役割を担う。 • できる限りの増収努力を行い、所要の収入確保を目指す。

	• 経費の縮減・効率化を図りながら、経費全体の精査・把握に努める。
3　国	大会の円滑な準備及び運営の実現に向けて、基本方針（平成27 年 11 月閣議決定）等に基づき、関連施策を実施する。 • 大会経費のうち、パラリンピック経費（※）については、その四分の一相当額を負担する。また、新国立競技場については、既定の方針に基づき、整備を進める。 • 大会経費以外に、国として担うべきセキュリティ対策、ドーピング対策などについて、上記の基本方針等に基づき着実に実施する。 • その他、オールジャパンでの取組を推進するために必要な協力・支援を行う。
4　関係自治体	大会開催に向け、円滑な準備及び運営に協力する。 • 大会時の都市活動や市民生活に与える影響を最小化するよう、輸送、セキュリティ対策など、大会が開催される自治体として担う業務を実施する。 • 関係自治体が所有する会場施設の必要な恒久的改修を進めるとともに、大会後も地域や住民に使用される設備等は、施設改修の一環として整備する。

（※）パラリンピック経費の対象範囲については、今後、整理・精査を行う。

(4) 大会準備における進行管理の強化

①　業務内容の精査、進行管理の徹底

都、組織委員会、国、関係自治体の四者は、大会の準備及び運営に関する具体的な業務について、会場の状況等に即して内容を精査の上、実施に当たっては進行管理に万全を期していく。

②　コスト管理・執行統制の強化、区分経理の実施

公費等が投入され、共同で実施する事業については、組織委員会、都、国、関係自治体により、共同実施事業管理委員会（仮称）を設置し、コスト管理と執行統制の強化を図る。その上で、これらの事業を一元的に執行するため、組織委員会に特別勘定を設置し、区分経理を行う。

3. 財政について

2016 年 12 月 21 日に大会関係予算として Version1（V1）が

公表されたが、下図はV1予算と大会招致に向けた立候補ファイルとの大まかな比較である。

　立候補ファイルレベルでは、ロンドン2012年大会も東京2020年大会もほぼ同じ規模となっているように見えるが、立候補ファイルでは開催都市、国の運営経費はほとんど計上されていない。実際はセキュリティ・輸送等の行政経営費がかかる。

図5　ロンドン大会との比較

■ロンドン2012年大会（立候補ファイル）

	ハード（会場関係）	ソフト（大会関係）	計
組織委（民間資金）	3,000		3,000
開催都市・国等	5,000		5,000

計 8,000 億円

■ロンドン2012年大会（実際の経費）

	ハード（会場関係）	ソフト（大会関係）	計
組織委（民間資金）	6,000		6,000
開催都市・国等	7,300	7,700	15,000

計 2.1 兆円

■東京 2020 年大会（立候補ファイル）

	ハード（会場関係）	ソフト（大会関係）	計
組織委（民間資金）	3,500		3,500
開催都市・国等	4,000	500	4,500

計 8,000 億円

■東京 2020 年大会（V1 予算）

	ハード（会場関係）	ソフト（大会関係）	計
組織委（民間資金）	5,000		5,000
開催都市・国等	5,900	4,100	10,000 予備費 1,000 〜 3,000

計 1.6 〜 1.8 兆円

注）ロンドン 2012 年大会（実際の経費）における組織委の欄は、政府から注入された公的資金 2,000 億円を含む額（1£ = 180JPY：2004 年〜 2012 年の平均）
　ほぼ同じ規模となっているように見えるが立候補ファイルでは開催都市・国の運営経費はほとんど計上されていないが、実際はセキュリティ・輸送等の行政経営費がかかっている。

　組織委員会は 2016 年 12 月に発表した Version1 予算を精査し 2017 年 12 月に Version2 予算を発表した（図 6 参照）。

　V2 予算では組織委員会予算は 6,000 億円で収支均衡となっている。好調なマーケティング活動による国内スポンサー収入の増加等から増収を見込む。V1 と比して 1,000 億円増である。一方、その他経費は 7,500 億円と減じている。

図6 組織委員会予算（V2）（2017年12月発表）

収入

項目	金額
IOC負担金	850億円
TOPスポンサー	560億円
国内スポンサー	3,100億円
ライセンシング	140億円
チケット売上	820億円
その他	330億円
増収見込	200億円
計	6,000億円

支出

項目	金額
ハード（会場整備）	1,100億円
仮設等	950億円
エネルギーインフラ	150億円
ソフト（大会運営）	4,900億円
輸送	250億円
セキュリティ	200億円
テクノロジー	700億円
オペレーション	1,000億円
管理・広報	600億円
マーケティング	1,250億円
その他	400億円
調整費	500億円
計	6,000億円

図7 組織委員会及びその他の経費組替版
　　V1とV2予算（カッコ内はV1予算）

	組織委員会	その他	計
会場関係	(1,450) 1,100億円	(6,350) 5,950億円	(7,800) 7,050億円
恒久施設	—	(3,500) 3,450億円	(3,500) 3,450億円
仮設等、エネルギー、テクノロジー	(1,450) 1,100億円	(2,850) 2,500億円	(4,300) 3,600億円
大会関係（輸送、セキュリティ、オペレーション等）	(3,550) 4,900億円	3,650億円	(7,200) 6,450億円
計	(5,000) 6,000億円	(10,000) 7,500億円	(15,000) 13,500億円

注）このほかに予備費1,000億円〜3,000億円がある。

　大会経費の総額は1兆3,500億円である。スポンサー獲得に伴うロイヤルティ収入の増加がある一方、支出面ではバス運行管理費増などがある。ハード面（会場整備）については、①コンディ

ションアンドバリューエンジニアリングの取組、②資材単価の精算等を通じた競技会場の仮設整備費が削減される。ソフト面（大会運営）については、①地方会場の一部における放送用映像回線の地中化の見直し、②オリンピック・パラリンピックファミリーホテルの客室の仕様見直し等のコストカットに努めた結果、全体予算のスタートとなった昨年の Version1 と比較すると、大会経費の総額で 1,500 億円の削減を達成している。組織委員会は V3、V4 に向け、リスト削減と収入増に注力すると述べている（図 7）。

4．2020 年に向けたスケジュール

　組織委員会は、オリンピック憲章及び立候補都市に対するIOC の指示に基づき、各国際競技連盟の管理のもと、オリンピック競技大会の前に、大会で使用予定の競技会場を使い、本大会に近い状態でテストイベントを開催することとなっている。

図 8　2020 年に向けたスケジュール

時期	内容
2018 年（平成 30 年）2 〜 3 月	平昌 2018 オリンピック・パラリンピック冬季競技大会
2019 年（平成 31 年）7 月〜 2020 年（平成 32 年）4 月	テストイベント（予定）
2019 年（平成 31 年）9 〜 10 月	ラグビーワールドカップ 2019
2020 年（平成 32 年）7 〜 9 月	東京 2020 オリンピック・パラリンピック競技大会

5．地域レガシーの構築に向けた取組

　組織委員会は、先に述べた特別区区長会議の要望に応えるかたちで、区市町村支援事業を進めるために支援事業実施要綱を作成した。大会開催気運の醸成とスポーツ振興を地域レガシーに結び

つけることを目指している。

図 9　区市町村支援事業

2020 年オリンピック・パラリンピックの成功に向けた区市町村支援事業実施要綱

（ソフト）スポーツ振興等事業費 補助金交付要綱	（ハード）スポーツ施設整備費 補助金交付要綱

　具体的には、地域スポーツ推進の事業とプログラム、障がい者スポーツを支える土台作りを含むものであり、大会成功に向けた補助事業として位置づけられている。

注記

1　本節は平山、酒井が執筆したが、準備委員会の設立担当部長を務め、役員室長であった平山が末尾にある実態と事実関係を示す資料を収集した。正確に言えば、平山は、組織委員会で働く仲間たちと事業遂行に従事し、ある意味でその報告・結果として当該の資料が作成された。平山を突然の不幸が襲い、平山自身の手で、事業の完遂は叶わなくなったが、彼の思いは彼の同僚たちによって受け継がれている。本節は、それら資料から、組織委員会の沿革と構成、そして予算について、項目・内容の選択を酒井がおこなって作成した。なお、平山の仕事ぶりについては、森喜朗 (2017)『遺書 ── 東京五輪への覚悟』（幻冬舎）に詳しい。

参考資料

「東京都オリンピック・パラリンピック準備局事業概要　平成 29 年版」。

公益財団法人　東京オリンピック・パラリンピック競技大会組織委員会「2017年 12 月 22 日　大会経費 V2 発表プレスリリース」「2016 年 12 月 21 日プレスリリース」。

第2節
子どもの貧困と基礎自治体

森田修康（荒川区区民生活部防災課長）

　これまで、行政は、効率化を優先した機能別による組織体制により政策・施策を実施してきたが、部局間での連携の不足により課題に対応しきれないケースも見られ、いわゆる「縦割り」組織の弊害が指摘されてきた。

　近年、社会課題や住民ニーズは複雑化・多様化の度合いを増してきている。このような状況下、複雑な構造を持つ社会課題を解決していくためには、「縦割り」組織の弊害を排除して各部署が連携して取り組まなければならない。そして、地域力を最大限に生かして地域社会全体で取り組んでいく必要がある。

　本節では、複雑な構造を持つ社会課題に対する基礎自治体マネジメントモデルの一例として、荒川区の子どもの貧困・社会排除問題に関する取組を示す。

1. 子どもの貧困・社会排除問題への取組経緯

　荒川区では、平成21年度から子どもの貧困・社会排除問題への組織的な取組を開始した。当時は子どもの貧困・社会排除問題が社会課題として認識されはじめていた時期である。荒川区は他の自治体に先駆けてこの問題への取組を開始したこととなる。子どもたちが夢や希望を抱けるような地域社会を築いていくことは、住民に最も身近な政府である基礎自治体の役割である。「区民の

幸せの向上」、「不幸を減らす」というコンセプトのもとで政策・施策に取り組んでいる荒川区にとって、子どもの貧困・社会排除問題にいち早く取り組まなければならない理由があった。

荒川区では、平成21年5月に、複数の関連部署で構成される「荒川区子どもの貧困問題検討委員会」の第1回を開いた。この検討委員会で議論する中で、本課題の要因は多面的で根深く、中長期的に継続して検討していく必要があることが明らかとなったため、平成21年10月の荒川区自治総合研究所の発足と同時に研究所の研究プロジェクトとして取り組むこととなった。

研究プロジェクトでは、研究会とワーキング・グループを設置して議論を重ねた。研究会には、当分野の研究者・専門家が参画し、ワーキング・グループには区の関係部署の職員が参加した。そして、その調査研究の成果として、平成23年8月に、『子どもの貧困・社会排除問題研究プロジェクト最終報告書「地域は子どもの貧困・社会排除にどう向かい合うのか――あらかわシステム」』を公表した。

以下、研究プロジェクトにおける調査研究の概要と自治体マネジメントの視点に立った取組内容について示す。

2．子どもの貧困・社会排除問題の構造

(1) 調査研究手法

子どもの貧困・社会排除問題の調査研究に当たっては、区民に日常的に接している基礎自治体の立場を活かした調査方法を採用した。

本来、子どもの貧困・社会排除の状態にある子ども及び親に直接ヒアリング等をするのが最も状況を詳細に把握できるため有効と考えられるが、プライバシーや個人情報等の問題からこの方法は断念せざるを得なかった。

　そこで、日常的に子どもや親と接している子ども家庭支援セン
ターのスタッフ、ケースワーカー、保育士、小中学校の校長や養
護教諭、保健所の担当者等に、貧困状況にあると思われるケース
を挙げてもらい、子どもの困窮の状況や生活状況等についてヒア
リングを重ねた。そして、当該職員と議論する中で特徴的な共通
項を引き出し、コンセプトを形成するという方法を採用した。

(2)「リスク」と「決定因子」の存在

　研究プロジェクトでは、子どもの貧困・社会排除の状況にある
と思われる 61 のケースを収集した。そして、それらのケースを、
経済的に困窮している状況にある「経済的貧困」、経済的に困窮
はしていないが世帯が社会病理的な問題を抱えている「非経済的
貧困」、上記 2 つが同時に発生している「複合的貧困」に分類し
た。このうち、「経済的貧困」及び「複合的貧困」に該当する 42
ケースについて詳細な分析を行った。

　42 ケースの中には、親の精神不安定が原因で経済的困窮や子
どもの生活不全・不登校に結びついたケース、虐待の連鎖により
精神的不安定に陥り経済面と生活面に影響を及ぼしたケース、親
族介護によりフルタイムで仕事ができず経済的困窮に陥ったケー
ス等、様々なケースが見られた。調査の結果から、子どもの貧
困・社会排除問題は世帯の経済状況が大きな要因であるものの、
その背景には保護者の就労や精神面での不安定、養育力の不足、
社会からの孤立など様々な要因が複雑に絡み合って発生している
ケースが多いことが明らかとなった。

　研究プロジェクトでは、これらのケースから各種要因を詳細に
分析した結果として、世帯が子どもの貧困・社会排除状態に至る
プロセスにおいて、「リスク」と「決定因子」という 2 つの要因
が存在することを示した。まず、貧困・社会排除状態に陥る世帯
は何かしらの「リスク」を抱えている。例えば、保護者の失業等

による「家計の不安定」といった経済的リスクや、保護者の精神疾患といった非経済的リスクである。しかし、「リスク」を抱えただけで子どもの貧困・社会排除の状況に陥るわけではない。貧困・社会排除状況に陥るには、何らかの「決定因子」がある。例えば、保護者が失業した場合、経済的貧困の「リスク」が高まる。しかし、保護者に十分な就労力があれば次の就職先を見つけ、貧困に陥ることを回避できる。反対に、新たな就職先が見つからなければ、貧困に陥る危険性が高くなる。このように、「リスク」を抱えた世帯がそのマイナスの「決定因子」を持った場合に、初めて子どもの貧困・社会排除状態に陥ると考えられる。

研究プロジェクトでは、42ケースから導き出された「リスク」として、①家計の不安定、②生活の負担、③疾患・疾病等、④家族の人間関係、⑤孤立、⑥貧困の連鎖、⑦その他の7つを示した。以上の7つのリスクのうち「①家計の不安定」を除くリスクは、基本的には非経済的貧困に該当するリスクのように思われる。精神不安定が就労面へも影響を及ぼすといったように、非経済的な要因が経済的な要因へとつながっていく危険性がある。また、逆に経済的な要因が非経済的な要因につながっていく危険性もある。

なお、世帯は複合的にリスクを抱えている場合が多く、42ケースの中では、最大で5つのリスクを同時に持っている世帯があった。また、4つのリスクを持っていた世帯は4ケース、3つのリスクを持っていた世帯は22ケース、2つのリスクを持っていた世帯は11ケースであった。

「決定因子」については、①保護者の就労状況・就労力、②保護者の養育状況・養育力、③世帯に対する支援の有無の3つを示した。これらの「決定因子」の強弱によって、子どもの貧困・社会排除に陥る危険性の高低も変わってくる。また、「決定因子」以外の要素、例えば、社会の雇用情勢によっても子どもが貧困・社会排除に陥る危険性は異なる。1つの因子だけで子どもの貧

困・社会排除の状態に陥る場合もありうるし、複数の「決定因子」を持つことで初めて貧困に陥る場合もある。

　この「リスク」と「決定因子」により子どもの貧困・社会排除を説明したイメージは、図1のとおりである。

図1　子どもの貧困・社会排除における世帯のリスクと決定因子

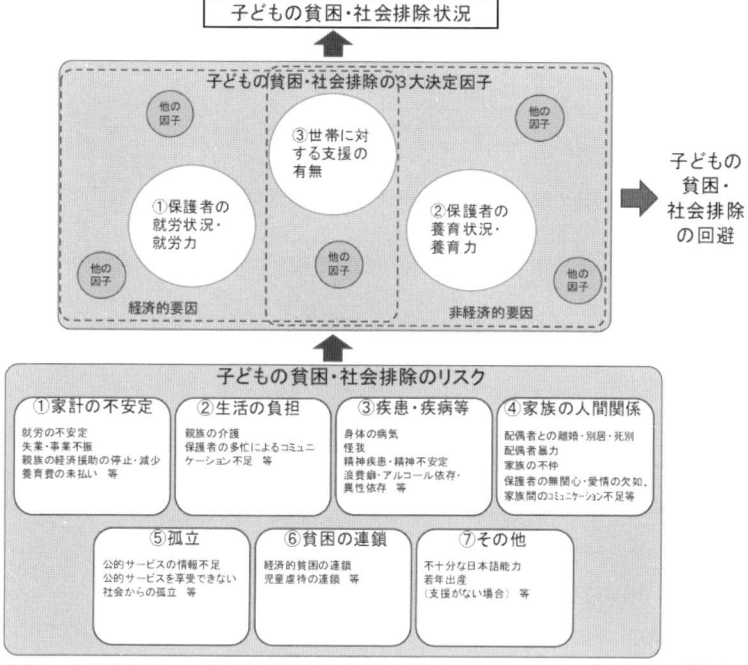

出典：公益財団法人荒川区自治総合研究所（2011、2016）『子どもの貧困・社会排除問題研究プロジェクト最終報告書「地域は子どもの貧困・社会排除にどう向かい合うのか——あらかわシステム」』p.21

(3)　子どもの貧困・社会排除の様相

　42ケースの分析の結果、子ども自身に現れる貧困・社会排除の様相として、(1) 学力不足、(2) 不衛生、(3) 食生活不全、(4) 児童虐待、(5) 不登校、(6) 問題行動の6つが見られた（図2参照）。

図2 保護者・世帯の状況と子どもの貧困・社会排除の様相

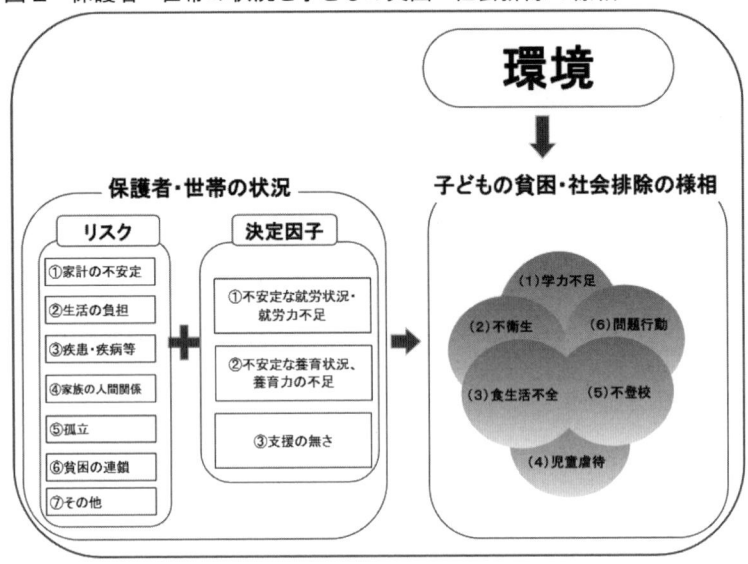

出典：公益財団法人荒川区自治総合研究所（2011、2016）『子どもの貧困・社会排除問題研究プロジェクト最終報告書「地域は子どもの貧困・社会排除にどう向かい合うのか——あらかわシステム」』p.42

3. 基礎自治体マネジメントモデルとしての「あらかわシステム」

(1) 「あらかわシステム」の構造

　調査研究の結果から、改めて、子どもの貧困・社会排除問題は非常に複雑な要因が絡み合って発生していることが明らかとなった。このような複雑な社会課題に対して、その状況の解消に向けた有効な政策・施策を打ち出すためには、包括的対応が可能なシステムの構築が必要不可欠である。そこで、研究プロジェクトでは、全庁及び地域をも巻き込んだ子どもの貧困・社会排除問題の解決に向けた総合的対策モデルとして「あらかわシステム」を提言した。

　「あらかわシステム」においては、インプットは支援を必要とする子どもと世帯・保護者であり、システムにとっての成果はそ

うした世帯・子どもの貧困・社会排除からの離脱、さらには自立である。また、「あらかわシステム」は「ドメイン、目標、指標」、「組織・人材」、「社会関係資本（地域力）」、「多様な政策・施策」の 4 つの構成部分で構成されており、これらが相互に影響しあう包括的なシステムとなっている（図 3 参照）。

　子どもの貧困・社会排除の状態に陥る「リスク」を持っている世帯については、そのシグナルを早期に発見し、「リスク」を軽減することが必要となる。シグナルを発見した場合、「あらかわシステム」の 4 つの構成部分が連携して、その「リスク」を包括的に軽減するための方法を提供し、対応する。対応が成功すれば、当該世帯・子どもは、子どもの貧困・社会排除の状況に陥ることを回避できる。一方、「リスク」を持っておりかつ「決定因子」も持っている場合は子どもの貧困・社会排除の状況に陥ることとなるが、そのような状況に陥ってしまった世帯・子どもに対しても、まずシグナルを発見し、その状況に応じて「あらかわシステム」が包括的に対応することとなる。対応が成功すれば、当該世帯・子どもは、子どもの貧困・社会排除の状況から離脱し、さらには自立していくことができる。

　このようなシステムが有効に機能しうるか否かは、システムを構成する各構成部分が適切にシステムに組み込まれているか、また有機的に連携しているかにかかる。各構成部分の強化を図ることだけでなく、その連携を強めることが重要である。

図3　あらかわシステム

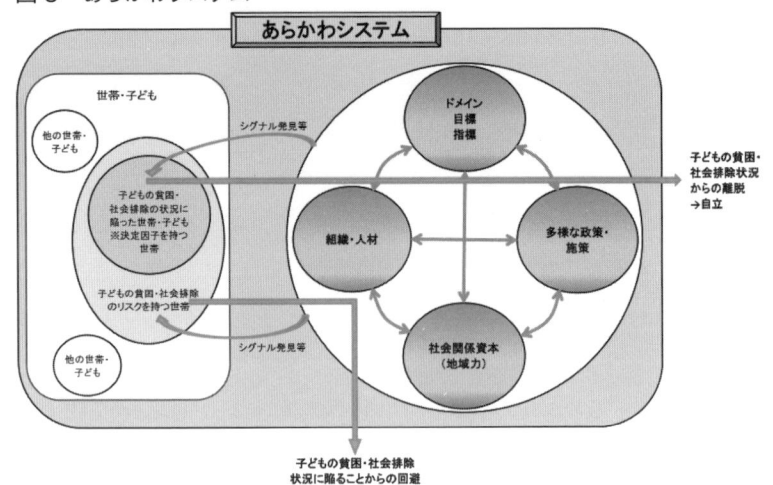

出典：公益財団法人荒川区自治総合研究所（2011、2016）『子どもの貧困・社会排除問題研究プロジェクト最終報告書「地域は子どもの貧困・社会排除にどう向かい合うのか──あらかわシステム」』p.108

「あらかわシステム」は、4つの構成部分に分けることができる。

「ドメイン、目標、指標」は、「区政は区民を幸せにするシステムである」という荒川区のドメイン（事業領域）を示す。子どもの不幸を減らすためにこの問題に取り組むことを明確に打ち出し、行政や地域社会がこの問題の存在を認識し、問題意識を共有することが重要である。そして、政策・施策の策定にあたっては、目指す目標や、目標の達成度を測定できるような指標を具体的に設定することが重要である。

「組織・人材」は、横断的な組織体制の構築と専門性を持った人材が求められる。子どもの貧困・社会排除問題は非常に複合的な問題であることから、部門の壁を超えて横断的に取り組む組織体制、保護者・世帯・子どものシグナルを発見できるような組織体制を構築することが重要である。また、その組織を動かすスペシャリストの育成が重要である。

「社会関係資本（地域力）」は、地域の人々や団体のことを示す。

子どもの貧困・社会排除問題は行政だけで全て対応できるもので
はない。地域の人々や団体と行政が連携することにより、貧困の
未然防止や貧困世帯に対する支援、世帯の見守りや貧困シグナル
の早期発見等が可能になる。地域の人々や団体との連携を行うこ
とが重要である。

　「多様な政策・施策」は、子どもの貧困・社会排除問題の解消
に寄与する様々な政策・施策のことを示す。現金給付とサービス
給付、国の事業・東京都の事業・区の独自事業、子どものライフ
ステージの早い段階での対応と後の段階での対応といった様々な
切り口、カテゴリーが存在する。保護者や子どもの行政に対する
デマンド（要求）は異なる可能性があることから、その状況に応
じてこれらの施策を効果的に組み合わせる必要がある。

(2)「あらかわシステム」に基づく実践

　以上、研究プロジェクトにおける調査研究の概要を示してきた。
この研究に基づき、実践が行われている。

　例えば、家庭の生活支援策には、保健師等の訪問やヘルパー派
遣を行う養育支援訪問事業、産後うつ傾向や育児不安等の症状を
持つ親への精神科医による個別相談の充実、家事事件に関する専
門知識を持つ職員による家庭内の紛争や離婚問題への対応といっ
た施策がある。

　また、虐待の予防策として、子ども家庭支援センターの相談体
制の強化、虐待予防のためのグループミーティング、養育力向上
支援事業、子育て相談専門員の増員と保育園における早期発見体
制の充実等を実施している。

　子どもの貧困の連鎖を断ち切る学習支援・登校支援として、学
習支援事業の実施、全小中学校における補充学習「あらかわ寺子
屋」の実施、スクールソーシャルワーカーの配置といった施策を
実施している。

経済面で重要となる親の就労支援としては、ひとり親家庭への自立支援プログラム策定やハローワークとの連携といった施策を実施している。

　「あらかわシステム」に基づき、「ドメイン、目標、指標」、「組織・人材」、「社会関係資本（地域力）」、「多様な政策・施策」の各構成部分が密接に連携しながら、地域社会全体で子どもの貧困・社会排除の解消に向けた取組が実践されている。

(3) 基礎自治体マネジメントモデルの要件

　荒川区における子どもの貧困・社会排除問題への取組は、現在に至るまで様々なメディアで取り上げられ、他の自治体や議会等からも多くの視察を受けてきた。また、平成26年度には、内閣府が設置した「子どもの貧困対策に関する検討会」に荒川区がオブザーバーとして招聘された。さらに、荒川区が「子どもの幸せの実現」という観点から国や都に要望してきた児童相談所の特別区への移管が、平成28年5月の児童福祉法等の一部を改正する法律の可決・成立により実現へ向けて動き出した。

　「あらかわシステム」が基礎自治体マネジメントモデルたる理由として、次の3点が指摘できる。

　第1に、「縦割り」組織の弊害を排除した組織横断的な対応である。子どもの貧困・社会排除問題に関する対応方針の決定、施策の立案・評価・改善等を行う司令塔的な役割を持つ組織である「子どもの貧困・社会排除問題対策本部会（以下「本部会」という）」を設置し、全庁的な取組を推進する体制を採用している。本部会は、区長、副区長、教育長以下、関連所属の管理職で構成され、アドバイザーとして荒川区自治総合研究所も参加している。また、本部会の下部組織としてワーキング・グループが設置され、個別ケースの対応策の協議等が行われている。本部会及びワーキング・グループは相互に連携し、情報共有を行うとともに総合調

整機能を果たしながら荒川区における子どもの貧困・社会排除問題への取組を推進している。

　第2に、社会関係資本（地域力）を含めた自治体全体での対応である。「あらかわシステム」は、構成部分の1つとして明確に「社会関係資本（地域力）」を位置付けており、地域住民や団体と連携して子どもの貧困のシグナルを発見し、具体的な対応を行う仕組みとなっている。

　第3に、社会課題及びそれに対応する政策・施策に関する調査研究の内製化、理論と実践の融合が挙げられる。解決すべき社会課題の把握が適切に行われなければ、それに基づいて立案された政策・施策は効果を発揮しえない。子どもの貧困・社会排除問題のような非常に複雑な構造を持つ社会課題については、その状況を詳細に調査し、課題を具体的に把握することが必要となる。

　詳細な調査を行うためには住民との接点があることが重要となるが、それを効果的に実施できるのは住民に最も近い政府である基礎自治体である。ただ、自治体の各部署は、様々な企画や事業を並行して実施しており、詳細な調査研究までを行う余裕がない状況も見受けられる。荒川区のシンクタンクとして、そして荒川区から独立した公益財団法人として設立された荒川区自治総合研究所は、子どもの貧困・社会排除問題のような複雑な課題について詳細な調査と分析を行い、理論的にその問題の構造を解析することを可能とした。

　子どもの貧困・社会排除問題において、詳細な調査研究による課題の解明と把握した課題への具体的な提言及び対応を一体的に行うことができたのは、基礎自治体である荒川区と、その専属の調査研究機関である荒川区自治総合研究所とが密接に連携したことによるものと言える。

　荒川区における子どもの貧困・社会排除問題に関する取組は、基礎自治体をマネジメントしていく上での一つの有効なモデルと

して位置付けられるであろう。

参考文献

一般財団法人荒川区自治総合研究所 (2010)『子どもの貧困・社会排除問題研究プロジェクト中間報告書』平成 22 年 3 月。

公益財団法人荒川区自治総合研究所 (2011、2016)『子どもの貧困・社会排除問題研究プロジェクト最終報告書「地域は子どもの貧困・社会排除にどう向かい合うのか—あらかわシステム」』平成 23 年 8 月、平成 28 年 2 月第 2 版。

編者・執筆者紹介

（執筆者は本書の登場順、所属・肩書きは 2018 年 4 月 1 日時点）

●編　者

西川太一郎（にしかわ・たいいちろう）
　　荒川区長、特別区長会会長、公益財団法人荒川区自治総合研究所理事長

藁谷　友紀（わらがい・ともき）
　　早稲田大学教育・総合科学学術院教授
　　公益財団法人荒川区自治総合研究所副理事長

ホルスト・アルバッハ（Horst Albach）
　　ベルリンフンボルト大学名誉教授

●執筆者

志賀　德壽（しが・とくじ）
　　公益財団法人特別区協議会常務理事

小林　直彦（こばやし・なおひこ）
　　荒川区総務企画部参事　総務企画課長事務取扱

矢代由紀子（やしろ・ゆきこ）
　　荒川区区政広報部広報課長　兼全国連携担当課長

友利　厚夫（ともり・あつお）
　　明海大学経済学部講師

猪狩　廣美（いがり・ひろみ）
　　　　公益財団法人荒川区自治総合研究所所長

神野　直彦（じんの・なおひこ）
　　　　東京大学名誉教授

宮腰　　肇（みやこし・はじめ）
　　　　荒川区財政担当部長　財政課長事務取扱

上田　　望（うえだ・のぞみ）
　　　　荒川区管理部職員課長

広井　良典（ひろい・よしのり）
　　　　京都大学こころの未来研究センター教授

檀上　和寿（だんじょう・かずひさ）
　　　　荒川区管理部人材育成担当課長　兼荒川区職員ビジネスカレッジ担当課長

関　　千里（せき・ちさと）
　　　　愛知学院大学経営学部教授

酒井　久雄（さかい・ひさお）
　　　　エリーパワー(株)取締役常務執行役員

平山　哲也（ひらやま・てつや）
　　　　東京オリンピック・パラリンピック競技大会組織委員会役員室長〔当時〕

森田　修康（もりた・なおやす）
　　　　荒川区区民生活部防災課長

まとめに代えて ── 基礎自治体の将来

　巻頭で、「区市町村は、もはや中央政府の下請け機関ではなく、ましてや指揮監督下にある出先機関ではない。住民に最も身近な政府としての自治の機関、基礎自治体である。言い換えれば、住民の信託に基づいて、住民の生活の根幹を身近で支える『基幹自治体』といっても良い」と述べた。

　国会、内閣、司法と並べて地方自治を規定する日本国憲法が制定され、地方自治法が同時に施行された昭和22年当時は、一刻も早い戦後復興を至上命題とする時代であった。そのためには、中央政府と地方とが一体となって様々な課題解決に取り組んでいくことが極めて重要であった。しかし、戦後復興を遂げ、経済発展を実現し、自由主義諸国の牽引役を自任するまでになった現在、かつてのように地方公共団体が単に国家統治機構の一部であれば事足りる時代は終わり、新たな役割、使命を担っていく時代になってきている。全国市長会では、フランスの制度を範に、首長と国会議員との兼職を認めるべきとの議論さえ行われている。

　地方自治体は、住民のための自治機関としてその役割を果たしていかなければならない。社会全体が手本とすべきモデルを見出せなくなってきている今、地域住民の期待が最も具体的に寄せられる基礎自治体こそ、日本の社会システムの基幹を担う機関になっていかなければならない。

　冒頭の記述は、そんな思いを込めたものであった。

　地方分権一括法の制定など、制度としての地方自治が歩みを進

める一方で、それを担う自治体の組織力の涵養が求められている。本書のテーマは、その地方自治体の組織としてのマネジメントであった。

　人的資源の開発・育成、財政運営、組織や業務の展開、そしてそれらを戦略的に運営していくダイナミズムなど、荒川区の取り組み等を素材にしながら、様々な視点からマネジメントを考えてきた。何れの論点についても、一朝一夕に最良のものに到達しうるものではなく、今後も様々な議論や取り組みを重ねて、自治体マネジメントの在り方が構築されていくのだと思う。本書の挑戦はその第一歩である。

　地方自治体が、自ら考え行動していく組織として、その能力を高めていくことが、これからの日本の社会システムの在り方を模索するうえで、欠くことができないと考えての試みである。

　本書の試みが各方面で様々な議論の契機となり、地方自治の新たな進展の一助となれば幸いである。

　巻末ながら、改めて、本書の出版をご進言頂き、編集の労をとって頂いた、藁谷友紀早稲田大学教授、アルバッハ教授をはじめ、ご執筆頂いた、神野直彦東京大学名誉教授、広井良典京都大学こころの未来研究センター教授、関千里愛知学院大学教授、友利厚夫明海大学講師、東京オリンピック・パラリンピック競技大会組織委員会、志賀徳壽特別区協議会常務理事、そして猪狩廣美君をはじめとする荒川区職員に、この場を借りて敬意を表し感謝申し上げたい。

　併せて、大変タイトなスケジュールの中、周到な調整によって刊行の実現に尽力頂いた三省堂の皆様にもお礼を申し上げる。

公財）荒川区自治総合研究所理事長
特別区長会会長・荒川区長　　　　西川太一郎

装丁　志岐デザイン事務所（萩原　睦）

基礎自治体マネジメント概論

2018 年 5 月 30 日　第 1 刷発行

編　者　西川太一郎　藁谷友紀　ホルスト・アルバッハ
発行者　株式会社　三省堂　代表者　北口克彦
発行所　株式会社　三省堂
　　　　〒 101-8371　東京都千代田区神田三崎町二丁目 22 番 14 号
　　　　電話　編集　(03)3230-9411　営業　(03)3230-9412
　　　　http://www.sanseido.co.jp/
印刷所　三省堂印刷株式会社

落丁本・乱丁本はお取り替えいたします。
ISBN 978-4-385-36572-5　〈基礎自治体概論・304pp.〉
©Taiichiro Nishikawa, Tomoki Waragai, Horst Albach 2018　　Printed in Japan